환자 심방

환자 심방

초판 1쇄 발행 | 2021년 5월 11일

지은이 | 박남규
펴낸이 | 이한민
펴낸곳 | 아르카

등록번호 | 제307-2017-18호
등록일자 | 2017년 3월 22일
주   소 | 서울 성북구 숭인로2길 61 길음동부센트레빌 106-1805
전   화 | 010-9510-7383
이메일 | arca_pub@naver.com

홈페이지 | www.arca.kr
블로그 | arca_pub.blog.me
페이스북 | fb.me/ARCApulishing

책   값 | 뒤표지에 있습니다
I S B N | 979-11-89393-24-3 03230

아르카ARCA는 기독출판사이며 방주ARK의 라틴어입니다(창 6:15).
네가 만들 방주는 이러하니 … 새가 그 종류대로, 가축이 그 종류대로,
땅에 기는 모든 것이 그 종류대로 각기 둘씩 네게로 나아오리니 그 생명을 보존하게 하라 _창 6:15,20

환우·호스피스·사별자
돌봄 현장 지침서

환자 尋訪
심방

박남규 지음

아르카

선포와 가르침과 치유는 예수님의 삼중(三重) 사역입니다. 그 중 목회자들이 가장 어려워하는 것이 치유 사역일 것입니다.

치유는 돌봄으로 시작하는 매우 광범위한 사역입니다. 신학교 실천신학 과목에서 한 두 학기로 배울 수 없는 사역입니다. 그런데 이런 사역에 평생을 드린 분이 박남규 목사님이십니다.

저는 옥한흠 목사님이 살아계실 때, 그의 곁에 박 목사님이 계신 것이 부러웠습니다. 박 목사님의 사역을 통해 옥 목사님의 제자 사역이 든든해지는 것을 보았습니다. 그래서 저는 곁에서 박 목사님의 사역을 곁눈질하며 컨닝해왔습니다. 결과적으로 오늘날 지구촌교회의 돌봄 사역이 견고해졌습니다. 저는 이런 돌봄 사역이 한국 교회 전체에 나누어지기를 소원합니다.

박남규 목사님이 지금이라도 이런 노하우(know-how)를 책으로 펴낸 것이 너무나 다행입니다. 특히 코로나 시대를 경험하면서 교회 사역이 많이 흔들리고 있습니다. 그 어느 때보다 많은 위로와 돌봄이 필요한 때인데 말입니다. 도대체 교회가 이 사역을 감당하지 않는다면 사람들은 어디로 가야 합니까? 세상의 사회 복지 사역에 모두 양보해야 할까요?

아파하고 눈물 흘리는 사람들이 넘쳐나는 이때에, 이 책은 한국 교회를 위한 복음서입니다. 나는 이 책이 신학교와 교회 모두에게 필독서가 되었으면 합니다. 우리가 이 책으로 상처받은 사람들을 품던 예수님의 마음을 회복한다면, 한국교회는 또 한 번의 부흥을 경험하게 될 것입니다. 그때 우리 모두 진실로 교회는 세상의 소망이라고 다시 외칠 것입니다.

이동원 목사(지구촌 목회리더십센터 대표)

박남규 목사님은 사랑의교회에서 호스피스를 조직하고 호스피스 사역에 크게 공헌한 목회자입니다.

각당복지재단의 무지개 호스피스 연구회가 한국에서 최초로 호스피스 자원봉사자 교육을 시작한 지 34년이 됩니다. 무지개 호스피스 교육이 진행될 때, 박남규 목사님이 사랑의교회 성도들을 이끌고 교육에 참석하시던 일이 엊그제 같은데, 박남규 목사님이 환자 심방의 경험과 지식을 모은 책을 출판하게 되었으니 감개무량입니다.

박남규 목사님의 저서에는 목회자로서 경험한 교회 심방의 의미와 목적과 방법 등이 상세히 기록되어 있습니다. 박남규 목사님이 사랑의교회에서 호스피스를 조직하여, 환자 심방 사역과 호스피스 봉사를 실제로 경험한 바를 토대로 쓰셨습니다.

박남규 목사님은 이 책에서 우리나라 호스피스 사역의 거장인 김수지 박사의 10가지 사람 돌보기 기법을 소개합니다. 또한 사례를 중심으로 본 환자의 이해와 심방에 대해 구체적인 경험을 들려주며 호스피스에 대한 총체적 이해를 돕습니다. 호스피스란 한마디로 '지금까지 살아온 삶을 잘 마무리하고 새로운 삶으로 옮겨가는 과정을 도와주는 것'이라고 정의합니다. 정확하고 이해하기 쉬운 표현입니다.

박남규 목사님은 호스피스 케어와 완화의료를 세계적으로 일깨워준 손더스(Dame Cicely Saunders)와 일본에 귀환한 독일인 신부 디켄(Alfons Deeken) 등이 한 "당신의 마지막 순간까지 소중합니다"라는 귀중한 말을 또한 소개합니다. 이에 더하여 박남규 목사님은 말기환자의 영적 돌봄을 특히 강조합니다. 이 책은 교회의 심방과 호스피스 케어 죽음 준비 등에 대한 이론과 구체적인 경험을 아름답게 논술한 백과사전입니다. 부디 모든 목회자와 심방 봉사자들이 반드시 읽어주시고, 한국교회가 환자 심방과 호스피스 케어에 동참하여 주시기를 바랍니다.

김옥라(각당복지재단 명예 이사장)

한국교회 호스피스 사역의 개척자이자 산 증인이신 박남규 목사님이 일생의 사역을 종합하여 암 환자와 사별자를 위한 심방 지침서를 내주신 것은 한국교회를 향하신 하나님의 크신 은혜입니다. 지금까지 30여년간, 주님을 향한 사랑에 붙들려서 환우들의 동행자로서, 한결같은 열정으로 달려오신 박 목사님께 경의를 표합니다. 박 목사님은 본서를 '간단한 입문서'라고 겸허히 소개하였지만, 실상은 지난 30여년간의 독보적인 현장 사역 경험을 농축하여 정리해준 '획기적인 목회 사역 지침서'입니다. 호스피스 사역의 불모지였던 한국교회에는 특히 소중한 자산이 아닐 수 없습니다.

저희 교회에서도 암 환자들, 그리고 세상에서의 마지막 시간을 호스피스 병동에서 보내야 하는 성도들을 어떻게 심방하고 보듬을 수 있을까, 그들에게 어떻게 하늘 가는 길을 확신과 평안으로 안내할 수 있을까, 하는 점이 늘 아쉬운 사역의 영역이었습니다. 그런데 박 목사님의 책을 통해 실제적인 통찰과 방법을 얻게 되어 너무나 기쁘게 생각합니다. 환우 심방 사역에 새로운 장이 열리는 것 같습니다. 이 책에 담긴 귀한 통찰과 지침들을 성실하게 실천하려고 합니다.

본 서가 모든 교회에서 가장 요긴한 사역인 환자 심방, 호스피스 사역, 그리고 사별자 돌봄에 큰 도움을 드릴 것이라고 확신합니다.

이문장 목사(새음교회 담임)

심방의 달인,
옥한흠 목사님을 그리워하며

1988년에 시작된 나의 '교회 호스피스 전인치유' 사역이 어느덧 30년 넘는 세월을 보냈다. 그 시작점에 돌아가신 옥한흠 목사님이 계셨다.

필자는 30대 초반에, 미국에서 만난 건강 문제 때문에 죽음의 문턱을 넘을 뻔했다. 그 문 앞에서 예수님을 다시 만났고, 덕분에 새 생명을 얻었다. 게다가 30대 말에 체험한 신유 은사는 나를 환자들 앞으로 떠밀었다. 그것은 내게 허락된 소명이었다. 그 소명을 따라 총신신학대학원(M.Div.)에서 공부하게 되었다. 그 무렵 사랑의교회에 속하게 되었고, 사랑의교회에서 만난 옥한흠 목사님과 교회의 전폭적인 지지에 힘입어 '교회 호스피스 전인치유'

사역을 맡게 된 것이다. 이 사역은 사랑의교회 안의 환자들을 넘어 '호스피스 전인치유'가 필요한 모든 이를 대상으로 한 한국교회 전체의 사역으로 확장되었으며, 그 덕분에 내가 호스피스를 가르치는 사역에 발판이 되기도 했다.

2000년부터 총신신학대학원 학생들에게 실천신학의 세부 과정 중 하나로서, '목회와 호스피스 사역'이라는 제목으로 교회 호스피스 전인치유를 강의했다. 내 강의를 들은 신학생들은 그후 자발적으로 '총신 호스피스 선교회'를 조직했고, 나는 그때부터 지금까지 그 선교회의 지도 목사로 섬기고 있다.

지난 30여 년간 내가 만난 암환자 수는 줄잡아 수만 명에 이를 것이다. 그중 내가 임종(臨終)한 분은 6천 5백 명이 넘는다. 호스피스 사역의 특수성으로 인해 이 분야는 나의 전문 영역이 되었다. 환자들을 심방하고 섬기면서 자연스럽게 환자 본인은 물론 그 가족까지, 이른바 '사별 가정'을 어떻게 위로하고 그들에게 소망을 심어줄 수 있는지도 경험하게 되었다.

나는 특별히 "모든 천사들은 섬기는 영으로서 구원 받을 상속자들을 위하여 섬기라고 보내심이 아니냐"(히 1:14)라는 말씀을 묵상하고 확신하며, 지금도 이 사역을 돕는 모든 이들의 천사 같은 섬김을 통해 하나님의 생각을 찾아왔다. 그렇게 찾은 하나님의 생각을 따라, 암환자가 투병 가운데서도 구원의 상속자답게

자존감 있는 투병 생활을 이어갈 수 있도록 도왔고, 이를 목표로
언제나 최선을 다했다.

옥한흠 목사님의 지지와 격려 덕분에

2020년 9월 2일, 내게는 가장 친한 (조심스러운 표현이지만) '친구'
이자 존경했던 동역자이며, 목회의 선배이자 사역의 스승이셨던
고 옥한흠 목사님의 10주기를 맞았다. 그동안 내가 미약하나마
'한국교회 호스피스 전인치유' 사역에 발판을 놓을 수 있었던 것
은 지지와 후원을 아끼지 아니하시고 항상 나의 사역을 격려하며
지켜봐주셨던 옥한흠 목사님의 은혜 때문이었다. 그 분을 생각하
며 이 책을 쓸 용기를 낼 수 있었다. 더불어 호스피스와 전인치유
사역에 쓰임 받게 된 내 배경에 대해서도 기록하고 싶다.
 1991년 11월 어느 날, 교회의 중진들이 모이는 120인 기도회
가 사랑의교회 소망관 4층에서 열렸다. 옥 목사님은 사랑의교회
의 박모 권사님께 간증을 제안하셨다. 그때까지 교회에선 한 번
도 없던 파격적인 제안이었다. 당시 박 권사님은 암으로 투병 중
인 한 권사님의 남편을 섬기고 있었는데, 그는 교회 초기 교인 중
한 분이었다. 권사님은 간증 말미에 "우리들의 섬김에는 한계가

있기에 암환자들을 섬길 수 있는 목회자가 있으면 좋겠다"라고 말하셨다.

박 권사님의 간증을 듣고 도전(!)을 받았는지, 나는 다음 날 아침 패기 있게 옥 목사님의 집무실로 들어갔다. 그리고 대뜸 "제가 환자들을 위한 사역을 해보겠습니다"라고 선언하듯 말했다. 잔뜩 긴장하고 드린 제안이었는데, 옥 목사님은 너무나 쉽게 "그래, 해 봐!"라며 흔쾌히 허락하셨다. 떨 듯이 기뻤다. 박 권사님께 바로 연락을 드렸고, 사랑의교회 초창기 교인 몇 분과 함께 호스피스 전인치유 사역을 처음으로 시작하였다.

옥 목사님은 사랑의교회가 처음 해보는 사역이라 염려가 많으셨나 보다. 나중에 알게 된 사실이지만, 내가 무슨 사역을 어떻게 하는지 알아보기 위해 나와 함께 사역을 시작한 박 권사님을 통해 매일 나의 일거수일투족을 보고받고 계셨다.

어느 날 암환자 심방을 위해 경기도 광주 갈마터널을 지날 때였다. 함께 심방길에 나섰던 박 권사님이 운전하는 나에게 이 사실을 이실직고하셨다. 그러더니, 앞으로는 자신의 보고를 받으시는 옥 목사님이 어떻게 말씀하시는지 내게 알려주겠다고 이중간첩(?)을 자청하셨다.

그리고 3개월 후, 나의 심방 파트너는 박 권사님에서 옥 목사님의 사모님으로 바뀌었다. 다시 한 달이 지나자 옥 목사님 비서

실에서 연락이 왔다. 목사님 본인이 나와 함께 심방 다니기를 원하신다는 것이었다. 긴장도 되고, 어떻게 해야 할지 머릿속이 하얘졌다. 여러 상황에 대한 시나리오를 계산하고 있었는데, 옥 목사님이 내 속을 눈치 채셨나 보다. 심방 첫날에 "오늘은 내가 할게!"라고 말하시더니, 사랑의교회 초기 교인으로 피부암 투병 중이던 홍모 안수집사님께 같이 가자고 하셨다. 나는 기대가 컸다. 한국교회에서 존경받는 목회자이자 세계적인 설교자인 옥한흠 목사님의 '심방 기술'을 한 수 배울 절호의 기회라는 생각에 약간 흥분도 되었다. 드디어 옥 목사님의 심방 설교가 시작되었다.

"집사님! 하나님은 좋으신 분이죠?"

"네, 목사님. 하나님은 참으로 좋으신 분이죠."

"오늘도, 내일도, 앞으로도 영원히, 하나님은 홍 집사님께 좋은 분이시기에, 좋은 일만 허락해주실 거예요. 믿으시죠?!"

잔뜩 기대했던 옥 목사님의 심방 설교는 이렇게 '좋으신 하나님'에 대한 몇 마디 말씀으로 싱겁게 끝났다. 교만한 말일 수도 있지만, 솔직히 말해 옥 목사님의 그날 심방 설교는 나로선 '대실망'이었다. 하지만 그날 이후, 옥 목사님은 내 사역에 대해 더 이상 누군가를 '붙이지도' 않았고 보고도 받지 않으셨다. 완전히 독립된 사역으로 인정하며 "박 목사와 나는 동역하는 거야"라고 말씀해주셨다. 그리고 감사하게도 내가 하는 교회의 모든 사역에 전적인 신뢰와 지원을 아끼지 않으셨다.

처음에는 감시받는다는 사실이 너무 생뚱맞기도 하고 도무지 이해도 안 되었다. 게다가 옥 목사님과 나의 신뢰 문제로 여겨졌기에 약간의 배신감도 느꼈다. 그러나 내가 열정적으로 이리저리 뛰어다니며 먹고 자는 시간도 아깝게 느껴질 때였으니, 한편으로는 고삐 풀린 망아지처럼 천방지축으로 보였을지도 모르겠다.

어쨌든 배신감을 느낀 것도 잠깐, 옥 목사님의 목회 철학을 알아가자 교회의 성도가 한 영혼이라도 실족되지 않기를 원하셨다는 사실을 깨닫게 되었다. 나를 향한 감시도 목회자로서 점검하는 차원에서는 당연하다는 생각이 들었다. 이후로는 옥 목사님을 향한 무조건적인 신뢰가 생겨났는데, 어느 정도였냐 하면, 나는 그 분이 하신다면 팥으로 메주를 쑤신다 해도 믿고 동참하였다!

환자 심방의 깊은 의미를 깨닫다

그로부터 25년 후, 옥 목사님은 폐암으로 투병하시게 되셨다. 나는 병실이든 가정이든 거의 매일 목사님을 찾아뵈었다. 옥 목사님께서 고통 중에도 평안하게 투병하시며, 날마다 매 순간을 감사하며 살아가시는 모습을 보았다. 그리고 25년 전에 나에게 시범을 보이셨던 환자 심방의 깊은 의미를 다시 한 번 깨닫게 되었다. 다소 뜬금없었지만, 나는 옥 목사님께 그날의 일을 말씀드렸다. 이제야 목사님이 생각하시던 심방의 의미를 확실히 알게 되었다고, 지금도 심방할 때마다 항상 기본으로 여길 수밖에 없는, 명불허전 '고수'의 심방이었노라고 고백했다. 그러자 호탕하게 웃으셨다. 그 모습이 아직도 잊혀지지 않고 자주 떠오른다.

옥 목사님이 숨이 너무 가빠져 중환자실로 옮기셔야 하는 상황이 되었다. 중환자실 입구에서 목사님의 침대만 들어갈 수 있던 마지막 순간, 목사님은 내게 손을 흔드시며 이렇게 말씀하셨다.

"박 목사! 너는 건강을 조심해야 해! 너는 건강을 조심해야 해!"

두 번이나 같은 말을 하시며 나를 쳐다보셨다. 그 눈빛 속에 담긴 수많은 말과 애정과 신뢰, 말로 다 표현할 수 없는 사랑의 눈빛이 내게는 지금도 선명하다.

침대가 중환자실로 들어가고 문이 닫혔을 때, 나는 목사님이 사라진 중환자실 문 앞에서 얼마나 울었는지 모른다. 어쩌면 나를 향해 "건강 조심하라" 하시던 그 말씀이 육성으로 들려주신 마지막 유언이라는 것을 눈치챘던 것일지도 모르겠다. 그때를 생각하면 지금도 가슴이 먹먹하게 저려오는 것을 보면 말이다.

옥 목사님이 중환자실로 옮겨간 지 3주쯤 흘렀을까? 폭풍이 몰아치던 9월 2일 새벽, 목사님의 큰아들 성호 집사에게서 전화가 왔다.

"박 목사님, 아무래도 속히 병원으로 오셔야 할 것 같아요!"

그 부름이 내가 옥 목사님께 마지막 선물을 드릴 기회라고 여겨졌다. 중환자실에 도착하자 옥 목사님의 절친이신 손OO 목사님이 먼저 도착하여 기다리고 계셨다. 잠깐 목례로 인사한 후, 내가 먼저 서둘러 병실에 들어갔다. 곧이어 손 목사님이 들어오셨다. 이미 들어와 계시던 사모님과 두 아들과 함께, 다섯 명이 침대에 둘러서서 누워계신 옥 목사님을 물끄러미 바라보았다. 아무런 말씀도 할 수 없으셨지만, 인공호흡기로 쌕쌕거리는 숨소리가 들리는 가운데 얼마나 평안한 얼굴로 누워 계시던지….

나는 임종을 지키는 것이 목사님께 마지막 선물을 드리는 일이라고 생각했지만, 존경했던 목사님의 임종을 함께 지켜볼 수 있었던 것이 도리어 내게 얼마나 큰 선물이 되었는지 모르겠다.

목사님의 마른 발을 붙잡고 목사님이 항상 좋아하셨던 시편 23편과 '나 같은 죄인 살리신 주 은혜 놀라워' 찬송을 작은 소리로 읊조렸다. 손 목사님께서 기도와 위로의 말씀을 마치자마자 임종을 알리는 계측기 신호음이 들렸다.

나는 오늘도 "하나님은 참 좋으신 분이죠! 오늘도 참 좋으신 일로 함께해 주실 것입니다!"라고 말하시던 옥 목사님의 심방 철학을 기억한다. 그 분의 신뢰와 사랑에 큰 격려를 받았던 자로서, 한국의 목회자들과 심방으로 봉사하는 모든 이들이 환자들을 섬기는 데 조금이라도 더 도움이 되기를 바라는 마음으로 이 책을 기록할 용기를 낼 수 있었다.

하늘 희망의 광선이 비취기를

이 책은 개역개정판 성경을 인용했다. 말씀을 적용하고 해석한 부분은 신학적 측면을 강조한 것이라기보다, 환자들 한 영혼 한 영혼의 투병 생활을 돕기 위한 것이다. 따라서 가능하면 성경 해석과 적용에서는 중도를 지키려고 노력했다. 현재 암환자와 그들의 투병을 돕고 있는 가족들, 그리고 이미 사별하여 고통 중에 있는 남은 자들에게는 알레고리컬한 해석보다 능력 있는 복음의 말씀을 전달하려 최선을 다했다. 하지만 나의 부족과 연약함으로, 또한 이 사역이 암환자와 사별 가족을 대상으로 한다는 특수성 때문에, 이 책에 기록되는 성경 해석과 적용은 다소 개인적일 수 있음을 미리 밝힌다.

이 책에서 다룬 심방의 방법과 소통의 기술 영역은 학계에서 기존에 발표된 '의사소통 이론'을 필자가 접목하여, 심방 봉사자들이 환자들과 좋은 관계를 이루는 데 유용하도록 주안점을 두어

서술했다. 따라서 이 책에서 소개하는 심방 방법 역시 필자의 독
창적 주장이라기보다, 필자가 그러한 의사소통 이론을 공부하고
현장에서 적용해본 결과라는 점도 미리 밝히는 바이다.

코로나19로 온 세상이 잿빛 우울을 뒤집어쓰고 있는 가운데서
도, 우리는 그 두터운 두려움의 구름을 뚫고서 내리쬐는 '하늘 희
망의 광선'을 온몸으로 맞이하고 있다. 그런 소망을 가득 담아 이
책을 썼다.

내 이름을 경외하는 너희에게는 공의로운 해가 떠올라서 치료하는 광선
을 비추리니 너희가 나가서 외양간에서 나온 송아지 같이 뛰리라_말 4:2

박남규 목사

| 차례 |

A Practical Guide for
the Critical Patient's Care

1부
——

좋은 심방을 위해
알아두고
준비할 것들

1장

심방이 무엇인지, 바로 알고 시작하자

심방을 누가 왜 해야 하는가?

'심방'은 찾을 尋(심)에 찾을 訪(방)으로 이루어진 한자 단어로, 사전적 의미는 '방문하여 찾아봄'이다. 교회에서 쓰는 심방의 의미역시 교회의 성도들을 방문하는 데 방점이 있다.

이 책이 심방의 신학적·목회적 본질과 유익과 필요성, 그리고 실천 방안 등을 일반적으로 밝히기 위해 쓰인 것은 아니다. 주된 목적은 환자 심방이라는 조금은 전문적인 목회 영역에 대한 것이다. 하지만 환자 심방의 목적과 방법과 유의할 점 등을 깊게 논의하기에 앞서, 짧게라도 퇴색되어가는 심방의 본래 목적과 이유를 간략하게나마 짚고 넘어갈 필요는 있을 듯하다. 환자 심방도 당연히 심방의 일종이며, 심방의 기본을 모르고서는 환자 심방을 논할 수는 없는 탓이다. 게다가 더 특별하고 전문적인 호스피스 영역까지 다루게 될 때, 심방의 기본은 보다 중요해질 것이다. 이에, 심방 이론의 기본인 '개혁교회 심방론'을 중심으로, 심방에 관해 반드시 정리해두어야 할 몇 가지 사항을 이 장에서 다루고자 한다.

칼빈주의 전통을 잇는 교회들에서 심방은 주로 장로들의 몫이었다. 우리에게는 크고 위대한 '목자장'이 계신데, 이 목자장께서는 하위 목자들(under-shepherds), 즉 장로들을 세워 자기의 양떼를 돌보게 하신다.

개혁교회에서 장로들에게는 세 가지 의무가 주어졌다. 교회의 질서를 유지하고 권징(勸懲)을 베풀되, 남녀노소에 상관없이 교인의 총원(總員)을 돌아봄으로써 교회를 잘 세우는 것이 이에 해당한다. 이러한 측면에서 심방은 개혁교회의 장로들이 당회를 대신하고 대표하여 교회의 다스림을 받는 신자들을 방문하는 것이다. 따라서 개혁교회의 초창기에는 심방을 교회의 공식 업무인 '당회의 내방'(consistorical call)으로 여겼다.

개혁교회의 심방은 '하나님의 말씀이 신앙을 고백하는 모든 사람에게 요구하는 조건을 신자 개인 스스로가 잘 충족시키고 있는지, 또한 하나님과 올바른 관계를 맺고 있는지 등의 여부를 판단'하고, '복음을 들은 사람이 자신의 마음과 삶을 말씀에 비춰 점검할 수 있게 하기 위해' 시행되는 것이었다.[1] 즉, 장로가 신앙 점검과 교육의 일환으로 교인을 방문한 것이 심방임을 알 수 있다.

한마디로 심방은 신자 간의 교제나 친교를 위한 사적 방문이 아니라, 교회 신자들을 지도, 인도, 교훈, 권고, 경책, 그리고 위로하기 위해서 시행했던, 공식적인 목양 방문이었다. (이른바 개혁주의를 표방하는 교회에서는 목사 또한 장로의 한 사람으로 여긴다. 하지만 목사가 아닌 장로로서도 심방의 의무가 분명히 있음에도, 최근 사회의 변화와 바쁘다는 이유 등으로 장로의 심방 활동이 축소되는 것은 아쉬운 상황이다.)

개혁교회 가정 심방의 세 가지 목적

개혁교회에서는 가정 심방의 목적을 크게 세 가지로 꼽았다.

첫째, 신자 개인을 영적으로 성장시키는 것이다

교회가 세상에서 복의 통로가 되기 위해서는 반드시 신자 개인

---

1   피터 Y. 드영, 《개혁교회의 가정 심방》, 개혁된 실천사, 2019, 25-26.

의 내적 능력이 전제되어야 하는데, 이런 능력이 발휘되기 위해서는 신자가 영적인 돌봄(보살핌)을 받아야 한다. 단지 교회의 가르침을 알고 그것에 동의하는 정도가 아니라, 신자가 하나님과 인격적인 교제를 나눌 수 있게 하여, 자신의 삶을 하나님을 섬기는 일에 온전히 헌신하도록 해야 하는 탓이다. 이에 '교회의 장로들은 지혜롭고 끈기 있는 권고를 통해' 신자가 성령 안에서 받은 새로운 생명을 키워가도록 도와야 한다.[2]

둘째, 섬김의 삶을 독려하기 위해 심방하는 것이다

개혁교회는 '영적 생명이며 유기적이라는 특성'을 지니고 있어서 '신자는 고립되어 살지 않으며, 또 그렇게 살 수도 없다'라고 본다.[3] 하나님의 백성인 교회는 '태도와 행위를 통해', '우주적인 구원에 관한 하나님의 계획이 온전히 실현되는 것을 보고 누리기' 위해, '가정 심방을 활용해 신자들의 삶을 인격적으로 독려'해야 한다.[4]

셋째, 성도의 교제를 촉진하기 위해 가정 심방을 하는 것이다

성도는 일상에서 많은 격려와 도움을 받아야 한다. 그러기 위

---

2 드영, 앞의 책, 68.
3 드영, 앞의 책, 69.
4 드영, 앞의 책, 70.

해서 '신자는 교회의 직분자들과 다른 동료 교인들과 가능한 친밀한 관계를 맺어야 한다.'[5] 개혁교회는 장로들이 행하는 목양의 한 형태로서 심방을 이해했지만, 그렇다고 해서 경찰관이 순찰을 도는 일처럼, 즉 성도 개개인의 삶에서 죄를 들춰내는 감시 같은 일로 보지도 않았다.

가정 방문의 목적은 어디까지나 '멤버들과 직분자들의 관계는 물론, 신자들 상호 간의 관계가 최대한 친밀하게 형성될 수 있게끔 이끌고', '사람들이 서로 어깨를 나란히 하여 공동의 적을 상대로 큰 영적 싸움을 치르는 법과, 그 싸움을 좀 더 성공적으로 수행해나가는 법을 배우게 만드는 데' 있다.[6]

심방의 횟수와 주의할 점

개혁교회에서 심방은 '교회의 직분자인 장로들이 선포된 말씀의 은혜를 각 가정에서 제대로 누리고 있는지 돌아보는 공식 방문'이라고 전제한다. 따라서 심방은 공식적이고 정기적이어야 하며, 무엇보다 목적에 맞게 시행돼야 할 중요한 목양 사역이다.

개혁교회에서 목사와 장로는 '주님의 양떼에 주의를 기울이며,

---

5 드용, 앞의 책, 71.
6 드영, 앞의 책, 73-74.

1부 | 좋은 심방을 위해 알아두고 준비할 것들

교리와 행위를 주의 깊게 감독하는 일'을 수행해야 한다. 영적인 삶의 성장을 주제 삼아 교인들과 솔직하고 자유롭게 대화를 나눔으로써 가르치고 위로하며, 또한 권면할 수 있다고 본 것이다. '이 사역을 올바로 수행하려면 때를 정해놓고 교인들의 가정을 방문하는 것'이 필요하다.[7] 가정을 방문하는 장로들을 맞이하는 교인들 또한 '양떼를 감독하는 당회원들을 마땅히 존중해야' 한다. 당회원은 '그리스도의 백성의 필요를 채워주기 위해 그분의 이름으로 방문'한다는 목적을 잊지 말아야 하며, '그들의 방문을 미리 알려 온 가족이 참석할 수 있게' 해야 한다.[8]

개혁교회 전통은 당회원의 신자 가정 방문, 즉 심방이 반드시 정기적으로 이뤄져야 할 일이라고 못 박다시피 했다. 그 때문인지, 전 세계 개혁교회의 본산이라 할 수 있는 네덜란드에서는 한때 심방하는 횟수를 놓고 치열한 공방을 벌이기도 했다. 연간 심방의 횟수가 문제가 되는 이유는, 심방이 부정기적으로 이뤄질 경우 직분자나 교인 모두 심방을 하찮게 여겨 그 효율성이 떨어질 것을 염려한 까닭이다. 심방이 2,3년에 한 번 어쩌다 이뤄진다면 '직분자들에 대한 회중의 신뢰감은 약화될 것이고, 장로들도 회중의 필요를 잘 파악할 수 없을 것'이 염려되기 때문이다.[9] 물

---

7 드영, 앞의 책, 100.
8 드영, 앞의 책, 101-102.
9 드영, 앞의 책, 105.

론 환자에게는 필요하면 자주 방문하는 것이 중요하다.

사실 중요한 것은 방문하는 횟수보다 심방하는 목적이다. 장로들은 단순히 신자 가정을 심문하기 위해 방문하는 것이 아니다. 따라서 심방이 의미있게 되려면 방문하는 직분자는 반드시 방문의 목적과 이유를 정확하게 설명해주어야 한다. 그들과 나눌 대화의 방향을 미리 제한하고 숙지시킬 필요가 있기 때문이다. 그래야 심방이 비밀 캐묻기식의 무의미한 전횡이 되지 않는다. 심방을 받는 교인도 '의식적이든 무의식적이든 대화를 엉뚱한 방향으로 이끌려고' 하지 말아야 한다.[10]

환자 심방을 위한 히브리적 사고방식

이제부터는 심방하는 교인의 범위를 '환자'로 축소하여, 본격적으로 '환자 심방'에 관해 논의해보자.

'환자 심방'이란 사람들, 특히 교인들 중에서 현실적으로 건강에 염려가 되는 문제가 생긴 상황을 전제로 한다. 환자 심방은 환자가 이 문제를 해결하고 부정적인 상황을 극복하여 긍정적인 방향으로 나아가도록, 또한 낙심한 감정을 영적으로 회복하고 치유

---

10 드영, 앞의 책, 108.

받을 수 있도록, 궁극적으로는 믿음의 생각을 키워나가도록 교회가, 특히 목회자가 하나님의 말씀과 기도를 도구로 삼아 전인적인 위로와 섬김을 통해 도움을 주는 것이다.

한마디로 환자 심방이란 질병으로 낙심하고 소망이 없는 연약한 사람들이 현재의 힘든 투병 생활을 혼자 감당하도록 내버려두지 않고 소망과 평안 가운데 투병 생활을 잘 감당할 수 있도록, 교회가 하나님의 사랑으로 환자와 그 가족들을 섬기는 일이다.

환자 심방의 핵심 목적은 영적인 분별력과 민감성을 갖고서 대상자의 말을 경청하며, 그들의 어려움에 공감하고 회복을 바라는 전인적 섬김에 있다. 심방대상자는 물론 일차로 환자이지만, 그 가족도 포함된다. 이때 심방자(尋訪者), 즉 심방하는 사람에게 가장 중요한 과제는 감정이입(empathy)을 통해 대상자의 인식과 감정의 세계에 동행하면서 서로에 대한 신뢰(rapport)를 쌓아가는 것이다.

여기서 심방자가 특히 유의해야 할 점은 '히브리적 사고'를 가져야 한다는 것이다. 쉽게 말하면, 심방자부터 하루 24시간의 개념을 바꾸는 것이다. 히브리인에게 하루는 해가 뜨는 아침이 아니라 해가 지는 저녁부터 시작하는 것이다.

히브리인이 아닌 사람들이 세상을 살아갈 때 가지고 있는 하루에 대한 일반 개념은 '아침에 해가 뜨고 점심과 저녁을 지나는 것'으로서, 이 과정을 거치면 하루가 지났다고 생각한다. 이렇게 일반적인 아침, 점심, 저녁을 의미로 비유해보면, 우선 아침은 '자신이 소유한 능력과 지식과 경험과 힘을 가지고 결단하여 꿈을 향해 나아가는 시작'의 의미를 가지고 있다.

아침을 지나고 있다는 말은 자신의 힘으로 무언가를 열심히 이루려고 최선을 다한다는 의미이기도 하다. 인생의 정점(頂點)을 향해, 즉 높은 성공의 경지를 향해 달려가는 활기차고 에너지 넘치는 출발의 이미지인 셈이다.

한편 인생의 정점은 점심 때에 가깝다고 볼 수 있다. 그 정점을 지나, 자신이 이룬 성공과 업적에 만족하며 정리하는 쉼의 단계가 하루를 정리하는 저녁 시간이라고 이해할 수 있다. 그런가 하면, 밤은 깜깜하고 어두운, 실패의 시기에 비유되곤 한다.

이렇게 하루를 인생으로 본다면, 성공을 이루었다고 생각한 정점, 즉 아이러니하게도 점심 때부터가 실패 혹은 추락을 향해 내달리는 시점이 된다. 세상의 이런 상식대로라면, 인생이 저녁을 맞이하여 삶을 정리할 때가 되면 끝을 향한다는 데서 두려움을 느끼게 된다. 그렇게 되면 인생이라는 하루 종일 최선을 다해 달리면서 이루었던 모든 것이 아무 의미 없이 어둠에 묻히게 되어, 결국 어둠과 쇠락으로 향하게 된다는 결론에 이르게 된다. 이런 세상의 사고로 보면 아무리 명성과 부를 얻었다 한들, 한 인생의 끝은 결국 '공수래공수거'(空手來空手去)인 셈이다.

그러나 히브리적 사고로 인생을 살아가는 사람들에게 하루는

1부 | 좋은 심방을 위해 알아두고 준비할 것들

세상의 일반 개념과 그 시작부터 다르다.

창세기는 하나님께서 천지를 창조하신 사건을 기록한 성경으로, 하나님이 통치하시는 세계의 막을 여는 역할을 한다. 창세기는 1장부터 하루를 일컬어 '저녁이 되고 아침이 되니' 하루가 지나갔다고 한다(창 1:5, 1:8, 1:13, 1:19, 1:23, 1:31). 우리가 익숙하게 알고 살아온 하루의 일반 개념과 전혀 다른 말씀이다. 여기에는 창조주가 주신 엄청난 영적 비밀이 숨겨져 있다. 창조주이신 하나님이 창조하실 때의 방식으로 세상의 하루하루를 이끌어가신다는 뜻이다.

히브리적 사고는 하루는 물론 인생에 대한 개념이 세상과 모두 다를 수밖에 없다고 선언한다. 하루, 즉 인생이 저녁부터 시작한다는 것은 태초의 땅, 곧 공허하고 아무것도 존재하지 않으며 생명을 품어낼 준비조차 되지 않은 것 같았던, 아무 소망 없는 깜깜하고 어두운 상황에서 창조주 하나님이 세상을 시작하셨다는 것을 함의(含意)한다. 그냥 보기에도 생명이라곤 움틀 수 없을 듯한 공허에서 창조주 하나님은 생명을 창조하시고, 인간이 살기에 풍요로운 땅을 일구어오셨다.

인생 역시 마찬가지이다. 실패하고 소망 없는 인생이고, 도무지 앞이 보이지 않는 불확실한 삶을 떠밀리듯 살아가는 것 같지만, 창조주 하나님이 손만 잡아주신다면 어둡고 힘든 삶도 믿음으로 살아갈 수 있다. 끝내 그 어두운 길을 통과하게 되는 것이다. 그 어둠의 터널을 벗어나기 위해서는 오직 인도하시는 하나님의 손을, 그리고 우리 앞에서 길을 열어주시고 인도하시는 그분의 지팡이와 막대기만 의지해야 한다. 그러다 보면 어두운 터널에 들어오는 한 줄기 빛을 발견하게 될 것인데, 그 빛은 터널이 곧 끝남을 알려준다.

햇살이 비추기 시작하는 아침의 여명을 맞이하면서 이제 어둠은 끝났다 싶었는데, 웬걸, 우리는 바로 빛의 정점을 보게 된다. 곧 정오(正午)가 되는 것이다. 그래서 우리는 빛의 한 가운데를 지나 앞으로 계속 걸어갈 수 있다. 하나님의 손을 믿음으로 잡고 걸어가는 인생은 그 시작이 어둡고 불안하고 실패할 것 같지만, 어둠 속에서도 인도하시는 하나님만 의지하며 걸어갈 때 정오라는 빛의 승리를 맛보게 된다.

답답하고 힘든 과정이 이어지는 인생의 길, 칠흑 같은 터널 속의 시간을 보낼 때에도 하나님께서 그 자녀에게 주시는 '특권', 즉 항상 약속하셨던 '임마누엘의 믿음'만 있다면 우리는 이렇게 고백할 수 있다. "그 길을 나만 홀로 가게 하지 않으시고 나와 동행하시는 하나님의 은혜가 우리 삶의 원동력"이라고. 이것이 바로 히브리적인 시간에 대한 사고개념이다.

심방은 이와 같은 히브리적 시간 개념을 기반으로 삼는다.

심방은 약한 자가 힘들 때 업어주는 것이다

인간은 병이 들어 힘든 시간을 보낼 때라도 우리와 동행하시는 하나님의 은혜로 산다. 그 하나님이 동행하시는 '업어주심'을 환자가 경험하는 통로가 바로 환자 심방인 것이다. 그런 점에서 환자 심방은 약해진 환자가 힘들어할 때 업어주는 일과 같다.

나는 '메리 스티븐슨'이 쓴 시 '모래 위의 발자국'을 투병 중인 환자와 그 가족에게 종종 들려주곤 한다.

모래 위의 발자국(Footprints in the Sand)

어느 날 한 사람이 밤에 꿈을 꾸었습니다.

주님과 함께 해변을 걷고 있는 꿈이었습니다.

그런데 하늘 저쪽으로 자신이 지나온 날들이 비쳤습니다.

한 장면씩 지나갈 때마다,

그는 모래 위에 두 사람의 발자국이 난 것을 보았습니다.

하나는 그의 것이었고, 다른 하나는 주님의 것이었습니다.

인생의 마지막 장면이 비쳤을 때,

그는 모래 위의 발자국을 모두 돌아보았습니다.

그는 발자국이 한 쌍밖에 없을 때가 많다는 것을 알게 되었습니다.

그때가 바로 그의 삶에서 가장 힘들고 어려운 시기였습니다.

그는 주님께 물었습니다.

"주님, 주님께서는 언제나 저와 함께 해주시겠다고 약속하셨습니다. 그런데 제가 보니 어려운 시기에는 한 사람의 발자국밖에 없었습니다. 제가 주님을 가장 필요로 했던 시간에 주님께서 왜 저와 함께 하지 않으셨는지 저는 모르겠습니다."

주님께서 이렇게 대답하셨습니다.

"사랑하는 나의 아들아. 나는 너를 사랑하기 때문에 버리지 않는단다. 네 시련의 시기에 한 사람의 발자국만 보이는 것은, 바로 내가 너를 업고 갔기 때문이란다."

2장

심방하는 이가 반드시 갖춰야 할 5가지 태도

먼저 말씀을 채우고 성령으로 충만하라

"무엇으로 어떻게 위로하지?"

심방자들이 자주 토로하는 고민이다. 사실은 고민할 필요가 없다. 성령님이 우리 안에 임재해 계시는데 고민할 이유가 있는가? 심방대상자의 호소를 경청하고 내 안에 계신 성령께서 말씀하시도록 할 준비만 되어 있다면, 게다가 그동안 그와 관련된 말씀을 깊이 묵상해왔다면, 그 시간 그 자리에서 성령께서 생각나게 하시는 말씀을 전하면 된다.

말씀이 준비된 심방자는 언제든지 담대하고도 능력 있게 심방 사역을 감당할 수 있다. 다만 한 가지 주의할 점은, 항상 기도하면서 성령께서 심방 과정을 인도하시도록 영적 민감성을 예민하게 갖고 있어야 한다는 것이다. 그래서 심방자는 평상시에 성경을 많이 읽고 깊이 묵상할 필요가 있다. 심방에 필요한 성경 구절을 외울 수 있다면 더 좋다.

심방자가 자신이 외우고 묵상했던 말씀으로 대상자들이 잘 적용할 수 있도록 확신있게 말씀을 전하는 것은 심방의 기본이다. 내가 신학대학원생이나 호스피스 전인치유 자원봉사자들에게 강의할 기회가 있을 때마다 가능한 한 성경을 많이 외워야 한다고 강조하는 이유가 바로 이 때문이다.

심방자는 방문할 대상자가 정해지면 대상자와 그 가정에 대해 가능한 한 많은 정보를 모아야 한다. 모은 정보를 바탕으로 폭넓고 깊게 기도로 준비해야 하기 때문이다.

심방대상자를 만난 뒤부터는 자신의 지식이나 의지로 대화하는 것을 철저히 배제해야 한다. 최선을 다해 경청하되, 내 판단이나 세상 지식보다 성령님을 의지하고, 환자와 경청한 대화를 성경 말씀으로 정리해 잘 마무리할 수 있도록 집중한다.

여기서 '경청'이라 함은 상대방, 곧 심방대상자의 호소를 온몸과 전심을 다해 들어줌으로써 그를 섬길 수 있는 가장 기본적인 심방의 기법이다.

경청하라는 것이 상대방만 혼자 이야기하고 떠들도록 방치하라는 뜻은 아니다. 말꼬리를 잡아 판단하는 일은 당연히 하면 안된다. 심방대상자가 이야기를 시작하면 그의 의견에 고개를 끄덕이거나 적절한 추임새를 넣는 등, 긍정적인 행동과 반응을 보여그 대화에 신중하게 참여하고 있다는 것을 은연중에 알려주는 것으로 충분하다. 이때 함께 성경을 펼치고 말씀을 찾으면 심방대상자가 그 말씀을 이해하고 수긍하는 데 도움이 된다.

심방자들의 성향에 따라 다르겠지만 나의 경험으로 비추어볼때 말씀으로 대화를 정리하는 시간은 30분 내외로 하고, 함께 기도함으로써 마무리하면 좋은 심방이 된다고 생각한다.

심방자와 대상자 사이의 관계 형성법

심방자와 심방대상자 사이에 신뢰 관계가 제대로 형성되었을 때, 심방은 더 원활하게 이루어질 수 있다. 심방자와 대상자 간에 정립된 신뢰 관계는 의사소통이 잘 이루어지도록 돕는 역할을 한다. 따라서 심방자들은 심방대상자와의 의사소통에 유익하도록, 이런 관계의 특수성을 이해하고 관계를 제대로 설정해야 한다.

미국 보스턴에 있는 브리검 여성 병원의 외과 의사이자 하버드

의대와 보건대학교의 교수인 아툴 가완디(Atul Gawandi)는 이미 20대 시절에 상원 의원 사무실과 빌 클린턴 대선 캠프에서 보건 사회 정책 수립을 도운 정책통이자 뛰어난 작가이기도 하다.

그는 대장암에 걸린 여성의 절제수술을 집도한 후 예후를 묻는 환자에게 "완치할 방법은 없고 생명을 연장하는 데 수술의 목적이 있다"라고 대답했다. 다행히 암이 통제 가능한 상태로 머물러 몇 년을 더 생존하긴 했지만, 그 환자는 가완디가 당시에 들려준 말이 비록 의학적으로는 정확하고 객관적이었는지 모르겠지만, 훗날에 "자기를 절벽으로 떨어뜨리는 것 같은 느낌을 주었다"라고 고백했다.[11]

완화치료, 이른바 호스피스의 전문가인 수전 블록은 이렇게 말한다.

"환자와 가족 면담에도 절차와 방법이 있는데, 거기에는 수술에 버금가는 기술과 능력이 필요하다."[12]

의사가 환자에게 전달하는 평범한 의학 정보와 진단 결과도 때로는 환자를 절망의 구렁텅이에 빠뜨릴 수 있다. 하물며 말기 암 환자 같은 이를 돌보는 호스피스 봉사자의 말이야 오죽하랴. 환자를 심방하는 심방자는 이런 점을 마음에 깊이 새기고 소통의

---

11 아툴 가완디, 김희정 역, 《어떻게 죽을 것인가: 현대의학이 놓치고 있는 삶의 마지막 순간》, 부키, 2015, 277.

12 가완디, 앞의 책, 277.

기술을 연마해야 한다.

'환자와의 소통'에서 가장 우선적으로 갖춰야 할 것은 마음가짐이다. 심방자는 심방 받는 환자 또는 사별자들이 자신을 압도하는 여러 가지 불안감에 잘 대처할 수 있도록 '돕는' 입장에 있음을 먼저 기억해야 한다. 특히 말기 환자는 죽음과 고통(통증)은 물론 치료비까지 불안해한다. 환자 또는 사별 가족이 자신의 처지를 받아들이고, 현실적으로 가능한 것과 불가능한 것을 구별하게 되기까지는 시간이 걸릴 수 있다. 심방자가 한두 번의 대화로 이런 다양한 문제들을 일소하기란 불가능하다는 점을 이해해야 한다.

심방자가 심방대상자를 이해하고, 그 대상자와 좋은 관계를 맺고 소통하기 위해 알아두어야 할 것은 다음과 같다.

첫째, 사람의 개별성(個別性)을 인정해야 한다

심방대상자를 제대로 이해하는 첫걸음은 '사람은 원래 나와 다른 존재'라는 사실을 인정하는 것이다. 심방자와 심방대상자는 서로 다를 수밖에 없다. 특히 환자를 심방하는 일에서 예민하게 조심해야 할 것은 '다 내 맘 같겠거니' 하는 착각이다. 심방대상자는 나와 다른 환경에서 살아왔고, 나와 다른 생각을 가진 전혀 다른 존재라는 사실을 반드시 인식해야 한다. 따라서 내 주관대로 상대를 판단하는 것은 절대 금물이다. 물론 사람은 하나님 안에서 수없이 많은 공통점을 지니고 있다. 이에 못지않게 개별성을 지닌 존재이기도 하다. 따라서 대상자마다 각각 고유한 소통 방식이 있음을 이해하고, 그에 맞추어 소통해야 한다.

둘째, 개방성(開放性)으로 마음을 열어야 한다

심방대상자와 소통할 때, 심방자부터 진실된 자세로 마음을 열어야 한다. 심방자가 마음을 열지 않은 상태에서 심방대상자가 먼저 마음을 열 것이라고 기대하는 것은 어불성설이다. 그렇다고 해서 무조건 모든 것을 가감 없이 열라는 말은 아니다. 심방대상자가 부담을 갖지 않을 선에서, 프라이버시가 침해받지 않을 정도에서 지혜롭게 자신의 마음을 열도록 한다. 심방자가 친근감을 지나치게 강조하여 도에 지나치게 자신을 오픈할 경우 서로에게 부담이 될 수도 있음을 기억하자.

셋째, 사람은 서로 같다는 대동성(大同性)을 유지해야 한다

심방대상자는 자신이 삶의 주인공이기에 자신에 대해서는 누구보다 잘 알 수밖에 없다. 심방자는 심방대상자의 삶에 초대된 손님에 불과하다. 따라서 심방자는 상대방의 삶에 대해 익숙하지 않은 초심자(初心者)라는 태도를 항상 지니고 있어야 한다. 물론 심방하기 전에 대상자의 정보를 미리 취합하는 것이 도움은 되지만, 심방자가 얻은 정보를 대상자의 전부로 판단하는 것은 섣부른 태도이다. 정보는 정보일 뿐, 편향되거나 한계가 있을 수 있다.

무엇보다 심방자는 심방하는 대상자보다 우월한 위치에 있는 존재가 아니다. 그러므로 대상자보다 높은 위치에서 대화를 주도하려는 시도 역시 위험하다. 언제나 대상자를 존중하는 마음으로, 심방자 자신과 대등한 관계로서 대해야 한다. 대상자가 심방자의 도움을 받는다는 이유로 무시하거나 하대(下待)하는 것은 매우 그릇된 자세이다. 간혹 대상자에게 무언가 요구할 때는 언제나 "제가 여쭤봐도(질문해도, 도움을 드려도) 될까요?" 하는 정중한 자세와 존중하는 마음을 바탕에 두어야 한다.

넷째, 무조건 상대를 수용(收容)해야 한다

심방자와 대상자는 살아온 배경이 서로 다르기 때문에 하나의 문제에도 각각 다른 방식으로 반응한다. 서로 100퍼센트 다를 수밖에 없다는 사실을 유념해야 한다. 따라서 심방대상자가 어떤 방식으로 심방자에게 대응하든 가치판단이나 편견 없이 무조건 수용하는 자세가 매우 중요하다. 만약 심방자가 판단하는 자세로 심방대상자를 대한다면, 아마도 대상자는 다음부터 심방자를 피하게 될 것이다.

다섯째, 공감(共感)을 통해 편해져야 한다

공감은 동일시(同一視)나 동정(同情)과 다르다. 공감을 통해 상호 감정의 교류가 이루어지는데, 심방자가 심방대상자에게 공감할 때 일어나는 감정의 교류로서 더 편해지는 쪽은 우선 심방자이다.

심방이 끝난 후에도 심방자의 공감 상태는 지속될 수 있지만, 대부분 원래의 상태로 돌아오게 된다. 어쨌든 심방자는 실제로 공감을 통해 심방대상자를 더 깊이 이해할 수 있다.

공감은 심방대상자와 함께 긴 터널을 걸어가는 일과 같다. 이때 심방자의 위치는 대상자의 옆이지만, 그들보다 조금 뒤에 서서 감정의 속도를 맞춰주어야 한다. 그들보다 앞서지 않는 것은 그들이 그들 삶의 주인이기 때문이고, 약간 뒤에 서서 가는 것은 그들이 힘들어 주저앉으려 할 때 얼른 돕기 위해서이다.

말씀을 통해 공감대를 형성하고 자존감을 높이는 법

나 같은 경우 심방대상자를 처음 만나는 자리에서는 항상 예레미야서 29장 11-14절 말씀을 먼저 나누며 공감대를 형성하려고 한다.

11여호와의 말씀이니라 너희를 향한 나의 생각은 내가 아나니 평안이요 재앙이 아니니라 너희에게 미래와 희망을 주는 것이니라 12너희가 내게 부르짖으며 내게 와서 기도하면 내가 너희들의 기도를 들을 것이요 13너희가 온 마음으로 나를 구하면 나를 찾을 것이요 나를 만나리라 14이것은 여호와의 말씀이니라 나는 너희들을 만날 것이며 너희를 포로된 중에서 다시 돌아오게 하되 내가 쫓아 보내었던 나라들과 모든 곳에서 모아 사로잡혀 떠났던 그 곳으로 돌아오게 하리라 이것은 여호와의 말씀이니라 _렘 29:11-14

하나님은 우리에게 재앙을 주는 분이 아니시다. 하나님은 평안과 소망을 준비해주는 분이시기 때문이다. 오히려 하나님이 계시기에 내가 겪는 재앙 같은 현실에서도 평안과 소망을 경험할 수 있다. 이렇게 누구에게나 보편적으로 적용할 수 있는 이 말씀을 심방대상자와 공유하면서 마음을 열 수 있다.

때로는 시편 90편 5절 말씀을 나누기도 한다.

주께서 그들을 홍수처럼 쓸어가시나이다 그들은 잠깐 자는 것 같으며 아침에 돋는 풀 같으니이다 _시 90:5

아침이 되면 우리는 눈을 뜨고 상쾌해진 몸과 마음으로 잠에서 깨어나는 경우가 대부분이다. 언제나 새 날이어서 그럴 수 있고, 밤새 잠을 자며 휴식을 취했기에 피곤이 풀렸기 때문일 수도 있다. 혹은 그동안 살아온 매일의 습관 때문일 수도 있다.

하지만 인간은 살다보면 아침을 맞지 못하는 경우가 생각보다 비일비재이다. 만일 어젯밤에도 내가 홍수처럼 쓸려가는 인생이 되지 않게 하시려고 하나님께서 오늘을 친히 준비하셔서 내게 허락하신 것이라면, 우리에게 주어진 이 '오늘'은 감사할 수 있는 특별한 날이다. 시편 90편 5절 말씀은 그 사실을 말해준다. 이 말씀을 통해 심방대상자와 더불어 오늘에 감사하는 공감대를 쌓는 것이다.

어쩌면 하나님은 심방자를 통해 심방대상자에게 "오늘을 어떤 날로 만들어 가겠느냐?"라고 묻고 계신지도 모른다. 고되고 지속되는 투병 생활로 심신이 지쳐가겠지만, 그로 인해 오늘도 감사할 조건이 하나도 없이 피폐하게 느껴지겠지만, 선택받은 오늘을 통해 감사의 공감을 쌓아가고, 이를 자산으로 삼아 하나님의 자녀가 된 특권을 누릴 수 있어야 하는 것이다. 이렇게 말씀을 통해 공감대를 형성해가면, 다음부터는 자연스럽게 안부를 주고받을 수 있다.

심방자부터 높은 자존감이 필요한 이유

환자는 물론이지만, 우선 심방자부터 자존감이 높아야 일반적으로 자존감이 낮아진 상태인 환자를 섬길 수 있다. 우리는 그 모델을 선지자로 부름받을 때의 예레미야에게서 찾을 수 있다.

하나님은 예레미야를 이스라엘의 선지자로 세우기로 작정하셨다. 그러나 여호와 하나님이 그 사실을 공표하실 때, 정작 예레미야는 자신을 아무것도 감당할 수 없는 '어린아이'에 빗대어 설명하고 선지자가 되는 일을 회피하려 했다. 그의 낮은 자존감 때문이었다. 이처럼 낮은 자존감의 소유자였던 예레미야를 선지자로 세우기 위하여 하나님께서는 그의 자존감을 높이기로 작정하셨다. 그래서 그의 존재감을 다시 일깨워 주셨다.

> ⁴여호와의 말씀이 내게 임하니라 이르시되 ⁵내가 너를 모태에 짓기 전에 너를 알았고 네가 배에서 나오기 전에 너를 성별하였고 너를 여러 나라의 선지자로 세웠노라 하시기로 ⁶내가 이르되 슬프도소이다 주 여호와여 보소서 나는 아이라 말할 줄을 알지 못하나이다 하니 ⁷여호와께서 내게 이르시되 너는 아이라 말하지 말고 내가 너를 누구에게 보내든지 너는 가며 내가 네게 무엇을 명령하든지 너는 말할지니라 ⁸너는 그들 때문에 두려워하지 말라 내가 너와 함께 하여 너를 구원하리라 나 여호와의 말이니라 하시고 ⁹여호와께서 그의 손을 내밀어 내 입에 대시며 여호와께서 내게 이르시되 보라 내가 내 말을 네 입에 두었노라 ¹⁰보라 내가 오늘 너를 여러 나라와 여러 왕국 위에 세워 네가 그것들을 뽑고 파괴하며 파멸하고 넘어뜨리며 건설하고 심게 하였느니라 하시니라 _렘 1:4-10

예레미야는 미처 알지 못했지만, 그는 만군의 여호와 하나님께서 미리 점찍어두신 '비전의 사람'이었다. 그럼에도 그는 낮은 자존감 때문에, "나는 아이라서 말할 줄 모른다"라는 이유로 하나님의 지명하심을 사양하려고 했다. 하지만 하나님은 예레미야의 투정을 받아들이지 않으시며, 거두절미하고 분명하게 말씀하셨다.

"너 자신을 아이라고 여기지 마라. 내가 너를 선택하였고, 그러므로 내가 너와 함께 할 것이다. 내가 어디로 너를 보내든, 네게 무슨 일을 시키든 내가 함께 있으니 염려할 것도 두려워할 것도 없다. 내가 너를 구원할 것이다."

사탄은 우리가 하나님의 도구가 되는 것을 원하지 않는다. 우리가 하나님의 일을 감당하지 못하게 하려고, 사탄이 먼저 하는 일은 우리의 자존감을 뭉개버리는 것이다. 이를 위해 자신을 다른 사람과 비교하게 하고, 죄책감이나 열등감을 심어주어 낙심하게 한다.

예레미야의 경우도 마찬가지였다. 사탄은 그가 하나님의 일을 감당할 수 없는 이유를 계속 찾게 했고, 어느 정도 성공하는 듯했다. 예레미야가 열등감을 내비쳤기 때문이다. 하지만 열등감은 겸손과 다르다. 예레미야가 하나님의 사역을 감당할 수 없다고 고백한 것은 믿음이 없었기 때문이다. 우리가 기도하면서도, 자신의 기도가 응답받지 못할 것이라고 의심하는, 어리석은 모습을 보이는 것과 같은 맥락이다.

하나님은 하나님의 방법으로 예레미야와 우리에게 말씀하신다. "내가 너를 선택하였다!"라고 선포하시고, "네가 나의 일을 하는 것이 아니라, 내가 너를 통해 일한다"라고 말씀하신다. 그리고 하나님께서는 자존감 낮게 "나는 아이라"라고 고백하던 예레미야의 입에 직접 손을 대시고 "여호와 하나님인 내가 네 입에 나의 말을 주었다"라고 하신다. 우리에게도 마찬가지이시다.

이렇듯 우리는 하나님이 함께하시겠다는 약속 가운데 또 하루를 살아간다. 그러나 사탄은 언제나 우리를 속인다. 우리가 하나님의 자녀로서 특권을 누리기를 원하지 않기 때문이다.

우리가 하나님이 기뻐하시는 사람, 곧 하나님의 자녀가 되려면 순전하고 깨끗하며 몸과 마음에 죄가 없는 의인이 되어야 한다. 하지만 우리는 자력으로 그런 의인이 될 수는 없다. 죄인인 우리가 예수 그리스도로 말미암아 의인이 되는 것이다. 이 또한 하나님의 자녀로서 누리는 특권이다. 그러므로 사탄의 속삭임에 속지 말아야 한다.

31그런즉 이 일에 대하여 우리가 무슨 말 하리요 만일 하나님이 우리를 위하시면 누가 우리를 대적하리요 32자기 아들을 아끼지 아니하시고 우리 모든 사람을 위하여 내주신 이가 어찌 그 아들과 함께 모든 것을 우리에게 주시지 아니하겠느냐 33누가 능히 하나님께서 택하신 자들을 고발하리요 의롭다 하신 이는 하나님이시니 34누가 정죄하리요

죽으실 뿐 아니라 다시 살아나신 이는 그리스도 예수시니 그는 하나님
우편에 계신 자요 우리를 위하여 간구하시는 자시니라 _롬 8:31-34

우리는 이와 같이 확실한 믿음 위에 서야 한다.

민수기 13장 1절부터 14장 45절까지는 출애굽 여정에 있던
이스라엘이 각 지파 중에서 믿음이 출중한 대표들을 뽑아 가나
안 땅에 정탐하러 다녀온 사건을 기록한다. 우리가 잘 알 듯이, 가
나안에 다녀온 이들의 마음은 복잡했다. 가나안 사람들이 생각보
다 강해 보였기 때문이다. 그러나 그들 중 여호수아와 갈렙만은
선택받은 믿음에서 흔들리지 않았다. 자신들의 존재가 무엇인지,
위치가 어디인지 믿음의 눈으로 깨달았다. 그들은 하나님이 기뻐
하시는 일에 믿음을 지켰기에 하나님의 약속대로 약속의 땅, 젖
과 꿀이 흐르는 가나안 땅에 입성할 수 있었다.

반면, 복잡한 마음을 가졌던 다른 열 명은 자신들을 가나안 거
민들과 비교하여 염려하였고 믿음도 지키지 못하였다. 그들은 하
나님의 선택에서 제외되었고, 자신들을 겨우 메뚜기로 비하한 대
가로 40일 여정이 40년 여정으로 바뀌게 되었다. 그리고 그들의
고백대로, 광야의 징계 속에서 메뚜기처럼 비참하게 40년을 헤
매다 죽음을 맞이하게 되었다.

민수기 14장 28절은 그들이 왜 하나님이 호언장담하신 복을
차지하지 못했는지에 대해 기록한다.

그들에게 이르기를 여호와의 말씀에 내 삶을 두고 맹세하노라 너희 말이 내 귀에 들린 대로 내가 너희에게 행하리니 _민 14:28

그들이 스스로를 '메뚜기'라고 칭했기에, 하나님이 호언장담하신 복을 거두시고 자신이 들으신 대로 이스라엘에게 행하신 것이다. 실패한 열 명과, 그들에게 동조했다가 덩달아 실패한 이스라엘 백성은 단순하게 표면적인 것을 보고 판단한 것이겠지만, 결국 사탄의 비교의식에 두려움을 갖게 된 것이다. 그 두려움에 질려 자신이 누구인지, 정체성이 무엇인지, 어떤 자존감을 가져야 할지 잊어버린 것이다. 결과적으로 사탄의 속임수에 넘어갔고 실패했다.

우리의 약점은 우리의 섬김과 상관이 없다

하나님의 일을 맡은 자, 곧 연약하고 소망 없는 자들을 섬기기로 작정한 심방자라면 적어도 하나님의 자녀라는 신분에 걸맞는 믿음의 행동을 해야 한다. 하나님의 귀에 어떤 믿음의 말을 들려드릴까 고민해야 한다. 이는 두려움을 빚어내기 위해 사탄이 하는 거짓말을 이겨낼 해결책이기도 하다.

우리가 그분의 자녀로서, 그분이 우리에게 섬김을 감당할 능력을 주셨다는 믿음의 고백을 하나님의 귀에 들려드린다면, 그분은 그분의 귀에 들린 대로 우리에게 섬김을 감당할 능력을 주신다.

그러므로 우리의 약점은 우리의 섬김과 상관이 없다. 따라서 심방자는 예레미야처럼 자신의 약점에 전전긍긍할 필요가 없다. 특히 말을 잘하지 못하는 것도 핑계할 것이 못된다. 하나님께서는 직접 예레미야의 입에 손을 대어 말씀을 넣어주셨다. 이런 하나님이 오늘 나를 선택하셔서 이 자리에 있게 하셨다.

예레미야의 하나님은 오늘날 나의 약점에 직접 손을 대어 하나님의 일을 하게 하실 것이다. 우리가 선택받은 자로서 그분의 자녀가 된 권세를 누릴 때, 우리가 할 일이라고는 우리의 마음을 치료하기 위해 하나님 앞(Coram Deo)에 서 있다는 사실을 기억하고, 구체적으로 하나님을 경험하는 것뿐이다. 그리고 아이 같던 예레미야를 하나님이 능력의 사람으로 지명하시고 모든 것을 감당하게 하셨던 사실을 기억하며, 믿음으로 바라보기만 하면 된다. 하나님의 은혜는 이전이나 지금이나 변함없으시기 때문이다. 우리 아버지는 이런 분이시다.

온갖 좋은 은사와 온전한 선물이 다 위로부터 빛들의 아버지께로부터 내려오나니 그는 변함도 없으시고 회전하는 그림자도 없으시니라
_약 1:17

우리가 심방할 대상자들은 연약하다. 그들의 자존감은 무너졌다. 그들이 얼마나 힘든지는 헤아릴 수조차 없다. 그러나 하나님의 자녀로서 권세를 누리는 심방자들이 그들 곁에 있어준다면 아무것도 문제 될 것이 없다.

그들을 사랑하시는 하나님은 자존감 높은 심방자들을 그들에게 보내셔서 그들로 하여금 하나님과 동행하게 하실 뿐 아니라, 하나님의 권능을 의지하도록 하신다. 심방자가 그들에게 할 것은 회복을 선포하는 것뿐이다. 무엇이 두려운가? 임마누엘이 선포되고 있는데!

3장

심방받을 사람의
영적 회복을 돕는 3가지 원리

탈선한 기차는 기찻길에 다시 올려놓아야 한다

아무 문제 없이 달리던 기차가 장애물에 부딪쳐 탈선하면 더 이
상 운행할 수 없게 된다. 기차가 운행을 재개하기 위해서는 탈선
한 기차를 들어 올려 기찻길에 다시 올려놓는 작업부터 해야 한
다. 그런 다음 기차가 탈선한 이유를 주도면밀하게 살펴야 한다.

심방자가 심방대상자를 처음 찾아갈 때도 마찬가지이다. 그에
게 왜 이런 상황이 벌어졌는지, 우선 대상자에 대한 정보를 잘 수

집해야 하겠지만, 그것 못지 않게 중요한 것은 심방대상자의 무너진 자존감을 높여주는 일이다. 이를 위해서는 먼저 대상자의 말을 긍정적으로 경청하는 것이 중요하다. 자존감이 낮아진 사람이 자존감이 높아지는 길의 초입은 자신의 말을 누군가가 잘 들어주는 것이기 때문이다.

기차가 탈선한 것처럼, 병에 들거나 삶에 심각한 문제가 생긴 모든 상황을 벗어나는 길은 먼저 대상자의 자존감을 높여주는 것뿐이다. 그것이 대상자라는 기차를 기찻길에 다시 올려놓는 일이다. 기차가 탈선된 것처럼 무너진 인격이 존중받고, 이것이 긍지를 갖는 것으로 이어져 심방대상자 스스로 투병 생활을 잘 감당하겠다는 의지를 갖도록 해야 하기 때문이다. 이를 위해 심방자는 '(환자인) 당신이 하나님께 얼마나 귀한 존재'인지 알게 해주는 것이 중요하다. 즉, 사랑받는 자녀로서의 신분을 확인시켜주는 것이다.

사전은 자존감을 '자기의 인격을 존중하며, 긍지를 가지고 스스로 품위를 지키고 자기를 존중하는 마음'이라고 설명한다. 필자의 지난 경험을 돌이켜보면, "그러므로 내가 너희에게 알리노니 하나님의 영으로 말하는 자는 누구든지 예수를 저주할 자라 하지 아니하고 또 성령으로 아니하고는 누구든지 예수를 주시라 할 수 없느니라"(고전 12:3)라는 말씀이 대상자에게 적용될 때 자존감이 회복되는 능력이 나타났다. 나의 지식이나 특별한 만남을 통해서가 아니라, 내가 그분을 주님으로 믿고 있다는 사실 자체가 성령께서 내 안에 내주하고 계신 증거이기에 자존감의 회복이 가능하다는 확신을 주기 때문이다.

우리는 '예수가 나의 주님이시다'라고 고백할 수 있는 은혜로 오늘 하루를 살아갈 수 있고, 이 사실을 통해 우리가 하나님의 자녀라는 높은 자존감을 회복할 수 있다. 더불어 성령의 능력이 심방대상자들의 투병 생활을 도우시고 회복시켜주실 것이라는 믿음이 더해질 것이다.

이외에도 "주 예수 그리스도의 은혜와 하나님의 사랑과 성령의 교통하심이 너희 무리와 함께 있을지어다"(고후 13:13)라는 축복의 말씀도 자존감 회복에 유익하다. 삼위일체 하나님의 임재가 심방대상자로 하여금 낙심하고 염려에 싸여 고통당하는 자가 아니라 그 위기를 얼마든지 이겨낼 수 있는 자가 되게 하시며, 그런 능력을 주실 것이라고 확인시킨다.

"너희는 너희가 하나님의 성전인 것과 하나님의 성령이 너희 안에 계시는 것을 알지 못하느냐"(고전 3:16)라는 말씀 또한 유익하다. 이 말씀은 심방대상자의 몸이 언제라도 포기하고 싶었던 병든 몸이 아니라 하나님의 성전이라는 사실을 확인시켜줌으로써, 자존감을 회복하고 성령의 도우심을 구할 수 있게 돕는다. 이런 소망만 있다면 얼마든지 투병을 지속할 의욕을 가질 수 있다.

"여호와의 말씀이니라 너희를 향한 나의 생각은 내가 아나니

평안이요 재앙이 아니니라 너희에게 미래와 희망을 주는 것이니
라"(렘 29:11)라는 말씀도 심방대상자의 자존감을 회복하는 데 도
움이 된다. 사람의 생각은 쉽게 절망하고 낙심할 수밖에 없지만,
하나님의 생각을 통해 현실이 반드시 재앙은 아니라는 사실을 깨
달을 수 있기 때문이다. 나아가, 하나님으로 인하여 마음과 생각
에 평안과 소망이 넘치게 되어 자존감이 회복되는 기회가 될 수
있다. 이러한 말씀을 통해 심방대상자가 자존감을 회복할 수 있
도록 도움을 주었다면, 그의 회복된 자존감이 영적 회복과 투병
생활에 긍정적인 영향을 미치도록 자신감을 끌어 올려줄 것이다.

우리가 환자들을 심방해야 하는 이유는 그들의 영적 회복과 투
병 생활에 도움을 주기 위한 것이다. 심방대상자인 환자들이 영
적으로 회복되어야 건강하게 투병 생활을 할 수 있는 탓이다. 그
렇게 하려면 우선 자존감이 회복되도록 돕는 것이 필요하다는 것
을 알게 되었다.

환자의 회복을 돕는 3가지 원리

필자는 환자가 투병생활을 잘 할 수 있도록 영적 회복을 위해 섬
기면서, 특별히 '환자의 회복을 돕는 3가지 원리'를 발견할 수 있
었다. 이를 나누어보고자 한다.

첫째 원리, 감정의 브레이크를 잡아주어야 한다

비행기를 탔던 때의 기억을 떠올려보자. 엄청난 무게와 큰 크기의 물체가 하늘을 날아갈 때, 우리는 즐거운 여행을 기대하며 수십 킬로미터 상공에 떠 있다는 사실도 잊은 채, 바깥 구름의 모양이 어떠니 하면서 여행을 즐긴다.

그러다 이상기류를 만나면 어떻게 되는가? 목적지에 도착하여 활주로에 착륙을 시도할 때는 어떤가? 요란한 소리가 얼마나 긴장하게 하는가? 잘 날던 큰 비행기가 금방이라도 부서질 것처럼 흔들리면 안정감은 어디론가 사라지고 만다. 착륙할 때의 진동과 소음은 착륙을 위해 양 날개에 양력을 높이기 때문인데, 기장이 승객의 긴장감을 덜어주자고 안 할 수도 없는 노릇이다. 더 중요한 일은 비행기가 착륙하는 것과 동시에 브레이크를 강하게 잡아서 바퀴를 멈추는 것이다.

비행기가 착륙할 때와 마찬가지로, 자존감을 회복한 환자들이 믿음으로 투병 생활을 할 수 있도록 돕기 위해서는 낙심하려는 감정의 퇴보를 막도록 브레이크를 잡아줄 필요가 있다.

필자가 30년 넘는 세월 동안 환자들을 심방하고 그들의 영적 회복을 위해 섬기며 알게 된 사실은, 아무리 낙심하고 절망에 빠진 환자라 하더라도 크고 작은 장점은 여전히 가지고 있다는 것이다. 투병중이라서 그 장점이 눈에 잘 띄지 않을 뿐이다. 심방자는 이 점을 유의하고, 환자의 장점을 발견하여 계속해서 상기시키면서 칭찬을 아끼지 않아야 한다. 우리가 자주 인용하는 말이 있지 않은가? "칭찬은 고래도 춤추게 한다"라고.

환자라 하더라도 그의 강점을 발견하고 강화시켜준다면, 당연히 자신감은 회복될 것이다. 심방대상자의 강점을 강화시킨다는 말은 그들의 단점을 지적하지 않고, 가진 장점을 인정하여 장점을 더 개발하게 만든다는 뜻이다. 이것은 심방자가 얼마나 인정하고 칭찬해 주느냐에 달려 있다.

16믿고 세례를 받는 사람은 구원을 얻을 것이요 믿지 않는 사람은 정죄를 받으리라 17믿는 자들에게는 이런 표적이 따르리니 곧 그들이 내 이름으로 귀신을 쫓아내며 새 방언을 말하며 18뱀을 집어올리며 무슨 독을 마실지라도 해를 받지 아니하며 병든 사람에게 손을 얹은즉 나으리라 하시더라 _막 16:16-18

마가는 믿고 세례를 받아 구원을 얻은 자에게는 오직 믿음으로만 '표적'을 얻을 수 있는 특권이 주어진다고 강조한다. 특히 18절에 나오는 '무슨 독'은 야고보서 3장 8절 말씀과 연결하여 적용하면 좋겠다.

혀는 능히 길들일 사람이 없나니 쉬지 아니하는 악이요 죽이는 독이 가득한 것이라 _약 3:8

이런 해석이 조심스럽긴 하지만, 결국 우리가 품고 있는 독은 외부에서 들어와 우리를 해치는 특정한 독극물이 아니라, 혀에서 정제되지 못하고 터져 나오는 말인 셈이다. 독이 계속 마음 안에 담겨 있으면 투병 중인 심방대상자만 아니라 주변의 누구라도 마음이 상할 수밖에 없다. 우리가 아무리 세례를 받고 구원 얻을 후사(히 1:14)가 된다 한들 해를 피할 수 없다.

하지만 "무슨 독을 마실지라도 해를 받지 아니"한다는 말씀에 담긴 의미를 반추해보면, 해를 받고 안 받는 결과는 믿고 세례를 받아 그 표적이 나타나느냐 아니냐에 달려 있다는 것을 알 수 있다. 설령 그 마음에 독이 담겨 있다 할지라도, 믿고 세례를 받은 자로서 표적을 얻어 믿음으로 마음속에 담긴 독을 뱉어버린다면 해로부터 자유로울 것이다. 결국 독이란 혀를 통해 들어온 악한 말로서 우리가 해결하지 못한 것인데, 악하고 내게 상처 주었던 말을 품고 있는 한 계속 해를 받을 수밖에 없다.

다시 말하지만, 우리가 세례를 받고 구원 얻을 후사라면, 내 마음에 있는, 혀로 한 악한 말과 상처받았던 말을 예수의 이름으로 뱉어내는 믿음의 결단이 필요하다. 그러고 나면 독으로 인한 해로부터 자유를 얻을 수 있다. 그 말이 마음에 다시 독을 퍼뜨리려 한다면, 이 말씀(약 3:8)을 따라 기도하면서 그 독이 내게서 버려졌음을 선포해야 한다. 그리고 하나님께서 기도를 들으시고 깨끗하게 하실 것을 믿고 감사한다면, 좀 더 강한 자신감을 가지고서 투병 생활을 이어나갈 수 있을 것이다. 이렇게 해주면 심방대상자에게 감정의 브레이크가 생기는 셈이 된다.

둘째 원리, 두려움을 이기고 자신감을 갖게 하라

또한 하나님께서는 이렇게 말씀하신다.

28너는 알지 못하였느냐 듣지 못하였느냐 영원하신 하나님 여호와, 땅 끝까지 창조하신 이는 피곤하지 않으시며 곤비하지 않으시며 명철이 한이 없으시며 29피곤한 자에게는 능력을 주시며 무능한 자에게는 힘을 더하시나니 30소년이라도 피곤하며 곤비하며 장정이라도 넘어지며 쓰러지되 31오직 여호와를 앙망하는 자는 새 힘을 얻으리니 독수리가 날개치며 올라감 같을 것이요 달음박질하여도 곤비하지 아니하겠고 걸어가도 피곤하지 아니하리로다 _사 40:28-31

환자가 매 순간마다 여호와를 앙망하는 믿음을 갖고 투병 생활을 한다면 그분은 능력과 은혜를 주실 것이다. 그로 인하여 독수리가 날개 치며 올라감 같이 투병 생활에서 능력과 자신감을 회복하게 될 것이다.

독수리는 세상에 존재하는 새 중에서 가장 높이 날아 올라가는 힘과 능력을 가진 새이다. 하나님은 오늘날 우리에게도 이런 능력을 주고 계신다! 사람이 독수리처럼 자신감을 얻는 방법 중의 하나는 당면한 '두려움'을 이겨내는 것이다.

민수기 13장은 사십 일 동안 가나안 땅을 정탐하고 돌아온 열두 정탐꾼의 보고를 기록하고 있다. 열두 정탐꾼이 가나안을 향해 떠날 때는 동일한 마음을 품고 있었다. 하나님의 약속을 믿었던 것이다. 그러나 현실의 높은 벽 앞에서 자신감은 땅에 떨어졌고, 자신들이 그곳을 정탐하러 온 이유를 망각하게 되었다. 좋은 환경에서 더 건장하게 사는 가나안 거민을 본 열 명의 정탐꾼의 마음에 혼란이 찾아왔다. 낙심할 수밖에 없었다. 그들의 혼란을 본 갈렙은 이렇게 말했다.

> 갈렙이 모세 앞에서 백성을 조용하게 하고 이르되 우리가 곧 올라가서 그 땅을 취하자 능히 이기리라 하나 _민 13:30

그러나 자신감을 잃은 열 명의 정탐꾼들은 자신들이 혼란스러워하고 두려워할 수밖에 없었던 이유를 이렇게 고백한다.

> [31]그와 함께 올라갔던 사람들은 이르되 우리는 능히 올라가서 그 백성을 치지 못하리라 그들은 우리보다 강하니라 하고 [32]이스라엘 자손 앞에서 그 정탐한 땅을 악평하여 이르되 우리가 두루 다니며 정탐한 땅은 그 거주민을 삼키는 땅이요 거기서 본 모든 백성은 신장이 장대한 자들이며 [33]거기서 네피림 후손인 아낙 자손의 거인들을 보았나니 우

리는 스스로 보기에도 메뚜기 같으니 그들이 보기에도 그와 같았을 것이니라 _민 13:31-33

처음에는 그 땅을 "과연 젖과 꿀이 흐른다"라고 칭찬하던 이들인데, 결국 거짓말로 그 땅을 '악평'했다. 거짓말은 두려움을 느낀 자들이 위기를 모면하기 위해 사용하는 속임수이다. 하나님의 약속을 잊어버린 자들은 용기까지 잃어버린 채 오합지졸로 전락할 수밖에 없다. 거짓말로 자신들이 느끼는 두려움을 위장하지만, 뒤이어 등장하는 내용을 살펴보면 백성 모두에게 두려움이 전이되었고, 결국 공동체는 순식간에 공포로 무너지게 되었다.

함께 정탐했던 믿음의 사람 여호수아와 갈렙은 이스라엘 백성이 두려움에서 깨어나도록 애를 써보았지만, 한번 속은 자들은 회복할 용기를 갖지 못했다. 오히려 이스라엘 백성은 믿음으로 신앙의 고백을 한 여호수아와 갈렙을 돌로 쳐 죽이려 했다.

하나님은 믿음 없고 무지한 저들로부터 여호수아와 갈렙을 구출하셨다. 분노하신 하나님이 약속으로 선택하신 그들을 버리겠다고 하셨지만, 모세의 중보로 그들에게 다시 기회를 주셨다. 이들이 실패한 이유는 무엇인가?

그들에게 이르기를 여호와의 말씀에 내 삶을 두고 맹세하노라 너희 말이 내 귀에 들린 대로 내가 너희에게 행하리니 _민 14:28

하나님은 그 이유를 우리에게 알려주신다. 내가 하나님의 귀에 어떤 말씀을 들려드렸는지가 우리의 믿음을 반영한다는 것이다. 우리가 처한 환경이 두려움뿐이라 하더라도, 우리가 믿음으로 하나님의 귀에 감사의 말을 들려드린다면 우리는 당연히 승리를 얻게 된다. 이렇듯 자신감은 우리에게 놀라운 복을 누리게 해주지만, 두려움은 부정적인 전파를 통해 자신은 물론 자신이 속한 가족과 공동체에까지 악영향을 미친다. 따라서 심방자는 대상자들이 두려움을 제거하고 믿음의 말을 할 수 있도록 도와야 한다.

셋째 원리, 직접 영적 전쟁을 하도록 지원하라

확실한 복음이 전해지면 누구든 성령의 도우심과 큰 확신으로 믿음을 가질 수 있다. 그러면 믿음으로 영적인 싸움을 할 수 있게 된다. 따라서 심방자는 심방대상자들이 어떤 환난 가운데서도 성령의 기쁨을 통해 주를 본받는 자가 되어 주님의 복음 안에 머무르면서, 영적 전쟁을 잘 감당할 수 있도록 도와야 한다.

> 5이는 우리 복음이 너희에게 말로만 이른 것이 아니라 또한 능력과 성령과 큰 확신으로 된 것임이라 우리가 너희 가운데서 너희를 위하여 어떤 사람이 된 것은 너희가 아는 바와 같으니라 6또 너희는 많은 환난 가운데서 성령의 기쁨으로 말씀을 받아 우리와 주를 본받은 자가 되었으니 _살전 1:5-6

그러면 영적 전쟁을 어떻게 해야 할 것인가? 물론 총과 칼은 수단이 아니다. 영적 전쟁에서 승리하기 위해서는 자신의 믿음에 대한 그림을 바꾸는 것이 중요하다.

믿음은 바라는 것들의 실상이요 보이지 않는 것들의 증거니 _히 11:1

우리 마음에는 아주 큰 캔버스가 있다. 이 마음판이라는 캔버스에는 눈에 보이지는 않지만 우리 삶의 기록들이 그림으로 남아 있는데, 놀랍게도 그림의 대부분은 영적 전쟁에서 실패한 경험을 그린 것이다. 그것을 어떤 시각에서 보느냐에 따라 우리가 높은 곳까지 날아오르는 독수리가 될지, 아니면 겨우 생명만 유지하는 파리가 될지를 결정한다. 아마도 무슨 일에든 못한다고 생각하고 말하는 사람은 실패한 그림을 소유한 자일 것이다.

이제 자기 마음판의 그림을 바꾸고 싶은가? 그림을 바꾸는 유일한 방법은 이미 진 영적 전쟁의 기록(경험) 위에 성령이 임재하시는 것뿐이다. 이를 통해 예수의 보혈의 은혜를 힘입게 되면, 우리가 이미 졌던 전쟁의 기록은 흰 눈보다 더 깨끗하게 우리 마음 속의 캔버스에서 지워질 것이다. 이렇게 실패한 그림들이 지워지고 나면, 그동안 사탄이 속여서 숨겨져 있던 승리의 표적들이 드러나게 된다.

성령의 권능을 받아 믿음으로 행동하라

사도행전에는 놀랍고도 놀라운 영적 전쟁의 반전(反轉)이 기록되어 있다. 예수께서 돌아가신 후, 두려움에 숨었던 제자들이 부활하신 그분과의 영광스러운 만남을 통해 변화되는 모습을 보여준다. 그리고 사도행전 2장에서 그들의 변화는 완성된다.

성령의 임재를 기다리던 120명의 제자들은 불의 혀처럼 갈라지는 성령의 임재를 경험하게 되는데, 이들은 순식간에 변화하여 그동안 억눌려 왔던 두려움에서 벗어나 생명을 내어놓고 담대히 예수를 전하였다. 이제야 예수의 제자라는 신분에 걸맞는 역할을 하게 된 것이다. 이 놀라운 성령 체험은 사도행전 3장 1-8절을 통해 복음의 능력을 행하는 것으로 이어져 절정에 달하게 된다.

예루살렘의 성문 중 하나인 '아름다운 문'(美門)이 있던 성전 입구에는 40년 동안 한 번도 일어선 적이 없는 자가 앉아서 예배하러 오는 자들에게 구걸하고 있었다. 예수께서 살아계실 때는 늘 반목했던 베드로와 요한이, 그날 함께 예배하러 성전으로 올라가다가 그 문 앞에 다다랐다. 모르긴 해도 그 거지는 언제나 그 자리에서 구걸했을 것이고, 베드로와 요한도 오랫동안 그를 보아왔을 것이다. 그러나 그들이 성령을 경험하자 새삼스레 그에게 관심을 갖게 되었고, 아마도 그들은 예수의 이름으로 걷고 뛰며 하나님을 찬양하는 광경을 마음으로 보았으리라.

⁶베드로가 이르되 은과 금은 내게 없거니와 내게 있는 이것을 네게 주
노니 나사렛 예수 그리스도의 이름으로 일어나 걸으라 하고 ⁷오른손
을 잡아 일으키니 발과 발목이 곧 힘을 얻고 _행 3:6-7

베드로는 예수 그리스도의 이름을 그에게 주었고, 오른손을 잡
아 일으켰다. 평생을 앉아 구걸했던 거지는 걷는 것이 무엇인지,
뛰는 것이 무엇인지 몰랐다. 알지 못하기에 걷고 뛰는 것이 무엇
인지 보여주어야 한다. 그러나 베드로는 아무것도 보여주거나 가
르쳐주지 않은 채 그의 손을 잡아 일으켰다. 하지만 그 순간에 그
의 발과 발목은 힘을 얻어, 40년 만에 처음으로 걷고 뛰며 하나님
을 찬양하는 기적을 경험했다. 결과적으로 상식을 벗어나는 베드
로의 행동이 기적을 불러온 것이다.

만약 베드로가 마음에 받은 은혜를 따르지 않고 예수 그리스도
의 이름만 그에게 주었더라면, 그는 일어날 수 있었을까? 예수 그
리스도의 이름만 준 채 걷는 방법을 시범으로 보여주고, 근육에
힘이 들어가는 것을 가르치며 천천히 연습시켰다면 걸을 수 있었
을까? 불가능했을 것이다. 그러므로 우리가 믿음의 행동을 감당
하지 않고 고민만 한다면 '예수 그리스도의 이름을 주는' 상태에
머물러 지켜만 보는 것이 된다. 7절의 행함, 곧 성령께서 하시는
능력에 대한 큰 확신이 있고 그에 따른 믿음의 결단이 있을 때,
성령의 능력은 드러난다. 예수의 제자들도 성령이 임하자 자신들

이 가지고 있던 두려움을 이길 수 있게 되었고, 그들 안의 성령으로 인해 놀라운 영적 변화를 경험하게 되었다.

우리는 이미 성령을 모시고 있는 자들이다

우리가 예수를 주로 고백하고 있다면, 이미 우리는 성령을 모시고 있는 자들이다.

> [3]그러므로 내가 너희에게 알리노니 하나님의 영으로 말하는 자는 누구든지 예수를 저주할 자라 하지 아니하고 또 성령으로 아니하고는 누구든지 예수를 주시라 할 수 없느니라 [7]각 사람에게 성령을 나타내심은 유익하게 하려 하심이라 _고전 12:3,7

하나님은 믿음으로 행하는 자들에게 이런 특권을 허락하셨다. 영적 전쟁을 잘 감당하기 위해서는 이 원리를 통해 자신의 믿음을 점검할 필요가 있다. 믿음은 "바라는 것들의 실상이자 보이지 않는 것들의 증거"(히 11:1)로서, "믿음이 없이는 하나님을 기쁘게 하지 못할뿐더러 하나님께 나아가는 자는 반드시 그가 계신 것과 그가 자기를 찾는 자들에게 상 주시는 이심을 믿어야 한다"(히 11:6). 나는 어떤 믿음의 소유자인가?

영적 전쟁의 승리자는 하나님이 허락하시는 평강으로 마음을 지키는 자이다(빌 4:4-7). 이런 사람은 구하는 모든 것을 감사함으로 하나님께 아뢸 것이다. 그들은 아무것도 염려하지 않기 위하여 늘 기도하며, 주 안에서 항상 기뻐하고, 관용 있는 삶을 살아갈 것이다. 또한 영적 전쟁의 승리자는 하나님의 보호와 임재하심을 누리는 삶을 살아간다. 그분이 베푸시는 보호와 임재하심에 우리는 자연스레 이런 고백을 하게 된다.

> [1]나의 힘이신 여호와여 내가 주를 사랑하나이다 [2]여호와는 나의 반석이시요 나의 요새시요 나를 건지시는 이시요 나의 하나님이시요 내가 그 안에 피할 나의 바위시요 나의 방패시요 나의 구원의 뿔이시요 나의 산성이시로다 [3]내가 찬송 받으실 여호와께 아뢰리니 내 원수들에게서 구원을 얻으리로다 _시 18:1-3

이런 확실한 고백은 우리 모두에게 안정감을 줄 것이다.

A Practical Guide for
the Critical Patient's Care

2부
———

심방대상자를
제대로 위로하는
소통의 기술

4장

소통을 가로막는
심방자의 6가지 실수

심방 소통의 장애 요소

앞에서 강조한 바와 같이, 심방자와 심방대상자는 서로 소통이
잘 되어야 한다. 그러나 이 책에서 다루는 심방의 대상자가 대개
환자인지라, 의외로 소통이 잘 이루어지지 않아 심방을 통한 영
적 회복과 새 힘을 얻지 못하는 경우가 많다. 심방자와 대상자가
귀중한 시간을 할애하여 만나는 아까운 심방 시간에, 소통을 막
는 장애 요소가 심방자와 대상자 모두에게 있기 때문이다. 심방

에서 맞닥뜨리는 소통의 장애 요소는 무엇이며, 그것의 해결방법은 무엇일까?

첫 만남이 잘못되면 소통하기 어렵다

심방자와 심방대상자 사이에 소통의 문제가 생기는 이유 가운데 첫째는 첫 만남에서부터 '실패'하기 때문이다. 심방자는 대부분 심리 상태가 불편하고 까칠한 환자를 만나게 되는데, 첫만남이 좋아야 다음부터 소통이 가능해진다.

어느 환자가 갑자기 발견된 백혈병으로 투병하게 되어 무균실에 입원했다. 그를 나에게 소개한 분이 그에 대한 정보를 주었는데, 아주 예민하고 대단히 까칠한 상태라고 말했다. 갑자기 얻게 된 백혈병이니 얼마나 혼란스럽고 당황했을까? 본의 아니게 시작된 병원 생활인 데다 무균실에 홀로 있어야 한다. 그의 입장에서 생각해보면 예민하고 까칠한 것이 당연하다 싶었다. 그래서 나는 첫만남을 극적으로 가지고 싶었다.

마침 그때가 이른 봄이었고, 그 병원의 정원에는 다른 곳보다 조금 빠르게 노란 개나리가 피어 있었다. 개나리 무더기를 헤치며 밖에서는 잘 보이지 않는 안쪽에서 잠시 실례(?)를 했다. 개나리꽃 몇 송이가 달린 가지를 자른 것이다. 병원에 가기 전에 썼던 일회용 종이 커피잔을 화장실에 가지고 들어가 씻은 다음, 화장지 2장을 구겨서 그 컵에 담았다. 컵에 물이 넘치지 않을 정도로 화장지에 물을 흠뻑 적시고, 가지치기로 꺾어온 개나리 꽃가지를 예쁘게 꽂은 다음 심방대상자가 있는 무균실 창문 밖에 그 컵을 놓았다. 그리고 똑똑 노크를 한 후에 얼른 창문 옆을 살짝 벗어나 숨었다.

무균실에 누워 있던 그가 내 노크 소리를 들었는지 몸을 일으키고 커튼을 젖혔다. 그는 유리창 밖에 놓인, 노란 개나리가 꽂힌 일회용 커피잔 화병(!)을 보고 황홀하고 경이로운 표정으로 탄성을 질렀다. 나는 문밖에 숨어 유리창 너머로 그를 관찰하다 그 앞에 슬쩍 나타났다. 그리고 나를 소개하는 인사를 하며, 그 꽃을 내가 준비했노라고 말했다. 그러자 예민하고 까칠하다던 그가 매우 행복하다며, 자신을 특별히 대해준 것에 감사하다고 말했다.

우리는 그 후로 3개월간 심방자와 심방대상자로서 아름다운 관계를 가질 수 있었다. 비록 유리창을 가운데 두고 했던 데이트였지만, 그는 마침내 복음을 받아들이고 평안하게 투병 생활을 했다. 그리고 종이컵 화병을 보고 행복해 하던 모습 그대로 주님의 부르심에 순종했다.

신뢰하는 관계가 되어야 한다

심방자와 심방대상자 사이에 문제가 생기는 또 다른 상황은 심방자의 말이나 행동이 심방대상자의 상태와 일치하지 않을 때, 즉 심방자의 말과 행동이 심방대상자에게 공감을 일으키지 못할 때이다. 이렇게 되면 서로 신뢰하는 관계가 될 수 없다. 예를 들어 심방자가 심방대상자의 심리 상태나 입장에서 받아들일 수 없는 수준의 말이나 행동을 한다면 심방대상자는 심방자를 신뢰할 수 없다. 이러면 당연히 심방을 통한 효과를 기대할 수 없다.

심방대상자가 심방자의 뜻을 오해해서 생기는 문제도 불통의 이유가 될 수 있다. 말과 행동에 대한 오해이든 의도에 대한 오해이든, 모두 신뢰관계가 충분히 세워지지 않았기 때문에 생기는 것이다. 따라서 심방자와 심방대상자 사이의 심리적 소통의 이해 관계, 즉 서로를 공감하는 라포(rappot)가 형성되지 않은 상태에서는 조급하게 개인의 문제나 예민한 부분을 다루면 안 된다.

상대적으로 힘든 상황에 있는 심방대상자는 심방자를 향해 방어기제를 발동하기 때문에 심방자의 의도와 상관없이 쉽게 오해할 수 있다. 하지만 심방자와 심방대상자가 함께 보낸 시간이 차곡차곡 쌓여갈 때, 심방대상자는 자연스레 심방자를 신뢰하게 된다. 함께 보낸 시간으로 생기는 것이 이해이다.

심방자와 심방대상자 사이에 이와 같은 라포가 형성되려면 일반적으로 서로의 경험을 공유하는 것이 중요하다. 경험을 공유할 때 생겨나는 신뢰가 상호간에 편안한 관계를 만들어주기 때문이다. 한편, 신뢰가 쌓이는 만큼 비밀 같은 경험을 공유하는 것도 수월해진다. 경험의 공유와 신뢰가 선순환하는 것이다. 이를 위해 자신의 내면에서 경험하는 것, 즉 마음을 적절하게 표현하는 것이 도움이 된다. 특별히 마음과 경험을 나눌 때 비판 없이 받아들이는 태도가 관계 형성에 중요하다. 이런 관계가 잘 이루어지지 않으면 심방자와 대상자는 언제나 물과 기름처럼 잘 섞이지 못할 것이다.

소통에 걸림돌이 생기는 여섯 가지 이유

심방을 하다 보면, 심방대상자 중에서 가끔은 ① '과거의 심방 때 받은 경험'이나 ② '선입견과 고정관념 등 잘못된 인식'으로 어려움을 가지는 경우가 있다. 또 ③ '자기 노출을 두려워하여 마음을 열지 못하고' 심방자와 함께 있기를 어려워하며, ④ 지금 여기(now and here)의 의미를 이해하지 못해 '과거에만 집착하는 사람'도 있을 수 있다. ⑤ 가끔은 환자가 앓는 '병으로 인한 지각장애'로 이해 능력이 부족할 수도 있고, ⑥ '표현 능력이 부족하여' 자신의 생각과 상태를 표현하는 일을 어려워하기도 한다. ⑦ 결국 그 결과로 '방어기제'가 발휘되어 심방자를 회피할 수도 있다.

심방대상자에게서 나타나는 이상의 일곱 가지 이유가 심방자로서 환자와 소통하는 데 문제가 된다. 이것들은 대상자에게 해당되는 소통의 걸림돌들이다.

하지만 심방대상자보다 심방자에게 있는 소통의 걸림돌이 더 클 때가 있다. 심방자가 심방할 때 다음과 같은 여섯 가지의 잘못된 방법이나 태도가 소통에 걸림돌이 될 수 있다.

첫째 실수, 거짓으로 안심시키기

이러한 태도는 심방 받는 대상자를 안심시키기 위해서라기보다 심방자 자신의 불안감을 줄이려는 것이다. 이는 결국 심방대상자부터 자신의 감정을 표현하는 것을 차단하게 만든다. 대표적인 예가 믿음을 강조하기 위해 "믿습니까? 믿어야 합니다!"라며 정답을 강요하는 것이다.

믿음을 강요라도 하고 싶은 심방자의 간절함을 왜 모르겠는가? 하지만 이렇게 강요되는 믿음은 오히려 환자에게 거부감을 불러일으키거나 잘못된 안심을 강요하고, 결국 더 어려운 상황이 찾아올 수도 있다. 따라서 심방자는 심방대상자에게 가능한 한 현실의 상황을 직시하도록 도와주고, 그 상황을 말씀과 하나님의 은혜로 잘 감당하며 믿음의 대안을 제시할 수 있어야 한다.

둘째 실수, 심방대상자를 판단하여 비난하기

우리는 심방하면서 심방대상자의 이야기를 들을 때 판단하거나 단정적인 표현을 하는 것은 삼가야 한다. 그가 하는 말이 우리가 듣기에 분별력이 부족해 보이거나 이해가 잘 안 될 수도 있지만, 그는 그것이 자신이 처한 지금의 상황이라고 믿고 있다. 그러기에 심방자는 심방대상자의 말과 행동을 판단의 대상으로 삼을 것이 아니라, 그저 이해해야 한다. 그 상황을 잘 감당할 수 있도록 격려하고, 그가 하나님의 말씀으로 힘을 얻어 잘 감당할 수 있도록 길을 제시해야 한다는 소명을 잊어서는 안 된다.

셋째 실수, 섣부른 조언이나 해결책 제시하기

섣부른 조언이나 해결책을 제시하는 것은 환자나 심방대상자에게 큰 도움이 되지 못할 수 있다. 잘못된 지식과 경험을 바탕으로 한 조언이 오히려 투병하는 심방대상자에게 혼란을 주는 경우도 있다. 특히 환자들은 대부분 지푸라기라도 잡으려는 심정이다. 이런 대상자와 가족에게 "그 병엔 무엇이 좋다더라" 하는 식의 잘못된 정보나 단순한 해결책을 제시하여 혼란을 주고, 경제적 손실을 입히는 경우마저 가끔 있었다.

필자에게 가장 나쁜 심방자를 정의해보라고 한다면, 갈급한 환자의 심리를 이용하여 사리사욕을 채우려는 사람이다. 성도들을 섬긴다는 명목으로, 예수의 이름을 빙자하여 환자나 그 가족에게 접근해 경제적 이득을 챙기려는 것이다. 그러므로 어설프게 조언하려다 오해를 살 수도 있으니 조심하자. 심방대상자에게 어떤 조언이나 해결책을 제시하고 싶은 충동이 들거든 먼저 이런 광고 문구를 기억하자. "약은 약사에게 진료는 의사에게."

심방자들의 사명은 영적인 심방 전문가가 되는 것뿐이다. 환자들의 모든 것을 다 알아서 치료하는 데 도움을 주는 전문가라고 착각해선 안 된다. 심지어 심방자의 직업이 의사라 하더라도 자신이 그의 주치의가 아니라면 조심해야 한다.

넷째 실수, 경청하지 않고 부적절하게 반응하기

상대방의 말을 가로채거나 상대방의 말을 짐작하여 넘겨짚는 태도도 심방자로서 매우 부적절하다. 말은 끝날 때까지 경청해야 전체적인 맥락을 파악할 수 있다. 심방자가 미리 자신이 할 말을 지나치게 많이 준비하다 보면 잘 듣지 않게 되어, 심방대상자와 신뢰 관계를 맺기 어렵고 실수할 수도 있다.

심방에서 가장 중요한 키워드는 '경청'이다. 그런데 간혹 심방자가 대상자의 말을 전체 맥락에서 이해하지 않고, 자신의 생각에 들어맞는 단서만 찾아 자기 생각을 확인하는 쪽으로 대화를 몰아가는 경우가 있다. 이러면 심방자는 자기 생각에 빠져 상대방의 말에 적절한 반응을 할 수 없게 된다. 심방자는 대상자를 자기 의도대로 섬겼다고 생각하지만, 결국 심방의 목적을 잃어버리는 결과만 낳게 된다.

다섯째 실수, 무성의하게 반응하기

심방자가 자신의 생각에 사로잡혀 자기 판단으로 대상자의 말을 걸러 듣거나, 틀에 박힌 뻔한 말로 상대방의 생각을 잘 이해한 것처럼 행동하면 심방대상자는 심방자를 성의 없는 사람으로 여기게 된다. 심방을 통해 오히려 관계가 악화되는 것이다.

심방자가 성의 없이 반응하면 심방자와 심방대상자가 신뢰 관계를 맺는 데 걸림돌이 된다. 심방자는 심방대상자가 (심방자가 듣고 싶지 않은) 이상한 말을 하더라도 경청해야 한다.

여섯째 실수, 부정적 반응으로 부인하기

심방대상자가 자신의 힘든 상태를 이야기하고 있음에도 심방자가 "참 이해가 안 되네요"와 같은 부정적 반응으로 심방대상자의 경험이나 환경을 부인하며 심방자 자신을 보호하려는 경우가 있다. 심방자의 이런 반응은 심방을 통해 정서적이고 영적인 회복을 도모하려는 환자에게 씻을 수 없는 상처를 줄 수도 있다는 사실을 기억하자.

5장

환자가 회복되는
심방자의 5가지 소통 기술

심방자의 말하기와 듣기의 태도

심방자와 심방대상자 사이에 이루어지는 바람직한 소통은 서로에게 필요한 상대방의 생각과 정보와 의견 또는 감정을 교환함으로써 상황을 공동으로 이해하고, 그 결과 심방대상자의 의식이나 태도나 행동에 변화를 기대할 수 있게 한다.

소통을 위해서는 말하기와 듣기라는 양대 기술로 크게 나누어 생각할 필요가 있다. 말하기를 통해서는 효과적인 자기표현을 할 수 있고, 상대방의 말을 잘 듣고 적절히 반응함으로써 심방에서 처음 기대했던 좋은 결과를 낳을 수 있다. 말하기와 듣기를 기본으로 삼고, 환자가 회복될 수 있도록 도울 수 있는 심방자의 소통 기술을 다음의 다섯 가지로 정리해본다.

첫째, 심방자가 가져야 할 기본 자세를 기억한다

- 심방자는 대상자에게 믿음직스럽고 의지가 되도록, 일관성 있게 행동하는 사람으로 인식되어야 한다.
- 심방자는 표현력이 풍부해야 하며, 아무 어려움 없이 심방대상자와 소통할 수 있다는 자기 확신이 필요하다.
- 심방자는 대상자를 대할 때 긍휼의 마음을 가져야 한다. 형식적이지 않고 진심으로 걱정해주며, 관심을 가져주고 존중해주어야 한다. 현재의 상황을 부정적으로 판단하지 않고, 회복을 위해 적극적이고 긍정적인 태도로 대상자를 대해야 한다.
- 심방자는 대상자에게 결단이 필요한 상황이 닥칠 때 두려움을 주지 않으며, 상대방에게 얽매이지도 않는다. 부드러운 태도를 갖추되 강인함과 설득력을 겸비하여 대상자가 변화를 일으킬 수 있는 제언을 해야 한다.
- 심방하는 대상자가 심방자와 서로 다른 점을 무조건 수용할 수

있도록, 심방대상자의 개별성을 인정하여 심방자로부터 충분히 독립시킨다.

- 심방자는 대상자의 내면세계에 깊이 들어가되, 그의 경험을 판단하지 않고 공감해야 한다.
- 심방자가 대상자의 내면세계를 인정하려면 적정한 한도 내에서 긍정적으로 자신을 오픈해야 한다.
- 심방자 자신의 행동이 대상자에게 위협으로 느껴지지 않도록, 예민하고도 조심스러운 태도로 소통을 이어나가야 한다.
- 심방자는 대상자를 긍정적 혹은 부정적 판단 없이 자유롭게 해준다.
- 심방자는 대상자가 소망을 갖고 긍정적인 투병 생활을 이어갈 수 있도록 비전을 주어야 한다.

둘째, 회복을 돕는 소통의 방법을 다양하게 활용한다

문서를 전하고 반복하여 읽게 한다

좋은 글은 '독서 테라피' 효과를 기대할 수 있다. 심방대상자에게 카드, 편지, 이메일 등으로 성경 구절과 좋은 글(문서)을 전할 수 있다. 필자의 경우, 심방을 마치면 그날 함께 나누었던 말씀을 가능한 한 그 자리에서 A4 용지에 기록한 다음, 환자의 눈높이에서 가장 잘 보이는 자리에 붙여두고 오기도 한다.

　한 대상자를 매일 방문하기란 사실 불가능하다. 기껏해야 일주일에 한 번 정도 방문할 수밖에 없다. 그래서 대상자가 심방 받은 날에 받은 회복의 은혜가 지속될 수 있도록, 말씀을 계속 묵상할 계기를 만들어주는 것이다. 사람은 문서로 기록하지 않으면 잘해야 일주일에 두세 번 기억하거나 생각하고 마는데, 말씀을 글로 보면 기억력을 연장하는 데 큰 도움이 된다.

다양한 방법으로 긍정적 언어와 칭찬을 전한다

　얼굴을 직접 대면하고 긍정적인 언어나 칭찬을 전함으로써 소통을 하는 것도 효과적이지만, 코로나(코비드19) 상황 때처럼 심방이 불가능할 경우에는 영상통화도 효과적이다. 비대면 방법을 통해서도 적극적으로 긍정적인 언어나 칭찬이 전달되려면, 평소에도 친밀감을 쌓아두고 신뢰관계가 잘 정립돼 있어야 한다.

몸(신체)의 언어 활용에 유의한다

　몸의 언어에는 표정, 안색, 동작, 자세 등이 있는데, 메시지를 전달할 때 무려 55퍼센트의 비중을 차지할 정도로 큰 영향력을 끼친다. 입으로 하는 말보다 훨씬 영향력이 큰 것이다. 따라서 몸짓은 특히 심방에서는 직접 말하기 이상으로 중요한 역할을 하는 소통의 매체이다. 만약 심방자가 마지못해 심방 현장에 끌려나온 듯한 표정을 짓고 있다고 상상해보라. 심방을 통한 회복은 일어날 수 없다.

심방자가 심방 전에 자신의 표정을 거울에 비추어봤을 때 평안과 안정이 느껴진다면 대상자를 만날 준비가 된 것이다. 실제로 표정은 마음에서 나온다. 따라서 심방대상자를 긍휼히 여기는 마음을 갖고 그를 섬기겠다는 자세가 겸비된다면, 누구나 조금 더 평안하게, 표정을 포함한 몸의 말을 통해 심방의 목표에 도달할 수 있을 것이다.

마음과 마음이 이어지도록 영적으로 교류한다

심방대상자와 신뢰 관계를 형성한 후 오랫동안 만남을 이어왔다면, 자연스럽게 마음과 마음이 서로 교류되는 단계에 이르게 된다. 이 단계에서는 애써 노력하지 않아도 자연스럽고 평안하게 의사소통을 할 수 있다. 이 정도의 단계에 이르려면 먼저 심방자가 대상자를 위로하는 공감의 과정이 필수적인데, 세상의 지식과 경험만으로 위로하는 것은 큰 효과를 내지 못한다.

심방에서는 영적인 위로와 소통이 가장 효과적이다. 따라서 심방할 때 환자와 나누었던 대화들을 성경 말씀으로 정리해준다면 금상첨화이다. 문서(글)를 전하는 것이 효과적인 이유가 바로 이것이다. 하나님의 말씀은 살아있고 활력이 있어 어떤 것보다도 역사하시는 능력이 크기 때문이다(히 4:12).

셋째, 심방할 때는 말과 행동을 세심하게 조심한다

심방대상자를 만날 때는 만남의 목적을 숙지한 상태에서 온몸과 마음으로 성의와 열정을 다해, 순수한 관심과 존중하는 마음과 사랑을 가득 담아, 사려 깊고 신중한 언어를 사용해야 한다.

우리가 섬기는 심방대상자는 이미 많은 상처를 받아 낙심했고 연약한 환자라는 사실을 기억해야 한다. 심방자가 그들을 섬길 때는 그들의 상처를 염두에 두고 늘 조심하며, 낙심한 그들이 회복되기를 간구해야 한다. 대상자가 연약하다고 해서 심방자가 고자세(高姿勢)로 무슨 시혜(施惠)라도 베푸는 양 함부로 말하거나 행동해서는 결코 안 된다. 이런 점을 기억하고, 다음의 몇 가지 신경 쓸 부분에 유념하며 겸손하게 자신을 표현한다면, 자연스럽게 소통이 되는 대화를 이끌 수 있다.

시각적 요소(표정과 복장)

심방대상자와 소통할 때는 시각적 요소에도 유의해야 한다. 눈맞춤, 다가서는 거리(간격), 표정, 몸 동작과 자세, 심지어 몸의 방향과 복장까지 고려해야 한다. 사랑이 가득 담긴 눈길로, 가능하다면 대상자와 같은 높이로 그의 눈을 마주해야 한다.

처음 만나는 사이라면 서로의 거리도 중요하다. 사람이 처음 만났을 때 안정감을 느끼는 거리는 120센티미터쯤이라고 한다.

이 정도 거리에서 만남을 시작하여, 상대방이 허용하는 심리적 거리감이 줄어드는 것을 인식하면서 차츰 다가가야 한다.

조금 가까워진 것 같다면 70에서 90센티미터 사이까지 다가갈 수 있다. 대상자와 매우 친밀하게 되었다면, 팔을 뻗으면 닿는 거리인 50센티미터 정도까지 다가가도 된다. 필요하다면 손을 잡거나 어깨를 두드리는 정도의 스킨십이 가능해지는 거리이다.

필자가 어느 병원에 심방을 간 적이 있다. 그곳에서 만난 심방대상자는 화를 주체하지 못해 매우 힘들어했다. 심방을 하는 동안 그가 왜 화를 내고 힘들어하는지 알게 되었다. 다름 아니라 그날 병문안을 온 사람들의 복장에 문제가 있었다.

그날 마침, 그 병원 장례식장에서는 심방대상자도 잘 알던 지인의 장례가 있었다. 그런데 장례식에 참석한 교인 중 한 분이 같은 병원에서 간암 말기의 시한부로 투병 중인 그 대상자를 찾아뵙자고 제안한 것이다. 그의 생각이 기특했을지 모르지만, 마음이 약해지고 판단력이 흐려진 분을 장례식 복장 그대로 방문했으니, 그 분은 자연스레 자신의 장례를 연상했을 것이다. 얼마나 큰 실례였는가!

그들 중 하나라도 시한부 인생을 살아가는 환자의 입장을 고려했더라면 검정색 넥타이라도 풀지 않았을까? 더 적극적으로 배려하여, 검은색 재킷은 벗는 것이 좋지 않았을까 하는 생각도 들었다. 이 정도의 성의라도 보였다면 기분 좋은 만남이 되었을 것이고, 그 분은 그들이 의도했던 정서적 회복을 통해 감사하는 마음을 가졌을 것이다. 하지만 안타깝게도 방문한 지 3일 뒤, 그 분은 임종을 맞았다. 마지막까지 조금 더 신중하게 배려하며 심방했더라면 하는 아쉬움이 남는다.

음성적 요소(말하는 소리의 크기)

음성적 요소란 목소리의 크기, 말하는 속도, 억양의 고저와 강약, 발음의 명료도, 정감(情感) 등을 의미한다. 심방자의 목소리 크기는 적당하고, 억양은 고저(高低)와 강약(强弱)이 적절해야 하며, 발음은 명료해야 한다. 말하는 속도는 일반적으로 1분에 100개에서 120개의 단어를 말할 때 별 무리 없이 적당하다.

필자가 심방한 분 중에 말기의 류머티즘 관절염 환자가 있었다. 외국에서 오랫동안 살았지만 병으로 고통을 겪다 보니 외로워졌고, 친정 여동생이 있는 고국으로 돌아와 투병을 이어가고 있었다. 그 분은 오랜 투병 생활로 인해 베체트병까지 앓게 되었다. 그 분을 소개받아 처음 심방했던 당시는 그 병이 희귀 질환으로 분류되어 있을 만큼 흔하지 않았기에 나로서도 전혀 경험이 없는 상태였다. 그래도 열정을 다해 환자에게 말씀을 나누고 간절히 기도도 해주었다. 하지만 그 분은 너무나 고통스러워하기만 했다. 나는 심방을 이어가면서 뭔가 잘못되었다 싶었다. 하지만 무엇이 잘못되었는지 알지 못했기에 당황스러웠다.

힘든 심방을 마치고 한 주가 지나 그 분을 다시 찾아갔다. 나는 그때 그 분으로부터 아주 놀라운 말을 들었다. 그래서 매우 죄송하다며 머리 숙여 사과를 할 수밖에 없었다. 이유는 내 음성에 있었다. 이 병을 앓는 사람은 상대방 목소리의 고저에 따라 일어나는 파장이 피부에 닿을 때 말로 표현할 수 없는 고통을 겪는다고 한다. 처음 만나던 날, 사실 내 목소리 크기는 평소와 별로 다를 바가 없었다. 하지만 그 분에게는 최대한 더 조용하고 차분하게 말해야 했던 것이다. 이런 사례가 우리가 심방대상자의 상황에 따라 적절하게 섬기는 배려가 필요한 이유이다. 심방자가 항상 그들의 편에서 생각하고 섬길 때, 그들은 행복한 투병 생활을 이어갈 수 있다.

언어적 요소(적절한 단어와 문장)

심방자는 자신이 심방하는 의도와 목적을 정확한 언어(단어, 어휘)로 표현할 수 있는 능력이 필요하다. 특히 심방대상자의 수준에 맞추어 단어를 선택하는 것은 무엇보다 중요하다. 말하는 문장의 길이는 적절하게 조절하면서 말끝은 정확하게 마무리해야 한다. 특히 질문을 해야 할 경우, '예'와 '아니오' 같은 단답을 요구하는 폐쇄형 질문은 제한된 반응만 유도할 수 있다는 것을 고려하자. 폐쇄형 질문은 강요받는 느낌을 줄 수 있다. 따라서 환자가 '무엇을 어떻게 해주면 좋겠다'는 식으로, 환자 자신의 필요와 상황을 다양하고 자유롭게 설명할 수 있도록 개방형 질문을 사용하는 것이 좋다.

어떤 심방자는 가끔 대상자에게 '왜?'(why)라는 질문을 스스럼없이 던지곤 한다. 대표적으로 "왜 이렇게 되었는냐?"라고 질문하는 경우이다. 이것은 환자와 가족에게 가장 곤란하고 무례하며 거북한 질문이다. 주변에 환자의 가족까지 있다면 '왜?'보다 '어떻게?'(how)로 질문의 방식을 바꿀 필요가 있다.

때로는 침묵이 필요할 때도 있다. 대화의 분위기가 그럴 때가 있지 않은가? 단 침묵하는 시간은 10-15초 정도로 짧아야 한다. 이 정도의 시간도 심방대상자에게는 매우 길게 느껴질 수 있다.

신체 접촉 방식

때때로 필요하다면 심방대상자의 손을 잡거나 어깨를 가볍게 안아주는 정도로 가벼운 스킨십이 대상자에게 사랑을 표현하는 데 도움을 줄 수 있다. 단, 대상에 따라 오해의 여지가 있을 수 있으므로, 먼저 충분한 신뢰 관계가 형성된 후에, 특히 대상자에게 도움을 줘야만 하는 상황인 경우에만 허락을 받고 접촉하도록 한다. 특히 오해의 소지를 없애기 위해, 가능한 성별(性別)이 같은 경우에만 몸에 손을 대는 것이 좋다. 남자가 남자를, 여자가 여자를 대상으로 하는 경우 말이다.

넷째, 말문을 터주는 경청의 기술을 익힌다

심방대상자를 만나 대화를 나눌 때는 일상적인 일, 사실, 의견, 감정, 기대(혹은 욕구) 중에서 상대방이 어느 수준에서 이야기를 하는지에 맞추어 같은 수준으로 대화를 진행하는 것이 좋다. 잘 알지 못하는 대상자를 만날 경우, 가장 편안하고 자연스럽게 대화를 시작하는 방법은 그날의 자연 현상(날씨, 외부 환경, 심방대상자를 만나러 오는 길의 풍경 등)으로 말문을 트는 것이다.

심방대상자와 대화할 때 대상자가 말문이 트이도록 하는 가장 중요한 방법은 대상자의 말을 잘 들어주는 것이다. 즉, 경청하기다. 경청을 그저 아무 말 없이 귀를 기울여주기만 하면 되는 일이라고 쉽게 생각하기 쉽다. 하지만 듣기만 하면 양방향 소통은 이루어지지 않는다. 대상자의 말을 경청할 때는 자신이 경청하고 있다는 신호를 보내는 것이 중요하다. 간단하고 긍정적인 반응 신호로 머리를 끄덕이는 방법이 있다.

일반적으로 경청은 두 가지로 구분한다.

수동적 경청 : "네, 그러셨군요"라고 말해주거나 고개를 끄덕거리는 수동적 반응으로 상대방에게 주의를 기울이면서, 상대방의 말을 단순히 수용하고 인정해주는 것이다.

능동적 경청 : 이것은 '반영적 경청'이라고도 한다. 상대방이 말할 때 말하는 내용, 특히 그 말을 하게 된 마음의 밑바닥(밑마음, 속

마음, 또는 감정이나 기대와 욕구 등)을 읽고서, 심방자 자신을 공명판(거울)으로 삼아 그의 밑마음 자체를 거울처럼 비추어 보여주는 것을 의미한다. 쉽게 말하면, 심방자가 심방대상자의 말을 들은 대로 반복하거나 다시 확인하는 질문을 하는 것이다.

다섯째, 반응을 잘 보이는 방법에도 신경쓴다

좀더 구체적으로, 심방자가 대상자와 더 나은 소통을 하기 위해 보여줄 수 있는 몇 가지 반응의 방법을 살펴보자.

① **침묵하기 :** 심방대상자가 충격을 받은 상태이거나 생각할 시간이 필요할 때, 혹은 감정을 정리해야 할 때 심방자가 침묵함으로써 대상자가 생각할 시간을 주는 반응법이다.

② **재확인하기 :** 심방대상자가 자기가 한 말의 중요성을 느끼면서 생각을 지속적으로 표현하도록 돕는 반응법이다. 대상자가 만일 "많이 아파요"라고 말한다면, 심방자는 "많이 아프시죠?"라고 그의 진술을 능동적 경청 방법으로 확인하여, 대상자에게서 듣고 싶은 생각을 더 끄집어내거나, 그의 상황을 한 번 더 확인하고 위로하는 것이다.

③ 명확한 의미를 확인하기 : 심방대상자가 표현한 말을 분명하게 이해할 수 없을 때 한 번 더 확인을 요구하는 반응법이다. 만약 대상자가 "내가 여기까지 온 것이 묘한 기분이 들어요"라고 모호하게 말했다면, 그 진술의 의미를 확인하기 위해 "묘한 기분이 든다는 것은 ○○하다는 것인가요?"라고 다시 묻는 것이다.

④ 정보가 필요할 때는 구체적으로 요구하기 : 심방대상자에게 신상정보나 특별한 정보를 구체적으로 완벽하게 요청하여 상대방이 지속적으로 이야기할 수 있도록 유도하는 반응법이다. 요즘은 개인정보보호규정으로 인해 이전보다 개인정보를 요청하기가 어려워졌지만, 적어도 이름과 나이, 대상자가 겪고 있는 문제, 그의 주변 환경이 긍정적인지 부정적인지 정도는 구체적으로 알고서 심방을 하는 것은 중요하다.

⑤ 요약해주기 : 심방을 마무리할 때, 그동안 함께 나누었던 이야기를 짧게라도 요약해주는 반응법이다. "지금까지 우리가 한 이야기는 …" 하고 말해주는 것이다.

⑥ 초점 맞추기 : 심방대상자의 가족 환경이나 형편상 구체적으로 말하기 어려워 말하려는 의도가 잘 파악되지 않을 때, 즉 사정상 자세히 말해주지 못할 때, 심방대상자에게 대화 내용에 대한

'초점 맞추기'를 시도해보는 반응법이다. 대화 내용에서 초점을 맞출 때는 부정적인 것보다 긍정적인 내용을 택하도록 한다. 예를 들어 "특히 좋았던 ○○에 대해 더 구체적으로 이야기해주시겠어요?"라고 묻는 식이다.

⑦ **반영하기 :** 반영은 심방대상자에 대해 파악한 것을 되받아 알려주는 반응법으로, 반영하는 대상은 느낌, 경험, 대화한 내용 등이다.

⑧ **지적하기 :** 언어적 표현과 비언어적 표현이 일치하지 않을 때 사용할 수 있는 반응법이다. 예를 들어 대상자의 표정이나 행동이 그가 말한 내용과 다를 경우 어느 쪽이 맞는지 물어보는 것이다.

6장

죽음을 마주한 사람을
돌보는 10가지 원리

죽음조차 희망으로 마주하도록 돕는 조언

그리스도인인 우리는 과연 죽음조차 희망으로 마주할 수 있는
가? 성경적 상담가인 데이비드 폴리슨은 그의 책[13]에서, 신앙 안
에서는 그런 일이 가능하다고 말한다.

환자는 죽음에 직면하면 두렵고 끔찍하다는 감정을 느끼며, 이

---

[13] 데이비드 폴리슨, 희망으로 죽음 마주하기(Facing Death with Hope: Living for What Lasts).

로 인해 사실을 부인하고 회피하거나 일부러 바쁜 척 할 수도 있다. 그러나 우리는 부활을 믿는 사람들이다. 예수를 믿는 우리에게는 "잘 했다 착하고 충성스러운 종아, 와서 네 주인의 기쁨에 동참하라"(마 25:21)는 환영사가 기다리고 있다. 하지만 현실에서는 부활 교리를 아는 것만으로 부족하다. 주님을 아주 친근하게 알고 있어야 한다. 그러면 죽음을 담백하게, 있는 그대로 맞을 수 있다.

그런데 우리는 반드시 육체적으로 죽어야만 죽음을 겪을 수 있는 것일까? 사실 우리는 살아가면서도 작은 죽음을 숱하게 겪는다. 작은 죽음에는 어떤 것들이 있을까? 건강을 잃는 것, 사랑하는 사람을 앞세우는 것, 젊음을 잃는 것 등이 있다. 독립적인 생활을 할 수 없고 끊임없이 누군가의 도움을 받아야 상황도 작은 죽음을 경험하는 것이다.

병들거나 늙어서 유용성(쓸모)이 떨어지는 상태도 그렇다. 젊었을 때 중요하다고 생각한 것들이 별로 중요하게 느껴지지 않는 상태도 그러하다. 삶에서 이런 심리적 변곡점들을 겪었다면, 이미 작은 죽음을 겪고 있는 것이다.

하지만 죽음은 결코 우리의 친구가 될 수 없다. 어떤 사람은 죽음을 낭만적으로 말하지만, 성경은 죽음이 친구인 양 말하지 않는다. 그렇다면 그리스도인은 자신의 작은 죽음뿐 아니라 실제의 죽음에 직면하면 신앙적으로 무엇을 붙들고 있어야 할까?

데이비드 폴리슨이 그의 책에서 말한 다음의 네 가지 조언은 환자 심방 그 이상의 수준인 호스피스 돌봄을 하는 심방자에게 특히 유용하다. 심방자가 대상자와 소통하려는 궁극의 목표가 바로 죽음을 바르게 이해하고 받아들이도록 돕는 것이기 때문이다.

첫째 조언, 죽음의 원인이 무엇인지 확실히 알아야 한다

사고, 노령, 질병, 자연재해 등이 죽음의 이유가 되기는 하지만, 죽음의 모든 원인 자체는 아니다. 성경은 죽음이 '죄를 짓고 받는 임금(삯)'(롬 6:23)이라고 말한다. 죄란 하나님이 지으신 세상에 살면서도 마치 내가 주인인 양 행세하는 것이다. 죽음의 배후에는 마귀가 있다. 그는 처음부터 살인한 자다(히 2:14-15). 그렇다고 마귀가 가인을 들쑤셔서 아벨을 죽였다는 뜻이 아니다. 인간이 하나님의 뜻을 어겨 죽음이 임하도록 했던 것이다.

인간이 죽음을 직면하면서 느끼는 두려움과 암담함은 하나님께 완전하게 순종하지 못했다는 깊은 의식에서 나온 것이다. 우리는 죽어 마땅하다는 것을 스스로 안다. 죽음을 해부해보면, 그 가장 깊은 곳에는 인간의 불순종에 대한 하나님의 거룩하고 공정한 진노가 있다. 허리케인 같은 자연재해, 노령, 암, 죄의 삯, 그리고 사탄이 잡고 있는 사망의 권세조차 죄인을 향한 하나님의 거룩하고 정당한 진노의 부분집합에 불과하다.

둘째 조언, 나를 위해 죽음 당하신 예수를 바라보아야 한다

죽음은 신자의 마지막이 아니다. 신자에게는 부활이 기다리고 있기 때문이다. 신자가 그렇게 될 수 있는 것은 예수의 죽음과 부활 덕분이다.

예수는 죄로 인한 죽음이라는 살인자에게 맞서셨다. 자기의 죄 때문이 아니라 사람들의 죄 때문에 돌아가신 유일한 분이시다(요 3:16). 예수의 사인은 호흡 곤란과 고문이었지만, 실은 우리의 죄에 따른 대가를 지시고, 악한 자의 악의에 찢기시며, 무엇보다 하나님의 거룩한 진노를 받아내신 것이다. 이런 예수님을 믿는 우리는 생물학적으로는 죽지만, 예수께서 사흘만에 부활하셨기에 그분과 더불어 영원한 생명으로 깨어날 것이다.

그렇다면 내가 영생을 얻는다는 보장은 어디에 있는가? 예수께서 하나님이 내리신 진노의 잔을 다 마셨기 때문이다. 이제 죽음 이후에 나를 기다리고 있는 것은 생명이다. 그것은 하나님의 선물이다. 예수께서 우리에게 주시는 생명은 원래 우리가 살아야 했고 살아가게 되었던, 바로 그 삶을 사는 것이다.

그러므로 예수의 생명을 받아 사는 신자는 불만 가득하고 타락한 세상에서 부활을 바라보기에 죽음을 직면하면서도 살아갈 수 있다. 주님은 살아계시기에, 내가 죽을 때도 나와 함께 하신다.

셋째 조언, 예수께서는 우리가 죽음을 직면하도록 도우신다

모든 고난에는 분리가 따르는데, 죽음은 대표적인 분리이다. 그러나 예수는 "너희와 언제나 함께 하겠다"라고 말씀하신다(마 28:20). 그러므로 죽음의 문 뒤편으로 영광스러운 새 생명이 기다리고 있다. 이것이 우리에게 주어진 약속이다.

예수는 스토아 철학자처럼 죽음을 맞지 않으셨다. 마치 끔찍한 원수를 대하듯이 죽음을 맞이하셨다. 믿음이란 우리가 하나님께 필요를 호소하고 동시에 기뻐하는 것이다. 예수는 이 믿음의 두 가지를 가지고 죽음을 맞이하셨다. 이런 예수께서 살아계신다! 우리가 그런 믿음을 가지고 죽음에 직면하도록 우리를 도우실 것이다. 따라서 우리는 죽음 앞에서 물러설 필요도, 죽지 않는 척할 필요도 없다.

죽음 너머에서 나를 기다리시는 내 구주 예수를 뵙는다는 생각만으로도 우리는 죽음을 믿음으로 맞이할 수 있다. 그분을 만나는 하나님의 집에서 모든 오류는 바로잡힐 것이고, 모든 어둠은 빛 앞에서 밝아지며, 모든 손실은 보충되고, 모든 눈물은 닦일 것이다. 하나님이 나와 함께 하신다는 희망 가운데서 죽는 것은 모든 것을 잃음으로써 모든 것을 얻는 것이다. 즉, 그리스도를 얻는 것이다.

넷째 조언, 죽음 앞에서 살아가는 삶을 연습해야 한다

인생은 공수래공수거(空手來空手去)이다. 따라서 영원히 남을 것을 위해 살아야 한다(잠 11:7). 없어질 것에 희망을 걸고 살면, 그 삶은 비참하다. 그러므로 세상 즐거움의 계략에 빠져서는 안 된다. 우리가 작은 죽음과 작은 상실을 겪어가면서 발견할 수 있는 것은 오직 하나님과 이웃 사랑뿐이다. 이런 믿음과 소망과 사랑으로 사는 삶을 통해 인생의 마지막 원수인 죽음을 당당하게 직면할 수 있다.

성경에서 시편 71편은 죽음을 앞둔 성도에게 큰 위로와 소망을 주는 말씀이다.

> 6내가 모태에서부터 주를 의지하였으며 나의 어머니의 배에서부터 주께서 나를 택하셨사오니 나는 항상 주를 찬송하리이다 … 9늙을 때에 나를 버리지 마시며 내 힘이 쇠약할 때에 나를 떠나지 마소서 … 11이르기를 하나님이 그를 버리셨은즉 따라 잡으라 건질 자가 없다 하오니 … 18하나님이여 내가 늙어 백발이 될 때에도 나를 버리지 마시며 내가 주의 힘을 후대에 전하고 주의 능력을 장래의 모든 사람에게 전하기까지 나를 버리지 마소서 … 22나의 하나님이여 내가 또 비파로 주를 찬양하며 주의 성실을 찬양하리이다 이스라엘의 거룩하신 주여 내가 수금으로 주를 찬양하리이다 23내가 주를 찬양할 때에 나의 입술이 기뻐 외치며 주께서 속량하신 내 영혼이 즐거워하리이다 _시 71:6,9,11,18,22-23

시인의 삶이 고통스러웠던 것은 결코 우연이 아니다. 하나님은 그를 모태에서부터 아셨고, 적극적으로, 선제적으로 택하셨다. 따라서 그가 늙고 병들고 죽음을 앞둔 형편이라고 해서 그를 잊거나 버리지는 않으신다.

하지만 세상은 성도의 죽음을 희화하고 조롱한다. 그래도 신자는 흔들리지 않는다. 비록 죽음 앞이지만, '어려서부터 교훈하신 하나님의 신실함'이 이생으로 끝나지 않을 것을 잘 알기 때문이다. 그래서 그는 자신의 약함, 병듦, 심지어 죽음 앞에서도 후대에 소중한 영향을 끼치려고 노력한다. 그러므로 비록 죽음 앞에 있지만, 시인에게는 끓어 넘치는 기쁨이 있다. 하나님의 속량이 영원할 것을 알기 때문이다.

우리는 어떤 모양으로든, 내가 믿음을 가지고 죽어가고 있노라고 다음 세대에 선언하도록 부름을 받았다. 사랑은 거창한 기념식이나 시상식에서만 빛나는 것이 아니다. 사랑은 가장 낮은 자리에서도 빛나고, 다른 사람에게 아주 겸손한 형태로 드러난다.

죽음을 직면했을 때 믿음, 기쁨, 그리고 사랑보다 더 강력한 것은 없다. 죽음을 응시하게 하는 것도 하나님의 은혜요, 삶을 살아가게 하는 것도 하나님의 은혜이다. 우리는 살아도 믿음으로 살고, 죽어도 믿음으로 죽는다.

김수지 박사의 '사람 돌봄의 10가지 원리와 기법'

김수지 박사는 지난 50년간 한국 간호학계의 선구자였다. 그는 1997년까지 유엔기금(UNDP)을 통해 만성정신질환자 돌봄을 위한 '10가지 사람 돌봄 기법'(Kims' Interpersonal Caring Technique : ICT)의 효과를 검증한 후 원리로 완성하였다. 이 기법(원리)은 지금도 세계적으로 많은 돌봄의 현장에서 보물처럼 사용되고 있다.

나는 오랜 시간 김수지 박사와 동역자 관계를 가졌다. 그가 정리하고 만든 '환자를 위한 구체적 사랑 돌봄의 10가지 원리'를 심방에 일관성 있게 접목해왔다. 심방자는 김수지 박사의 이론을 참고하여 큰 도움을 얻을 수 있을 것이다.[14]

첫째 원리, 알아봐준다

알아준다는 것은 상대에게 관심을 가지고 상대방의 존재를 인식하는 행위를 의미하는 것이다. 상대방의 특성, 직위, 위치를 인정해주는 것이다. 이 작업을 통하여 상대방의 관심은 물론 상대방이 원하는 것까지 파악할 수 있다. 이렇게 할 때 환자들은 다음과 같은 반응을 보인다.

"기분이 좋다." "감사하다." "자존감이 올라간다." "자신이 중요

---

14 김수지, 《사랑의 돌봄은 기적을 만든다》, 비전과 리더십, 2010, 30-35.

2부 | 심방대상자를 제대로 위로하는 소통의 기술

한 사람으로 느껴진다."

단, 알아주기 위해 심방할 때, 가까이 접근하되 친절해야 하는 점은 잊지 말도록 한다.

둘째 원리, 환자의 투병에 동참한다

동참이란 상대방과 함께 공동의 목표를 이루어나가는 행위를 뜻한다. 예를 들어 수술을 받은 환자는 일찍 일어나야 예후가 좋다. 그러나 혼자서는 일찍 일어나기 힘들다. 이때 주변에서 환자를 도와 침상에서 일으키고 같이 걸어주면 가스도 빨리 나오고 회복하는 속도도 빨라진다. 심리적으로도 용기를 얻고 소외감을 덜 느끼게 된다.

셋째 원리, 나누어준다

나눔이란 자신의 느낌, 접촉, 생각, 경험, 지식(정보) 등, 자신에게 소중한 것을 나눠주는 선한 행위를 의미한다. 생각, 느낌, 꿈, 계획, 좋고 나쁜 일 등을 서로 털어놓되 솔직하게 이야기하며, 내가 받은 것이나 누리는 것을 다른 사람과 나누는 행위인 것이다. 이를 통해 환자들은 다음과 같은 반응을 보인다.

"마음이 편안해진다." "(심방자가) 새로운 마음을 넣어준다." "내 마음을 털어놓게 된다." "(사람들을) 고맙고 가깝게 느낀다."

넷째 원리, 적극적으로 경청한다

적극적 경청이란 온몸과 마음으로, 정성을 다해, 진심으로 상대방의 말에 집중하여 귀를 기울이는 행위이다. 말소리의 의미까지 파악하려고 귀를 기울일 수도 있는데, 피상적 태도가 아닌 진지한 태도와 자세로 들어주어야 한다. 이럴 때 환자들은 "나를 아무렇게나 대하지 않고 중요하고 귀한 사람으로 대해준다"라거나 "나에게 관심을 가지고 도와주니 고맙다"라는 생각을 하게 된다.

다섯째 원리, 삶에 동행해준다

동행이란 동일한 내용으로 동일한 방향을 향해 함께 삶을 살아가는 것이다. 쉽게 말하면 대상자 곁에 함께 있어주는 것이다 (being there). 구체적으로는 곁에 있어주면서 함께 시간을 보내거나, 여러 가지를 함께 경험할 수 있다. 일상에서 가장 편해지는 방법은 친구가 되거나 말벗이 되어주는 것이다. 이런 행위를 통해 환자들은 다음과 같은 반응을 보인다.

"외롭지 않고, 불안하지 않다." "나를 지켜봐 주니 흔들리지 않는다." "삶의 여정을 나와 동행해줄 것이라는 믿음이 생긴다."

환자들은 이런 변화를 통해 투병 생활에 안정감을 가진다.

여섯째 원리, 칭찬해준다

칭찬이란 상대방의 좋은 점을 찾아 인정해주고, 감사하다고 표

2부 | 심방대상자를 제대로 위로하는 소통의 기술

현하는 행위이다. 상대방의 장점을 끄집어내 인정해주고, 잘한 일을 다시 확인해주며 치켜 올려줄 수 있다. 이런 섬김을 통해 환자들은 다음과 같은 반응을 보이며 자존감이 높아진다.

"나 스스로 대견하게 느껴지고 더 잘하고 싶다." "살맛이 난다." "나를 칭찬해주는 상대를 나도 칭찬해주고 싶다." "세상이 다 아름다워 보인다."

일곱째 원리, 격려하고 안위해준다

격려란 상대방 편이 되어 공감해주며, 그의 슬픔이나 아픔을 이해하고 위로해주는 행위이다. 상대방에게 상처를 준 제3자를 변명해주지 않고, 무조건 상대편이 되어주는 것이 대표적인 방법이다. "얼마나 힘드냐?" "얼마나 속상하느냐?" 같은 표현으로 공감해주고, 말투나 행동을 따뜻하고 부드럽게 대해준다. 이런 격려를 받은 환자는 점점 투병에 자신감을 가지며, "나를 믿어주니 큰 위로가 된다"라거나 "막혔던 마음이 풀리고 염려가 없어진다" 같은 반응을 보인다.

여덟째 원리, 희망을 불어넣어준다

궁극적으로 삶의 모든 것을 하나님(절대자)에게 맞출 수 있도록 도와주는 행위이다. 하나님이 언제나 가까이 계셔서 힘이 되어주실 것을 지속적으로 확인해주며, 성공적인 실제 사례들을 알려준다. 이런 행위를 통해 환자들의 감정 변화를 끌어낼 수 있는데, 그러면 환자들은 이런 반응을 보일 수 있다.

"문제로 인해 막혀 있던 감각이 터지고, 숨통이 트이는 것 같은 느낌이다." "새로운 가능성이 보이고 살아날 것 같은 느낌이 든다." "문제 해결을 위해 무엇인가 할 수 있겠다는 자신감이 생긴다."

아홉째 원리, 용서를 구하고 용서해준다

잘못했음을 인정하고 '미안하다'는 표현으로 용서해줄 것을 청하는 행위이다. 설명이나 변명 없이 진지한 마음으로 상대방의 관용을 요청하는 것이다. 이때 환자에게 응어리졌던 마음이 풀어진다. 그 결과 환자들은 "무조건 수용해주는 상대방이 고맙고, 한편으로는 나 자신이 부끄럽다"라거나 "긴장감(죄책감)이 없어지고 마음이 편안하다" 같은 고백을 하게 된다.

열째 원리, 수용해준다

수용이란 상대방을 비판하지 않고 있는 그대로 받아들이는 용납의 행위를 말한다. 말로써 "좋아한다"라고 표현해주고, 등을 토닥이거나 가볍게 포용하는 정도의 신체 접촉을 한다. 이렇게 하면 환자는 "받아주니 고맙다"라거나 "불안감이 없어지고 마음이 편안해진다" 같은 긍정적 반응을 보인다.

2부 | 심방대상자를 제대로 위로하는 소통의 기술

이상의 열 가지 돌봄의 원리를 따르는 행위는 훗날 '수지 킴 프로젝트'로 알려져 전 세계 간호학계로 퍼져나갔다. 이와 같은 방법으로 환자를 사랑으로 돌보면, 환자들은 삶의 위기를 극복할 수 있는 긍정적인 생명 에너지를 만들어낸다. 따라서 심방자는 이런 돌봄의 방법을 통해 회복을 갈망하는 태도로, 환자 스스로 희망의 불씨를 지피게 하자.

*A Practical Guide for
the Critical Patient's Care*

3부
___

환자의 심리를
이해하고 심방하는
방법과 사례

7장

환자의 욕구를 이해하고 주의해서 심방하는 법

환자들의 일반적 욕구를 이해하세요

심방자가 환자들이 가지는 일반적인 욕구를 이해해야 심방에 도움이 된다.

투병하는 환자는 누구에게라도 마음을 열고 싶고, 외로움 가운데서도 소통하고자 하는 욕구를 강하게 가지고 있다. 자신의 투병에 대해 주변 사람들이 정직하게 말해주기를 원하고, 자신의 병에 대한 정보도 정확히 알기 원한다. 치료하는 문제에 대해 무언가를 결정하는 과정에도 참여하고 싶어하고, 자신의 의도가 소통을 통해 존중받기를 원하며, 일련의 과정에서 소외되지 않고 정상적인 대우를 받기를 바라기도 한다. 환자 자신은 평안한 수면을 원하지만, 아프면 깊이 잠들기가 쉽지 않다. 이러한 상황에서 비롯되는 슬픔에서 해방되려는 욕구를 가지며, 동시에 슬픔을 이해받고자 하는 욕구 또한 있다. 또 중요한 사실은 가족, 친구, 의사 들이 자신을 포기하거나 버리지 않으리라는 것을 계속하여 확인받고 싶어하는 것이다. 계속 사랑받고 싶고, 간호받고 싶은 욕구도 있다. 병이 깊어지면, 자신의 사후에 남겨질 가족들의 삶이 보장되기를 바라는 욕구도 있다.

이렇게 다양하고 복잡한 욕구를 가진 환자가 심방자를 통해 얻을 수 있는 긍정적인 영향 중 하나는 플라시보 효과이다. 들어보았겠지만, 플라시보 효과(placebo effect)란 실제 치료에는 별 소용이 없는 평범한 약(예를 들면 소화제)이지만 도움이 되는 약이라고 속여 환자에게 주었을 때 유익한 결과가 나타나는 경우를 말한다. 이른바 위약(僞藥)이 그것이다. 반대의 경우는 노시보 효과(nocebo effect)라고 한다. 실제로는 무해하지만, 해롭다는 믿음 때문에 해로운 영향을 끼치는 경우이다. 괜찮은데 거부하게 되거나 나쁜 결과가 나타나는 것이다.

만일 심방자와 심방대상자 사이에 신뢰가 잘 형성되어 있다면 대상자들에게 플라시보 효과가 나타난다. 반대의 경우라면 노시보 효과가 나타날 것이다. 따라서 심방자는 위에서 열거한 심방 대상자들의 일반적인 욕구를 잘 인지하고, 부정적인 사고나 언어나 행동을 보이지 않도록 심사숙고하며, 긍정적이면서 적극적으로 심방을 해야 한다.

처음 심방 갈 때 알아두면 좋을 조언

환자의 욕구를 이해할 뿐 아니라, 첫 심방에서 점검해야 할 중요한 문제는 환자가 현재 가진 '믿음'이 어떠한가 하는 점이다. 다만 믿음의 문제를 확인한다는 명목으로 첫 만남에서부터 "어떤 믿음을 갖고 있으세요?"라고 묻는 것은 적절하지 않다. 자연스럽게 대화를 나누는 중에, 대상자가 자조적으로 말하는 단어들을 예민하게 체크해 두었다가 확인하면 된다.

심방자가 심방 중에 메모장을 꺼내 심방대상자가 사용하는 긍정적 단어와 부정적 단어들을 메모해두는 것도 그리 나쁘지는 않다. 사람이 사용하는 단어가 그의 믿음의 현주소를 드러내기 때문이다. 부정적 단어를 통해 드러나는 자기 연민적인 믿음을 이후에 긍정적이고 진취적으로 바꾸어 사용하도록 도와주면 된다. 이 과정에서 격려와 칭찬은 기본이다.

심방자는 복음의 능력을 항상 묵상하면서, 자신이 만나는 심방대상자의 믿음이 자라도록 십자가의 공로를 '지금, 여기'라는 현실 상황에 적용해주어야 한다. 세상 지식이나 경험이 아니라 십자가의 능력과 권세로 환자의 문제를 해결받을 수 있고, 내주(來住)하시는 성령께서 도우신다는 것을 날마다 확신하게 돕는 것이다. 대상자가 겪는 힘든 상황을 하나님의 자녀로서 가진 특권을 통해 이겨낼 수 있다는 믿음을 회복시켜주는 것이기도 하다.

심방할 때 찬송하고 기도하는 법

심방할 때 예배드리며 찬송할 수 있는 상황이 된다면, 심방자가 먼저 선곡하기보다 가능하면 심방대상자가 직접 선곡하게 한다. 곡을 고르고 나면, 심방자는 찬송을 부르기 전에 가사를 한번 읽어주고 설명해주거나, 가사 내용을 심방대상자의 상황에 적용할 수 있도록 도와주는 것도 좋다. 심방대상자가 처한 상황이 찬송의 고백처럼 회복되기를 바라면서, 묵상하는 마음으로 찬송을 부른다. 찬송을 부를 때는 한 곡 전체를 다 부르는 것도 좋지만, 대상자에게 가장 와닿을 수 있는 한 절만 골라 몇 번 반복해 부르는 것도 좋다.

병원이나 요양원처럼 공공시설에 입원중인 분을 방문하여 찬송을 부를 때 특히 주의할 점은 큰소리로 찬송하고 기도하지 않는 것이다. 교회나 기도원에서 하는 수준으로 기도하고 설교하는 것은 다른 환자들에게 피해를 줄 뿐 아니라, 대상자에게도 심방에 대한 거부감을 갖게 하니 조심하도록 한다.

필자는 여러 환자가 함께 있는 다인실에 들어가 심방을 하게 될 경우, 들어가면서 눈이 마주치는 다른 환자들에게 먼저 눈으로 인사를 한다. 그런 다음 내가 찾아간 대상자 귀에만 들릴 정도로 소곤소곤 말하며 심방한다.

기도할 때도 심방대상자에게만 들릴 정도로 작게 말하고, 기도가 마무리될 무렵에는 주변에 조금 들릴 정도로 살짝 소리를 높여 병실 안의 다른 환자들도 하나님께서 회복시켜주시기를 기도한다. 찬송 역시 마찬가지이다. 그렇게 조심해서 심방을 하면, 병실에 들어갈 때 나를 부담스러워했던 다른 환자가 심방을 마치고 돌아가는 내게 먼저 눈인사를 하는 경우도 있었다.

우리가 가진 복음은 비난받을 싸구려가 아니다. 우리가 지혜롭게 조심하면서 사람을 섬기고 복음을 전하면, 예수께서 생명을 버리면서까지 우리를 구원하신 값진 복음을 거부하는 사람은 없을 것이다. 심방자에게는 이런 지혜가 필요하다.

심방을 마무리할 때 주의할 문제

심방이 끝나면 마무리를 잘하는 것이 중요하다. 무의미하게 시간을 보내다가 온다면 마치 대접을 바라고 온 것 같은 오해를 줄 수도 있고, 끝이 좋아야 다 좋게 느껴지기 때문이다. 특히 심방을 마칠 때 한국인의 정서상 심방대상자가 심방자들을 위해 '봉투'

를 준비해서 감사를 표하려는 경우가 있는데, 이것은 요령있게 반려해야 한다. 만일 이런 일에 동참하면, 심방자는 본의 아니게 심방의 본질을 벗어나 죄를 범하게 될 수도 있다. 어떤 환자에게는 봉투에 넣은 금액이 그의 생명을 지키는 데 필요한 것일 수도 있다는 점을 기억해야 한다. 무엇보다 우리는 "거저 받았으니 거저 주어야"(마 10:8) 한다.

필자가 수백 명에 달하는 봉사자들과 함께 몇십년간 환자 돌봄 사역을 감당하면서 항상 강조하였던 것은 '냉수 한 잔도 대접받지 말라'는 것이었다. 물론 이 말이 우리 민족의 정서에서 얼마나 냉정한 것인지는 잘 안다. 그러나 심방할 때 물 한 잔도 사양하는 것이 어떤 의미인지 대상자와 그 가족에게 정중하게 이해시키면 된다. 물 한 잔이 허용되면 나중에는 자연스레 밥상까지 챙기게 될 것이라는 예측은 억측이 아니다.

나는 그 대신 봉사자들이 환자를 심방할 때 빈손으로 가지 않도록, 교회 재정 시스템을 통해 작게나마 심방 보조금을 드릴 수 있도록 하여 이 문제를 해결하였다.

심방은 몇 사람이 같이 가는 것이 좋을까?

"심방은 몇 사람이 가는 것이 좋은가?" 하는 질문을 가끔 받는데, 심방대상자 한 명에 복수의 심방 조(팀)를 편성하는 것이 좋다. 경험상 한 명의 환자에게 가장 좋은 인원은 세 명이다.

매번 세 명이 한꺼번에 방문하라는 말은 아니다. 세 명이 한 조가 되어 처음엔 A와 B가, 다음 방문에는 B와 C가 2인 1조로 환자를 방문해도 된다. 사정상 세 명이 항상 모이기 어려워서 그렇기도 하지만, 세 명이 두 명씩 번갈아 심방을 가면 그 중 한 명은 반드시 이전 심방의 상황을 기억하고 있으므로, 그 상황을 모르는 심방자가 대상자를 심문하듯 질문을 반복하는 실수를 피할 수 있다. 두 명의 심방자끼리 의지가 되고, 심방대상자를 섬기는 데 필요한 것을 서로 채워줄 수도 있어서 좋다.

듣는 것도 말하는 것도 다 성령님을 의지해야

심방이 시작되면 심방자는 말씀을 나눌 때나 적용할 때, 특히 단어 사용에 신중해야 한다. 부정적인 단어를 사용하면 심방대상자를 낙심하게 만들 수 있다. 따라서 심방자 자신의 언어습관을 자주 점검하여 자신부터 훈련되도록 하는 것이 중요하다.

가끔 첫 심방 때 심방자가 자신과 잘 맞는지 시험하려는 의도로 말도 안 되는 고집을 부리는 이도 있다. 그러나 이 부분을 수정하려 들어서는 안 된다. 그들과 싸우지 않고 속으로 기도하며 인내하다 보면, 괴팍하기만 하던 대상자와도 진실하고 아름다운 우정을 쌓아가게 될 것이다.

환자인 심방대상자의 말을 경청하는 일은 상당한 영적, 육체적 에너지가 필요하다. 심방대상자들 대부분은 속에 맺힌 한을 토로하기에 그것을 듣는 것만으로도 엄청난 에너지가 필요해 쉽게 피로를 느끼게 된다. 그래서 간혹 심방자가 자신이 의도한 대로 대화를 이끌어가려는 경우가 있다. 하지만 이러고 나면, 아마도 심방을 마치고 나서 알 수 없는 공허를 느끼게 될 것이다. 따라서 심방을 할 때는 무엇을 어떻게 말할지 전적으로 성령 하나님께 맡기는 것이 중요하다. 대상자의 말을 듣게 하는 것도, 대화를 이끌어가면서 대상자에게 답할 말을 주시는 분도 성령님이시다.

그런 한편, 심방자는 단순한 봉사자의 차원을 넘어 심방의 전문가가 되어야 한다. 심방대상자들에게 평안을 줄 뿐 아니라, 그들에게 제공하는 봉사가 대상자에게 신뢰를 주어 그들의 투병 생활에 실제적인 도움이 되어야 하기 때문이다. 성령께 맡기는 영적 자세와 전문적인 봉사 기술이 병행될 때, 심방은 명실공히 가슴을 뛰게 하는 돌봄 사역이 된다.

두 번 이상 자주 심방할 때 유의할 점

지난번에 만났고 오늘 또 만나는 것이니, 심방대상자가 심방자를 큰 감동으로 대해줄 것이라는 착각을 종종 할 때가 있다. 그러나 꿈 깨자. 심방대상자들은 시시때때로 감정의 변화를 겪는다. 그들을 대할 때 어떤 편견이나 주관을 가지고 미리 판단하는 것은 금물이다.

그들의 투병 생활은 하루하루가 다르다. 매일 매순간이 생명을 지켜내느냐 아니면 실패하느냐를 다루는 긴급한 상황일 수도 있다. 그래서 심방대상자들은 심방자에게 거부감을 가지기도 한다. 심방자의 당당하고 건강한 모습이 오히려 심방대상자를 위축시키기 때문이다.

필자는 어떤 심방자가 연약한 심방대상자에게 자기의 화풀이를 하는 경우를 가끔 보기도 했다. 아마도 그 심방자의 수고에도 불구하고 대상자가 어린아이처럼 투정만 부린 것이 화가 난 이유였을 것이다. 어쨌든 심방자가 대상자에게 화를 내는 것은 가슴 아픈 일이 아닐 수 없다.

심방자가 피곤할 때 심방 가는 건 피하자

만약 심방하기 전에 심방자에게 불쾌한 일이 있거나 피곤한 일이 있었다면 미리 정중하게 양해를 구하여 심방을 미루는 것도 좋다. 심방자는 자신의 육체 상태와 감정을 조절하는 것이 쉽지 않다는 점을 인정하고, 더 밝은 심방 분위기를 위해 자신이 피곤하지 않을 때 대상자를 찾아가는 것이 중요하다. 심방대상자를 찾아가서 그의 이야기를 들어주는 와중에 자신도 모르게 하품을 계속한다면 심방대상자는 얼마나 불편하겠는가.

필자 또한 그런 실수를 범하곤 했다. 하루에 열 건이 넘는 심방과 장례식장을 방문하다 보면, 수면 시간이 많아야 3시간 남짓으로 줄어드는 일은 태반이었다. 식사도 제대로 하지 못했고, 차 안에서 김밥으로 때우는 일도 흔했다.

하루는 제자훈련을 함께 한 집사님이 간경화 말기 환자인 언니에게 심방을 요청했는데, 하필이면 점심시간이 겹쳤다. 나는 식사를 하지 말고 심방을 하자고 주장했지만, 집사님은 그럴 수 없다고 하셔서 실랑이가 벌어졌다. 목사는 결국 집사님께 질 수밖에 없는 운명 아니던가. 내 딴에는 아주 조금만 먹고 집사님의 언니를 방문했는데, 심방하는 내내 식곤증으로 얼마나 힘들었는지 모른다. 환자의 말을 듣는 동안 졸음이 몰려와 거의 고문 수준으로 견뎌야 했다. 간신히 기도로 잘 마무리했다 싶었는데, "아멘" 하고 난 순간, 자리에 누워계시던 환자가 일어나더니 자신이 누웠던 자리를 가리키며 이렇게 말하셨다.

"목사님, 잠시만 이 자리에 누워 눈을 붙이고 가시죠."

20년이 훨씬 지난 지금까지도 그 순간이 얼마나 생생한지, 아직도 자리를 내주시려던 그 분의 목소리가 들리는 듯하다.

심방자가 가져야 할 존중과 예의

심방자는 섬기는 자이므로 결코 '갑'이 되어선 안 된다. 그리스도 안에 있다면 섬김받는 자와 섬기는 자가 동일하게 그리스도의 자녀라는 사실을 기억하고 서로 존중하는 태도가 필요하다.

심방대상자를 만날 때는 그리스도의 지체로서 서로 짐을 지되, 대상자의 편을 들어주고 예의를 갖고 대하며, 언제나 그들의 허락을 받고 행동하는 것이 중요하다. 자주 만나다 보면 친해질 수 있지만, 그럴수록 절대적으로 예의를 지켜야 한다. 심방대상자가 마음을 열지 않았는데 궁금증 때문에 집요하게 묻는 것은 피해야 한다. 또한 그저 심방자의 궁금증 때문에 집요하게 묻는 거라면 누구라도 알아챌 수밖에 없다.

심방대상자를 오래 섬기다 보면 외울 수 있을 정도로 그의 행동의 이유와 주변 상황을 자연스럽게 알게 된다. 하나님께서는 해당 심방대상자에 대해 이해하고 기억하는 수준만큼 기도할 능력을 주신다. 그러니 조급해하지 말자.

심방대상자가 환자라는 사실을 아무리 잘 받아들이고 있다 하더라도 병든 몸을 그냥 보여주고 싶은 사람은 없다. 심방대상자는 심방자가 자주 찾아오는 것을 부담스럽게 여기거나 어려워하기도 한다. 이럴 때 심방자는 일인칭 '나' 대화법을 사용하여 심방대상자와 만날 수 있게 하신 하나님의 은혜를 감사하는 믿음을 보여주는 것이 좋다. '내'가 이렇게 섬길 수 있음에 감사하며, 대상자의 투병 생활에 함께 할 수 있다는 믿음을 보여주는 것은 환자의 자존감을 지켜주는 일 중 하나이기 때문이다.

심방을 하다 보면 때로는 심방자가 어떻게 할 수 없을 만큼 상황이 급박하게 돌아갈 때가 있다. 감당하기 어려운 상황을 만나 당황할 때도 있다. 그럴 때 상황을 해결하고픈 마음에 자신도 모르게 책임질 수도 없는 빈말을 하는 경우도 생길 수 있다. 심방대상자가 어려움에서 얼른 벗어나길 바라는 마음에 한 말일 수 있지만, 때로는 침묵으로 마음을 전달하는 것이 더 효과적일 때도 있다는 것을 기억하자.

어느 환자의 고백을 들어보라.

"환자는 더없이 나약하고 어리광을 부리고 싶을 만큼 약해져 있습니다. 우리에게 다가와 손을 잡아주고, 곁에 앉아주고, 손을 얹어주십시오."

투병 중인 심방대상자에게 용기를 주는 말을 하거나 육신의 질병이 호전될 수 있다는 확신을 주는 것도 심방대상자의 낙심한 마음을 위로하는 데는 중요하다. 그러나 시간이 지나도 질병의 상태에만 집중한다면 대상자의 투병 생활은 힘들어진다.

적절한 시기에 심방대상자의 영적인 변화를 체크하여, 육신의 치료도 중요하지만 영혼 구원이 더 필요하다고 인식하는 단계까지 끌고 가는 것이 심방자의 궁극적 목표가 되어야 한다. 이를 통해서 심방대상자는 자유로운 투병 생활을 하게 되고, 마지막까지 평안한 삶을 살아갈 수 있다.

심방대상자가 묵상하게 할 말씀

심방대상자들은 자신의 투병 생활 대부분을 후회나 아픔으로 힘들어하며 보낸다. 이런 분들이 자신의 정체성을 확인하도록 돕는 것은 중요하다. 자신의 생각과 상황이 어디에 있는지가 중요하기 때문이다. 이러한 심방대상자에게는 자신이 '그리스도 안에' 있는지, 아니면 그리스도와 상관없이 고통 안에만 있는지를 알게 하는 것이 중요하다. 만약 그리스도와 상관없이 살아가고 있다면, 왜 그리스도 안에 있어야 하는지 설명해주어야 한다. 우리가 왜 복음의 삶을 살아가지 않으면 안 되는지를 알게 해주어야 하는 것이다.

예수께서 이 땅에 오신 까닭은 나를 너무나도 사랑하신 여호와 하나님께서 나를 살리려고 하신 데 있다. 이 때문에 예수는 수많은 채찍을 맞으시고, 고난을 받으시고, 십자가에 못 박혀 죽음을 당하셨다. 이 사실을 심방대상자가 알게 해주어야 한다.

그런즉 누구든지 그리스도 안에 있으면 새로운 피조물이라 이전 것은 지나갔으니 보라 새것이 되었도다 _고후 5:17

예수께서 이 땅에 오시기 760년 전에 예언되었던 이사야 선지자의 글은 예수께서 이 땅에 오시는 목적에 대해 이렇게 이야기한다.

3부 | 환자의 심리를 이해하고 심방하는 방법과 사례

²그는 주 앞에서 자라나기를 연한 순 같고 마른 땅에서 나온 뿌리 같아서 고운 모양도 없고 풍채도 없은즉 우리가 보기에 흠모할 만한 아름다운 것이 없도다 ³그는 멸시를 받아 사람들에게 버림 받았으며 간고를 많이 겪었으며 질고를 아는 자라 마치 사람들이 그에게서 얼굴을 가리는 것 같이 멸시를 당하였고 우리도 그를 귀히 여기지 아니하였도다 ⁴그는 실로 우리의 질고를 지고 우리의 슬픔을 당하였거늘 우리는 생각하기를 그는 징벌을 받아 하나님께 맞으며 고난을 당한다 하였노라 ⁵그가 찔림은 우리의 허물 때문이요 그가 상함은 우리의 죄악 때문이라 그가 징계를 받으므로 우리는 평화를 누리고 그가 채찍에 맞으므로 우리는 나음을 받았도다 ⁶우리는 다 양 같아서 그릇 행하여 각기 제 길로 갔거늘 여호와께서는 우리 모두의 죄악을 그에게 담당시키셨도다 ⁷그가 곤욕을 당하여 괴로울 때에도 그의 입을 열지 아니하였음이여 마치 도수장으로 끌려 가는 어린 양과 털 깎는 자 앞에서 잠잠한 양 같이 그의 입을 열지 아니하였도다 _사 53:2-7

필자는 선교지에서 양을 도살하는 것을 본 적이 있다. 조금 전까지 풀을 먹던 양이 도살되는 순간 한 번의 몸부림이나 소리도 없이 죽는 것을 보면서, 예수께서 죽임을 당하시는 모습을 왜 도수장에 끌려가는 양으로 표현했는지 바로 이해할 수 있었다. 큰 은혜를 고백할 수밖에 없었다.

예수께서 죽임당하시기 전에 채찍과 고난과 온갖 모욕을 거부하지 않으신 이유는 바로 나의 죄악과 질병과 허물 때문이었다. 하지만 내가 '그리스도 안에' 거한다면 십자가에 달리신 예수께서 마지막으로 하신 "다 이루었다"(요 19:30)라는 말씀이 나를 위해 하신 말씀이라는 사실을 알게 될 것이다.

예수께서는 무엇을 "다 이루었다"라고 하신 것일까? 앞에서 언급한 이사야서 55장 2-7절 말씀을 다 이루셨다고 하신 것이다. 예수께서는 부활을 통해 이 약속이 이루어진 것을 확증하신다.

사람은 하나님의 형상대로 지어졌고, 그 코에 생기가 불어 넣어진 생령(生靈. Living being)이다. 예수께서 '다 이루었다'고 하신 것은 우리가 새 피조물의 삶을 살아갈 수 있게 되었다는 뜻이다.

> 여호와 하나님이 땅의 흙으로 사람을 지으시고 생기를 그 코에 불어넣
> 으시니 사람이 생령이 되니라 _창 2:7

생령의 삶을 사는 사람은 이전에 지나간 것에만 매여 후회로 삶을 보낼 것이 아니라, 그리스도 안에서 새로운 피조물이 되었음을 믿음으로 바라보고(히 11:1,6) 새롭게 살아나가야 한다. 이때 우리는 회복을 바라볼 수 있고 능력을 얻어 살아갈 수 있는 것이다. 이를 통해 우리가 매일 눈 뜨는 아침은 새로운 것이 된다.

하지만 하나님이 부르시면 아침을 맞지도 못하고 홍수처럼 밀려가는 연약한 존재가 인생이다.

주께서 그들을 홍수처럼 쓸어가시나이다 그들은 잠깐 자는 것 같으며 아침에 돋는 풀 같으니이다 _시 90:5

하나님이 우리에게 하루를 허락하셨고 아침을 맞이하도록 또 깨워주셨다면, 오늘은 새로운 피조물로서 맞이하는 새로운 하루가 되어야 한다. 새로운 생각으로 매일 새롭게 살아간다면, 심방 대상자의 삶과 투병 생활은 달라질 것이다.

8장

염려에서 벗어나 믿음으로 살게 돕는다

회복과 변화를 촉진하는 감사의 고백

나는 환자들과 같이 살고 싶었다. 그래서 2011년, 강원도 모처에 터를 잡고 꽤 큰 전인치유센터를 건립했다. 교회가 35억 원을 투자하고 필자도 무려 22억 원을 투자한 매우 큰 프로젝트였다. 나는 그곳에서 2012년부터 3년 반 동안 53명 정도의 위기(말기) 환자들과 함께 거하며 그들의 영적·육체적 회복을 도왔다. 쉽지 않은 일이었지만, 사명감에 불탄 나는 최선을 다하여 그들의 영적인 측면은 물론 식사와 운동과 수면과 환경까지 신경을 썼다.

마침 그 장소가 음이온대가 형성된 지역이라, 환자들에게 평안을 줄 수 있다는 전문가들의 의견을 따라 그곳을 선택했다. 정확하게 증명할 수는 없으나, 좋은 환경과 건강한 음식과 운동과 질 좋은 수면 때문인지, 병이 깊어서 오신 환자들 다수가 입소할 때보다 회복하는 모습을 보였다. 덕분에 병원에서 판단한 시간보다 더 오래 생명을 유지하며 행복하게 살아가는 모습을 바로 옆에서 지켜볼 수 있었다. 건강을 회복한 사람도 더러 있어서, 그 사역을 마감한 지금까지 당시 입소했던 환자들과 종종 연락을 주고받기도 한다.

필자가 그들과 함께 살아가면서 가장 주안점을 두고 신경 쓴 것은 그들의 영적인 측면이었다. 물론 전인치유라는 것이 어느 한 부분만 강조해서 '이거다!'라고 말할 수 없기도 하지만, 내가 생각하는 전인치유의 기본은 하나님이 우리의 생명과 건강을 주관하는 분이시며, 우리는 그분의 뜻에 맞는 삶을 살아야 한다는 것이다.

하나님께서는 우리에게 자생력을 허락해주셨다. 따라서 강원도의 전인치유센터에서처럼 창조 원리의 근본에 가까운 환경에서 살아갈 때, 우리에게 회복의 기회가 주어진다. 물론 하나님께서 모든 병을 자생력으로 회복시켜주신다는 의미는 아니다. 의사의 약물치료도 당연히 중요하고 필요하다. 그러나 더 중요한 것은, 환자가 현대 의학의 도움을 받으면서, 거기에 더해 영적으로 하나님께 더 가까이 다가가는 삶을 살아갈 때, 회복과 변화의 효과를 훨씬 크게 기대할 수 있다는 것이다.

이런 삶을 살아가는 데 가장 중요한 것은 아침에 눈을 뜨고 생활을 시작하는 그 순간부터 밤에 눈을 감는 시간까지, 아니 잠들어 있는 순간까지도 나의 몸과 마음과 영혼이 내 삶을 무엇이라고 고백하느냐 하는 것이다. 고백의 정답은 다름 아닌 '감사'이다. 성경은 많은 부분을 할애하여 우리에게 감사를 고백하라고 말씀한다.

> 주 안에서 항상 기뻐하라 내가 다시 말하노니 기뻐하라. 너희 관용을 모든 사람에게 알게 하라 주께서 가까우시니라. 아무것도 염려하지 말고 다만 모든 일에 기도와 간구로, 너희 구할 것을 감사함으로 하나님께 아뢰라. 그리하면 모든 지각에 뛰어난 하나님의 평강이 그리스도 예수 안에서 너희 마음과 생각을 지키시리라 _빌 4:4-7

특히 이 말씀은 우리에게 감사하며 기뻐하라고 강권한다. 우리의 마음과 생각을 지키기 위해서는 먼저 하나님이 약속하신 평강을 누려야 한다. 하나님이 약속하신 평강을 누리기 위해서는 예수 안에 있는 나의 삶을 확인해보는 것이 중요하다. 우리가 예수와 함께 한다면, 우리는 모든 지각에 뛰어나신 하나님의 은혜로 살아갈 수 있다. 이때 나의 삶을 책임지시는 하나님은 내게 평강의 삶을 허락하시기 위해 우리에게 먼저 감사를 고백하도록 하셨다. 염려와 두려움의 시간이 아닌, 여유 있는 관용의 삶을 통해 우리가 기뻐할 수 있는 은혜를 허락하시는 것이다. 어렵더라도 계속 이렇게 감사를 묵상한다면 우리의 삶은 변화될 것이고, 아울러 내 삶에 감사가 터져 나오는 감격을 맛보게 될 것이다.

심방대상자에게 믿음이란 무엇일까?

믿음의 삶은 우리가 선택받았다는 것에서부터 시작한다. 선택으로 끝나는 것이 아니다. 우리가 자녀답게 살게 하기 위하여 매 순간마다 하나님 아버지의 은혜와 예수 그리스도의 사랑, 그리고 성령님이 늘 하나처럼 우리와 동행하신다는 사실을 아는가? 이 사실을 믿는 믿음이 받치고 있는 삶이 바로 믿음의 삶이며, 그런 신자가 흔들리거나 변질을 용납하지 않을 때, 우리는 그를 향해 '믿음이 있다'라고 말한다.

믿음의 고백은 '예수님이 나의 주님입니다'라는 시인에서 시작한다. 이 복음을 믿는 것이 곧 믿음이다. 누군가에게는 이 복음이 너무 쉬워서 믿어지지 않고, 또 가볍게 생각하다 보니 종종 자신의 능력이 필요할 것이라는 착각 속에 살아간다. 그들은 자신이 고백하는 것에 노력이 합치되어야 온전한 믿음의 삶을 이룬다고 믿고, 자신을 통제함으로써 하나님의 의를 이루려고 하는 것이다. 그러나 이런 믿음은 그 자체가 변질된 것이다. 하나님은 어느 상황에서도 자녀들에게 합력하여 선을 이루시도록 성령을 우리에게 보내셨다. 그와 같은 맥락에서, 환자의 투병 생활에도 통증을 조절할 수 있도록 하여 여유를 가지도록 삶의 질을 보장해주셨는데, 잘못된 믿음은 자신의 두려움을 믿음으로 포장시켜 자신뿐 아니라 주변에도 어려움을 주곤 한다. 다음의 예를 살펴보자.

투병 중인 자매가 있다. 자매는 모든 치료를 거부하고 오롯이 자신의 힘으로 통증을 견뎌내는 것만이 믿음으로 투병 생활을 하는 것이라고 생각한다. 그 남편이 볼 때 아내의 남은 삶이 길지 않은 것 같은데, 통증으로 괴로워하면서도 믿음만으로 감당하려 하는 아내의 고집이 진정한 믿음인지 모르겠다고 하소연한다.

그의 아내가 이렇게 생각하는 데에는 분명 이유가 있다. 안타깝기는 하지만, 그것이 길고 긴 투병 기간을 거치며 오직 순수한 믿음을 갖겠다는 몸부림일 수 있다. 하지만 이런 행동은 사실 두려움을 포장하는 것으로, 투병을 위해 영적 싸움만 하는 데 남은 삶을 다 보내게 된다. 가족들도 처음에는 그런 투병에 함께 했으나, 결국 환자 혼자 투병에 매진하고 가족은 죄책감에 시달리게 된다. 가족의 믿음이 흔들리는 것은 덤이다.

그녀는 투병에 대한 공포와 혼란에 휩싸여 하나님의 은혜를 구하지만, 이제 그녀에게 믿음의 문제는 영혼의 구원을 위한 것이 아니라 자신의 치료에 대한 것이 되었다. 자신이 고통을 이겨내는 것이 믿음의 척도인 양 믿는 것은 이미 순수하지 못하며, 지혜롭지도 못하다.

안타깝지만 목회자 중에서도 이런 사례가 나타나곤 한다. '믿습니다!'라는 맹목적인 믿음으로, 예컨대 충수염을 기도로 고칠 수 있다고 내버려 두었다가 수술할 시간이 지체되어 복막염으로 악화되었다는 소식을 어쩌다 듣곤 한다.

겨자씨는 씨앗 중에 가장 작지만 믿음의 큰 능력을 상징으로 나타낸다. 작은 겨자씨 한 알 속에는 새들이 터를 잡고 살 정도로 크고 든든한 나무가 숨어 있다. 다만 이 겨자씨가 믿음의 상징으로 여겨질 수 있는 것은 의심하지 않는다는 단서를 충족하였을 때이다.

그렇다면 소위 '믿음이 약하다'라고 말하는 것은 어떤 의미일까? 우리에게는 말씀에 대한 어떤 결단이나 순종이 요구되는데, 그것을 실천에 옮기지 못할 때 우리는 보통 믿음이 약하다고 말한다. 확신이 부족하다는 뜻이다. 그래서 믿음은 다른 말로 확신이라고 할 수도 있겠다. 믿음이 없다는 것은 작은 증거에 대한 확신을 갖지 못한다는 말이기도 하다.

확신 있는 삶은 고난이 닥쳐올 때도 분명한 이정표 때문에 목적지에 도달할 힘을 갖게 한다. 여행할 때 이정표가 불확실하다면 목적지에 도달할 수 없다. 각자 인생의 과거를 돌아보면서, 그동안 하나님이 얼마나 가까이에서 미세한 음성으로 우리의 삶에 간섭하셨는지 되새겨보자.

현실을 이기도록 믿음이 강해지는 법

3년 반 동안이나 오지 않던 비를 내리게 하고 멈추게도 하고, 불이 내려와 물로 젖은 제단의 제물을 태우게 했던 능력을 갖고 있었던 엘리야를 생각해보자. 그랬던 그가 더 이상 하나님의 사역을 감당하지 못하겠다며 낙심해 있을 때, 그에게 임하셨던 하나님의 음성은 광풍이나 불이나 천둥 가운데 들린 것이 아니었다. 아주 작은 미세한 음성이었다. 이렇듯 아주 미세한 음성을 확인하는 것이 믿음이요 능력이다.

또 지진 후에 불이 있으나 불 가운데도 여호와께서 계시지 아니하더니 불후에 세미한 소리가 있는지라 _왕상 9:12

그렇다면 우리가 처한 어려운 현실을 이겨낼 수 있도록 믿음이 강해지는 법은 따로 있을까? 예수님의 대답은 간단하다.

만일 너희에게 믿음이 겨자씨 한 알 만큼만 있어도 이 산을 명하여 여기서 저리로 옮겨지라 하면 옮겨질 것이요 또 너희가 못할 것이 없으리라 _마 17:20b

바로 겨자씨 같은 믿음이다. 이 자체는 어쩌면 불가능한 답일 수 있다. 그러나 여기에 숨겨진 의미는 '믿음을 통해 순종한다'이다. "만일 너희에게 무엇이 있었다면"이라는 말씀은 가정법이 아니라 "겨자씨 한 알 정도의 믿음이 네 안에 있다"라는 사실을 전제로 하는 표현이다.

다시 말하지만, 겨자씨 한 알의 믿음은 가장 작은 믿음의 상태를 의미한다. 고작 이런 믿음이 있어도 산을 옮길 수 있는데, "너는 그 믿음을 가지고 어떻게 결단하느냐?"라고 믿음의 결단을 촉구하는 것이다.

씨앗 속에 나무가 숨겨져 있다. 그래서 믿음은 씨앗이다. 그 속에 위대한 결과가 숨어 있는 것이다. 그러니 작은 믿음이라고 해서 무시하지 말자. 그렇다고 무턱대고 문제에 도전하지도 말자. 그전에 머릿속으로 큰 믿음의 그림을 그려보자.

그러므로 내가 너희에게 알리노니 하나님의 영으로 말하는 자는 누구든지 예수를 저주할 자라 하지 아니하고 또 성령으로 아니하고는 누구든지 예수를 주시라 할 수 없느니라 _고전 12:3

이 말씀에 따르면 내 안에 계신 성령은 다음과 같은 세 가지 확신을 통해 믿음을 주신다.

① 예수에 대한 지혜와 지식을 주신다(성령의 능력이 내 안에 계심을 확인해야 한다).

② 신뢰와 확신을 위해 하나님과 동행할 수 있는 자존감을 세워주신다.

③ 내 안에서 믿음의 결단과 행동을 할 수 있도록 도전을 허락하신다(영적 전쟁이 필요하다).

믿음의 순종을 시작하기 위해서는 하나님을 아는 지식이 필요하다. 하나님을 알지 못하는 것은 하나님을 믿지 못하기 때문이다. 그래서 믿음이 약할 때는 행동으로 연결되지 않는다.

이스라엘 백성은 출애굽 할 때 요단강 앞에서 어찌할 바를 몰라 우왕좌왕했다. 이때 언약궤를 앞세운 하나님의 임재가 그들의 두려움을 없애주었고, 범람하여 흐르던 요단강에 발을 내딛게 해주었다. 모세는 하나님 앞에서 요단강을 향해 담대하게 지팡이를 내밀었다. 약속의 말씀대로 손을 뻗자 요단강이 갈라졌다. 요단강이 갈라지는 것을 보고 지팡이를 내민 것이 아니었다.

그들에게 이르기를 여호와의 말씀에 내 삶을 두고 맹세하노라 너희 말이 내 귀에 들린 대로 내가 너희에게 행하리니 _민 14:28

그러므로 우리가 이 말씀을 기억하며 오늘을 살아간다면, 어떤 낙심이 우리 삶에 찾아온다 하더라도 다시 새롭게 도전할 수 있다. 이를 통해 믿음의 실상을 누릴 수 있으며 은혜의 삶이 준비된다. 겨자씨 한 알이 큰 나무로 성장하여 새들이 깃들 만큼 커진 것처럼, 우리가 말씀에 순종하고 결단을 감당한다면 우리의 겨자씨만한 믿음도 새가 깃드는 나무로 성장할 것이다.

그래도 여전히 두려움이 들거나 확신이 부족한가? 이스라엘 백성이 두려움에 빠졌을 때 40년의 광야 생활에도 불구하고 약속의 땅에 이르지 못했던 것을 기억하자.

염려에서 벗어나는 법을 알도록 하자

하나님을 향한 신뢰를 회복하기 위해서는 '불신'이라는 죄의 문제를 해결해야 한다. 그래서인지 성경 66권에는 염려하지 말라는 단어가 무려 366번이나 기록되었다. 이것을 매일 한 번씩 염려하지 말라고 말씀하시는 하나님의 음성으로 듣는다면 지나친 억측일까?

우리가 어떻게 인생의 여정에서 염려하지 않고 살아갈 수 있겠는가? 염려할 수밖에 없는 것이 인생이다. 하지만 염려가 찾아올 때마다 '염려하지 말라'는 하나님의 음성에 우리의 믿음을 내어 맡기자. 치유를 맛보고 회복을 경험할 수 있을 것이다.

그렇다면 염려를 해결하기 위해서는 무엇부터 해야 할까? 우선 고민에서 벗어나야 한다. 염려하는 문제를 근본적으로 생각하되, 부정적인 시각을 긍정적인 시각으로 바꾸어야 한다.

또한 가장 필요한 것은 소망을 갖고 확신하면서, 자신에게는 용기를 주는 것이다. 자신의 고민을 더 이상 과장하지 말고, 누군가에게 그 고민을 털어놓으며 함께 지혜를 구해보라. 근심에만 빠지지 않고 긴 안목으로 문제를 바라보며 마음에 평정을 갖되, 더 계획적이고 규칙적으로 일을 추진해나가면 된다. 물론 내가 하는 염려를 다른 사람들도 동일하게 갖고 있다는 사실도 기억하도록 한다.

염려에서 벗어나기 위해 어제보다 오늘 더 노력하고 더 인내하고 더 행동하며, 더 성실하고 더 겸손해야 한다. 더 모범을 보이고 더 헌신하며 더 절제해야 한다. 동시에 자신을 더 격려하고, 더 정열을 가지며, 더욱더 하나님을 신뢰해야 한다.

하지만 염려하는 자신을 향해 아무리 이렇게 '마인드 컨트롤'을 한다 해도 염려의 삶에서 벗어나기는 어렵다. 우리의 삶을 영적인 관점에서 바라보면 사탄은 언제나 우리를 속이고 있을 뿐더러, 속이고 있다는 사실도 깨닫지 못하게 한다는 걸 알 수 있다. 사탄은 우리를 실패의 길로 인도하여 망하게 만들려 한다. 그러므로 우리는 이 말씀에 힘입어 염려에서 벗어나야 한다.

²⁵그러므로 내가 너희에게 이르노니 목숨을 위하여 무엇을 먹을까 무엇을 마실까 몸을 위하여 무엇을 입을까 염려하지 말라 목숨이 음식보다 중하지 아니하며 몸이 의복보다 중하지 아니하냐 ²⁶공중의 새를 보라 심지도 않고 거두지도 않고 창고에 모아들이지도 아니하되 너희 하늘 아버지께서 기르시나니 너희는 이것들보다 귀하지 아니하냐 ²⁷너희 중에 누가 염려함으로 그 키를 한 자라도 더할 수 있겠느냐 ²⁸또 너희가 어찌 의복을 위하여 염려하느냐 들의 백합화가 어떻게 자라는가 생각하여 보라 수고도 아니하고 길쌈도 아니하느니라 ²⁹그러나 내가 너희에게 말하노니 솔로몬의 모든 영광으로도 입은 것이 이 꽃 하나만 같지 못하였느니라 ³⁰오늘 있다가 내일 아궁이에 던져지는 들풀도 하나님이 이렇게 입히시거든 하물며 너희일까보냐 믿음이 작은 자들아 ³¹그러므로 염려하여 이르기를 무엇을 먹을까 무엇을 마실까 무엇을 입을까 하지 말라 ³²이는 다 이방인들이 구하는 것이라 너희 하늘 아버지께서 이 모든 것이 너희에게 있어야 할 줄을 아시느니라 ³³그런즉 너희는 먼저 그의 나라와 그의 의를 구하라 그리하면 이 모든 것을 너희에게 더하시리라 ³⁴그러므로 내일 일을 위하여 염려하지 말라 내일 일은 내일이 염려할 것이요 한 날의 괴로움은 그 날로 족하니라

_마 6:25-34

예수께서는 "목숨을 위하여 무엇을 먹을까, 무엇을 마실까, 몸을 위하여 무엇을 입을까 염려하지 말라"라고 말씀하신다. '목숨'

과 '몸'은 인간에게 절대적이고 우선적인 것이지만, 음식과 의복은 이를 유지할 수 있도록 보조해주는 부차적인 요소에 지나지 않는다. 음식과 의복처럼 부차적인 것에 대한 염려보다는 '목숨과 몸'의 궁극적인 근원의 문제, 곧 영혼 구원이 더 중요하다는 의미이다. 따라서 우리는 육체의 삶만을 위해 귀중한 시간을 낭비하지 말고, 영혼의 구원을 위해 영적 양식이 되는 말씀과 기도에 힘써야 한다고 예수께서는 권면하신다.

"염려하지 말라"라는 예수의 명령은 삶을 향한 관심을 전적으로 배제하라는 의미는 아니다. 예수를 위해서만 일하고 육체의 필요는 공급하지 말라는 의미는 더더욱 아니다. 음식과 의복을 위해 염려하기보다 하나님을 신뢰하라고 말씀하시는 것이다.

염려는 우리로 하여금 하나님을 불신하게 만들고, 실제적인 믿음의 행동을 두려워하게 한다. 우리의 에너지를 효율적으로 사용하는 대신 우리가 바꿀 수 없는 것들에 더 매달리게 한다.

예수께서는 염려가 삶의 에너지를 빼앗는다는 사실을 분명히 말씀하고 계신다. 우리가 하나님을 위해 일하고 그분의 때를 기다리는 것은, 우리가 염려하는 것을 하나님께서 해결하도록 일하시도록 믿음으로 바라는 것이다. 만약 우리가 하나님을 왕으로 모신다면 우리를 잡고 있던 염려를 성령께 맡기게 되고, 결국 염려는 은혜에 밀려나게 된다.

염려하지 않을 수 있는 세 가지 방법

지나친 염려는 우리를 보호하시는 하나님의 섭리를 불신하는 것이다. 이것은 이방인과 다를 바 없는 태도이다. 예수님은 하나님이 돌보시는 성도가 염려를 이길 수 있는 세 가지 방법을 제시하신다.

첫째, 공중의 새를 본다

공중의 새는 심지도 않고 거두지도 않고 창고에 모아들이지도 아니하는데, 우리는 이것들보다 귀하다고 말씀하신다. 이 말씀은 하나님께서 공중에 나는 새를 비롯해 모든 창조물을 돌보신다는 사실을 강조한다. 그래서 인간 외의 창조물들은 인간처럼 양식을 마련하여 축적하는 데 골몰하지 않는다. 아니, 그럴 필요가 없다. 하물며 하나님께서 가장 귀중히 여기시는 하나님의 자녀인 인간이 양식에 골몰해서야 되겠는가!

결국 하나님은 새들과 같이 육체적 양식에 집착하지 않는 성도에게 더 큰 은혜로 함께 하신다.

마음의 즐거움은 양약이라도 심령의 근심은 뼈를 마르게 하느니라

_잠 17:22

즐거움과 근심을 대비해서 보면 우리의 염려가 얼마나 해로운 것인지 알 수 있다. 심지어 뼈를 마르게 할 정도이니 말이다. 사실 염려는 고통만 가져다준다. 우리가 아무리 우리의 키 작은 것을 염려하여 키를 키우려고 머리를 싸매고 고민한다 하더라도 키를 키울 수는 없다.

이렇듯 예수께서는 일어나지도 않는(않을) 일을 위해 염려한다고 해서 해결되지 않을 것이니, '혹시나' 하는 요행으로 오늘을 헛되이 보내지 말라고 하신다. 오늘에 충실한 사람은 내일도 당연히 충실할 것이다. 그러므로 내일 일을 미리 걱정하지 말고, 당장 오늘부터 오늘에 충실하라는 뜻이다.

둘째, 말씀 속에 숨은 진리를 안다

하찮게 보이는 새도, 들의 백합화도 하나님이 다 입히시고 먹이시고 살아가게 하신다. 이것이 인간이 하는 어떤 수고의 결과보다 아름답고 풍성하고 영광스러운데, 하물며 하나님의 가장 귀한 자녀인 '너희들일까보냐?'라는 말씀이다.

예수님은 우리가 하나님의 자녀라고 확신한다면 오늘 하루를 어떤 믿음과 생각으로 살아갈 것이냐고 물으신다. 우리가 염려하는 문제를 어떤 시각으로 바라보고 있느냐는 질문이기도 하다. 해결하기도 전에 '나는 안 돼'라는 결론을 낸다면, 아무리 좋은 조건이 주어지더라도 그런 사람은 실패할 수밖에 없다.

반면 아무리 악한 상황에 놓였더라도 '나는 할 수 없으나 능력 주시는 하나님으로 인해 할 수 있다'라고 믿는다면, 그는 반드시 멋진 승리를 일궈내게 되어 있다.

패배주의자는 항상 패배에 익숙해져 있기에, 항상 변명하고 환경을 탓하며 자신의 실패를 정당화한다. 이런 패배를 이기는 방법은 우리를 실패로 이끈 부정적인 믿음에서 벗어나 긍정적인 승리를 위한 실상, 곧 믿음으로 상을 받을 것을 미리 바라는 것이다(히 11:1,6).

그리스도 예수 안에서 우리가 마음과 생각을 지키면 주 안에서 항상 기뻐할 수 있고 관용을 보일 수 있으며, 아무것도 염려할 것이 없기에 감사를 회복할 수 있다(빌 4:6,7).

셋째, 시작이 반이라고 믿는다

전쟁은 마음에서 시작되는 것이기에, 사역을 두려움으로 시작한다면 반드시 실패할 수밖에 없다. 하지만 염려를 버리고 믿음으로 시작한다면 이미 절반은 성공한 것이다.

필자는 이민 생활 초기에 3개월 반 동안 한 삽, 한 삽 땅을 파서 흙을 채에 치고, 잡초를 걷어내며 땅을 개간해본 적이 있다. 처음에는 아무것도 보이지 않았는데, 3개월 반 동안 땅을 개간하고 나니 그곳에 있던 아름다운 산이 눈에 들어왔다. 이 경험을 통해, 언제나 시작이 어렵지, 시작만 하면 반이나 한 것과 다름없다는 깨달음을 얻었다.

불의한 자들에게도 햇빛을 비추시고 비를 내려주시는 하나님은(마 5:45)은 자녀인 우리에게 있어야 할 모든 것을 당연히 이미 알고 계신다(마 6:32). 들의 백합화는 의복을 마련하기 위해 수고와 길쌈을 하지 않아도 모든 꽃 중에서 가장 아름답게, 나아가 솔로몬의 영광스러운 옷보다 화려하게 가꾸어주신다. 게다가 하나님께서는 오늘 있다가 내일 아궁이에 던져질 들풀도 입혀주신다. 따라서 우리는 먹을 것과 입을 것을 염려할 것이 아니라, 오히려 하나님을 신뢰해야 한다.

사실 예수께서는 우리에게 염려하기보다 "하나님의 나라와 그 의를 구하라"라고 말씀하셨다. 그렇게 할 때 이 모든 것 위에 더하겠다고 약속하셨다. 하나님의 나라와 그 의는 우리가 하나님의 섭리와 예수 그리스도에 의해 시작되는 하나님의 복음을 듣고, 그 나라의 완성을 위해 서로 교제하며, 하나님의 영광을 위해 살아갈 때 얻어지는 것이다. 이것들을 구하라는 것은 하나님의 뜻에 온전히 복종하여 삶의 의를 추구하라는 뜻이다. 예수께서는 우리에게 바로 이 말씀을 가르치신다. 덧붙여 "내일 일은 내일 염려하며, 한날 괴로움은 그날로 충분하다"라고 하셨다. 아직 닥치지도 않은 내일의 일을 염려하지 말고, 오늘을 중요하게 여겨 감사함으로 살아가라는 의미이다.

여러 가지 염려를 오늘뿐 아니라 내일까지 계속 하도록 미루는 것은 성도에게 아무런 유익을 가져다주지 않는다. 오히려 하나님께 범죄하는 행위가 될 뿐이다. 오늘의 염려는 오늘로 끝내고, 내일은 내일 주어지는 새로운 은혜로 살아가야 한다. 이를 위해서는 오늘의 내가 누구인지를 알아야 한다. 나는 "하늘에 계신 우리 아버지!"라고 부를 수 있는 특권을 가진 자인가, 아니면 여전히 죄와 사망의 노예가 되어 하나님을 감히 아버지라고 부르지도 못하는 죄인인가?

F. B. 마이어는 다음과 같이 말한다.

"우리가 믿음의 단순성을 버리고 여러 가지 의식과 정해진 습관에 마음을 빼앗긴다면 엄청난 손실이다. 그러므로 외적인 것에 노예처럼 마음을 빼앗겨 그리스도에게서 멀어지면 안 된다. 우리는 성령의 강권하심에 복종할 때마다 작아지고, 그분은 커져간다."

심방자로서 느끼는 행복

심방자가 대상자를 만난 후에 감정적으로 앙금이 남는 경우가 생길 수 있다. 이럴 경우 심방자는 자기 마음을 표현할 수 있는 출구를 마련하여 정신적으로 영적으로 항상 평안을 유지할 수 있어야 한다. 이렇게 자신이 관리되지 못할 경우 심방자의 건강 역시 해칠 우려가 있다. 또한 억압되어 있던 심방자의 불편한 심리상태가 심방대상자를 만났을 때 전이되거나 투사될 수 있다.

심방자가 대상자를 섬길 때는 함께 걷는 자(walking with)이지, 앞서가는 자(in front of) 혹은 뒤에 있는 자(behind)의 위치가 아님을 명심하자. 심방자는 이래저래 어려운 일을 하는 사람이다. 그래서인지, 나를 아는 성도들은 내가 안쓰러워서인지 가끔 이렇게 묻는다.

"목사님은 왜 환자들, 그것도 주로, 가장 고통 받는다는 암환자들을 위해 사역하십니까?"

나의 대답은 항상 같았다.

"그러기 때문에 저는 참 행복합니다."

필자는 지난 30여 년간 이런 환자들을 섬기는 것이 너무 좋았다. 행복했고 천직으로 알았다. 무엇이 그리도 행복하냐고? 글쎄….

세상에는 정서적, 사회적으로 어려움에 처한 사람들이 많지만, 그들 모두가 '죽음'이라는, 골리앗과 같은 큰 상대 앞에 선 것은 아니다. 육체적으로, 영적으로, 죽음처럼 큰 고통을 감당할 수 없어서 어찌할 바를 알지 못하는 연약한 자들이 일부 있는 것이다. 필자는 그런 이들을 찾아갈 때마다 감사와 삶의 희열을 느낀다. 그 분들이 나의 섬김을 통해 마치 재앙과도 같던 고통의 삶에서 하나님의 평안과 소망을 가진 삶으로 옮겨진다! 그들과 그 가족들을 예수님의 사랑으로 위로할 때, 그들이 남은 삶을 아름답게 살아갈 수 있다. 이토록 놀라운 일이 일어나는 현장에 서 있는데, 어찌 행복하다고 말하지 않을 수 있겠는가? 세상 염려 중 가장 큰 근심을 안고 사는 환자들을 섬기는 이 사역은 그래서 행복하다.

환자를 심방할 때 가져야 할 성품과 자세

심방자는 자신이 먼저 예수님과 함께 죽음과 부활을 체험한 자이다. 따라서 특히 중한 질병으로 인해 소망이 없고 낙심하여 고통받는 자들을 잘 섬기기 위해 다음의 몇 가지를 유념해야 한다.

- 심방자는 심방의 동기가 좋아야 한다. 동시에 이타적이어야 한다.
- 심방자는 심방대상자들의 정서적 예민함을 이해하고, 스스로 안정적이며 성숙할 필요가 있다.
- 심방대상자들은 고통 가운데 있기에 요구하는 사항이 많다. 따라서 그런 그들을 향한 포용력(관용)이 필요하다.
- 심방대상자들을 섬기기 위해서는 성품이 신중하고 온화해야 한다.
- 심방대상자들은 심방자와 신뢰관계가 형성되면 자기 상황에 대해 많은 이야기를 하게 된다. 때로는 심방자가 소화하기 어려운 가족의 숨은 이야기도 하게 되는데, 이때 나눈 대화 내용

을 입 밖으로 꺼내서는 안 된다. 쉽게 말하면 입이 무거워야 한다. 가끔 심방자들이 중보기도를 요청한답시고 지나치게 자세히 말하는 경우가 생기는데, 그것을 발설하면 심방대상자들이 어려움을 겪게 될 수도 있다.

• 심방대상자와 한 약속이라면, 다음에 이어질 심방 약속을 비롯한 어떤 작은 약속이라도 반드시 지켜야 한다. 이를 통해 신뢰를 쌓을 수 있다. 또한 심방대상자들은 심방자와 한 약속을 간절하게 기다린다. 심방 약속을 지키는 것은 심방자가 가져야 하는 기본적인 덕목이다.

• 심방대상자와 대화할 때는 적극적으로 경청해야 한다.

• 심방자가 다른 심방의 동역자들과 협동성(융통성)을 키워왔다면 심방대상자에게 더 큰 도움을 줄 수 있다.

• 심방자가 심방대상자를 만날 때 환자를 실제적으로 돌볼 수 있다면 더 큰 장점이 된다. 가령 약을 먹이거나 휠체어를 미는 일처럼 숙련된 간호의 재능은 환자들을 섬기는 데 크고 실질적인 도움이 될 수 있다.

• 심방자가 너무 거룩한 척 하거나 무뚝뚝하면 심방대상자들이 힘들어한다. 가능한 여유 있게, 유머스럽게 행동할 것을 권한다.

• 코로나 시대이니 더욱 그렇지만, 시대를 막론하고 심방자는 일상생활에서 건강을 챙겨야 한다. 심방자가 섬겨야 할 심방대상자들은 육체적으로 연약하기에, 심방자는 손 씻기와 마스크 착

용 등 개인 건강에 유의하도록 한다.

• 심방자는 자신의 구원과 죽음 문제에 언제나 확신이 있어야 한다.

5이는 우리 복음이 너희에게 말로만 이른 것이 아니라 또한 능력과 성령과 큰 확신으로 된 것임이라 우리가 너희 가운데서 너희를 위하여 어떤 사람이 된 것은 너희가 아는 바와 같으니라 6또 너희는 많은 환난 가운데서 성령의 기쁨으로 말씀을 받아 우리와 주를 본받은 자가 되었으니 _살전 1:5-6

9장

'죽음에 이르는 심리적 5단계'에 의한 심방 사례

고통의 과정을 평안으로 이끌기 위해

엘리자베스 퀴블러 로스(Elizabeth Kubler Ross)는 어릴 적에 동네의 한 농부가 나무에서 떨어져 죽음을 맞이하는 과정을 보았다. 농부는 자신의 죽음을 예견하고서, 동네 사람들을 자기 집 침대 곁으로 모두 불러 그동안 자신을 도와준 일에 감사를 전하고 평안하게 죽음을 맞이했다.

농부는 어린 엘리자베스에게도 우유통을 싣고 가던 자기 수레를 밀어준 것에 대해 감사를 표했다. 이후 그녀는 죽음을 아름답고 감사하게 여겨야 하는 것이라고 받아들였다.

그러나 1968년에 발간한 그의 저서 《인간의 죽음》(On Death and Dying)을 살펴보면, 그가 아름답게만 생각했던 죽음에 대해 인식이 변한 것을 알 수 있다. 그가 정신과 의사로서 일하면서 만난 암환자들을 통해, 죽음이 마냥 감사할 수 있는 일은 아니며, 오히려 고통스러운 과정으로 변모해가는 것을 발견했기 때문이다.

그는 고통스러운 죽음의 과정을 조금 더 평안한 것으로 이끌어오기 위해 '죽음에 이르는 인간의 심리적 5단계'를 연구해 발표했다. 그 연구 내용은 인간이 ① 부정(격리), ② 분노, ③ 협상(교섭, 타협), ④ 우울, ⑤ 절망(수용, 용납)의 다섯 단계를 거쳐 죽음에 이른다는 사실이다. 이를 통해 그는 죽음을 맞이하는 이들의 여러 증상을 이해하려고 노력하였다.

사람이 죽음에 이를 때 나타나는 심리적 변화의 5단계는 환자들을 심방대상자로 섬기는 우리에게 특히 도움을 준다.

이 장에서 그가 분류한 '인간이 죽음에 이르는 심리 변화의 5단계'를 필자가 경험한 사례를 통해 살펴보도록 하자.

1단계, 부정

대장에서 시작된 암이 폐와 뇌까지 전이된 한 자매가 있었다. 그녀는 항상 믿음으로 사는 사람이라고 자타가 공인해왔고, 본인도 그렇게 살기 위해 부단히 노력했다. 그러나 그녀는 갑작스러운 암 선고를 용납할 수 없었다. 무언가 잘못됐다는 생각이 자꾸 들었고, 자신의 조직 검사 시료(試料)가 잘못되었거나 자신의 차트가 바뀌었다는 상상이 점점 확신으로 변해갔다. 자신의 상황을 부정한 것이다.

그녀는 옅은 잠을 자다가도 눈이 떠지면 이 일을 어떻게 할까 싶었고, 해결할 수 없는 질문들이 꼬리에 꼬리를 물고 나올 때면 알 수 없는 불안이 목을 조여오기도 했다. 금방이라도 숨이 멎을 것만 같았고, 눈물은 마를 날이 없었다.

그녀의 어린 딸도 엄마의 투병 때문인지 "안 돼, 안 돼!"라는 잠꼬대를 해대며 자주 뒤척였다. 잠결에 흐느끼는 어린 딸의 손을 잡아주면서도, 자신이 암환자라는 사실을 도무지 받아들일 수가 없었다. 점점 입맛을 잃어갔고, 체중도 눈에 띄게 줄어 누가 보아도 완전한 암환자의 몰골이었다. 그럴수록 보란 듯이 더 씩씩하게 걸어 다녀보았지만, 마음 깊은 곳에서는 자신이 이방인처럼 느껴졌고, 밖으로 나가는 것은 점점 어려워졌다.

수시로 피곤이 몰려왔고, 이렇게 나다니는 자신이 암환자가 맞나 하는 의심이 들 때는 창피하다는 감정도 몰려왔다. '내가 암환자야. 그러니 살 수 없어! 이렇게 고통받다 죽을 거야. 아무도 나를 돌아보지 않을 거야. 결국 사람들이 고통스럽게 죽은 나를 발견할 거야' 하는 자조만 밀려들었다. 그녀는 매일 홀로 밤을 지새우며, 밀려오는 투병의 무게로 일어설 수조차 없다고 했다.

이 자매를 심방하러 가면, 알 수 없는 거부감으로 필자를 밀어냈다. 애써 대화를 시도했지만 전혀 받아주지 않아서, 필자에게도 매우 힘들고 긴 시간이었다. 필자가 아무리 다양한 암환자를 만난 사람이라 해도 그녀의 아픔에 완벽한 공감대를 가지지는 못하였으므로, 그녀에게는 그저 이방인일 뿐이었다.

마침 자매와 비슷한 상황에 처한 봉사자가 떠올라 그 분을 대동하여 다시 심방을 시도했는데, 다행히 둘은 금세 짝꿍이 되었다. 둘은 서로 주거니 받거니 자기 경험을 나누었고, 믿음도 회복되기 시작했다. 부활의 산 소망을 가진 자가 된 것이다.

3우리 주 예수 그리스도의 아버지 하나님을 찬송하리로다 그의 많으신 긍휼대로 예수 그리스도를 죽은 자 가운데서 부활하게 하심으로 말미암아 우리를 거듭나게 하사 산 소망이 있게 하시며 4썩지 않고 더럽지 않고 쇠하지 아니하는 유업을 잇게 하시나니 곧 너희를 위하여 하늘에 간직하신 것이라 _벧전 1:3,4

이렇게 몇 년의 투병 생활을 지냈고, 그녀는 주치의로부터 "앞으로 이만큼만 건강하게 지내봅시다. 걱정하지 마세요. 잘 되었습니다"라는 기쁜 소식을 듣게 되었다. 처음에는 필자를 이방인 취급하여 미안했다며 미소를 짓는 그녀의 해맑은 얼굴에서, 긴 터널을 잘 달려온 자신이 대견하다는 마음이 묻어났다.

부정(否定, denial) 단계의 특징

부정 단계에 있는 환자들 대부분은 자신의 병에 대해 인정하지 않는 반응을 보인다. 자신에게 이런 병이 찾아올 것이라고 생각하지 않았기에, 처음엔 그럴 리가 없다는 반응을 보인다.

지금은 의료 기술이 발달되었고 의료 서비스 수준도 향상되었지만, 우리 마음 한편에는 여전히 암을 죽음과 연관시키는 경향이 있다. 따라서 자신이 암환자가 되었다는 사실에 큰 충격을 받을 수 있다. 이런 반응이 환자의 무능과 무지 때문에 나타나는 것만은 아니다.

하나님께서 우리를 만드실 때는 신묘막측하게 만드셨다. 예컨대 누군가 우리에게 돌을 던진다면 우리는 그것을 당연히 피하려 할 것이다. 누구도 그대로 돌을 맞고 서 있을 사람은 없다. 그런 것처럼, 우리는 우리에게 찾아오는 모든 어려움과 육체적이고 정신적인 타격을 당연히 피하려 했다. 우리의 이런 경향이 병에 대해서도 자연스럽게 부정으로 반응하는 것이다.

자신의 병이 불치병이라는 사실을 처음 알게 되면, 누구나 죽음과 연결한다. 예기치 않은 충격적 소식에 대한 완충 역할로 "나에게 이런 일이 일어날 수 없어!"라고 소리치거나 "믿을 수 없어!" 같은 표현을 하게 된다. 부정하는 것이다. 이런 환자들은 여러 병원을 찾아다니며 이른바 '병원 쇼핑'을 하기도 한다. 어느 한 의사에게서라도 병에 대한 긍정적 진단이나 완화될 것이라는 말을 듣고 싶기 때문이다.

그러나 환자는 계속되는 진찰로 탈진하게 되고, 그로 인한 경제적 소모는 커지고, 환자와 가족의 불안은 깊어만 간다. 질병을 현실로 받아들이지 않음으로써 치료의 기회마저 놓쳐버리는 결과까지 가져오는 경우도 있다.

조금 다르기는 하지만, 성경도 이와 비슷한 환자의 고통에 대해 이야기한다.

25열두 해를 혈루증으로 앓아 온 한 여자가 있어 26많은 의사에게 많은 괴로움을 받았고 가진 것도 다 허비하였으되 아무 효험이 없고 도리어 더 중하여졌던 차에 _막 5:25-26

환자들이 치료의 적기를 놓치고 시간이 지난다면 회복할 가능성은 점점 더 낮아지게 된다. 이런 환자들은 누군가를 만나는 것에 거부감을 가진다. 진단이 잘못되었다고 믿거나 현실을 직시하기를 거부하기 때문에, 현실은 물론 의료진과 병원에 대해서도 상당히 부정적인 감정을 가지고 있다. 심리적으로 극단적인 사람의 경우 자신의 병으로 인해 주변으로부터 소외당하고, 결국 버림받을지 모른다고 걱정하기도 한다. 이런 부정은 결국 자기 상실의 고통을 극복하기 위해 일시적으로 나타나는 자기방어의 반응으로 이어진다. 믿기 어려운 진실로부터 도피하려는 것이다. 이 때문에 가끔 심각한 문제를 일으키기도 한다. 따라서 부정 단계에 있는 환자가 이런 상황에 대처할 준비가 될 때까지는 현실의 문제에서 피하게 해준 다음, 서서히 부분적으로 수용하는 방향으로 이끌어야 한다.

여기서 기억해야 할 것은, 부분적으로 수용한다고 해서 부정 단계가 정지된 것은 아니라는 사실이다. 부정(否定)은 반드시 다음과 같은 단계를 거친다.

- 처음 상실이 나타나는 것을 경계하고, 질병을 숨기려 한다.
- 자신의 상태에 대해 의심하기 시작한다.
- 자신에게 어떤 변화도 없었던 것처럼 가장한다.
- 결국 어느 시기가 오면 문제에 대해 솔직하게 논의하려 한다.

이와 같이 부정의 태도를 보이는 환자는 꾸준한 사랑으로 안위를 느끼도록 해주어야 한다. 환자의 말을 경청해주며, 그가 하나

3부 | 환자의 심리를 이해하고 심방하는 방법과 사례

님께, 그리고 우리에게 얼마나 중요한 존재인지 인식할 수 있도록 도와야 한다. 이런 심방대상자를 만나는 심방자에게는 기다림도 필요하지만, 환자가 현재 상황을 인식하고 인정하게 하는 것이 더 중요하다.

이 단계의 대상자들을 심방할 때는 육체적 치료를 우선 강조하는 편이 낫다. 유사한 병에서 치료된 환자들의 예를 들어주어 '당신도 치료될 수 있다'는 확신을 심어주되, 하나님이 함께 하신다는 임마누엘의 축복을 상기시켜준다. 이때 심방자는 그들과 마음을 같이 하는 자세가 필요하고, 비판하기보다 동행하는 마음을 가져야 한다.

부정 단계의 환자에게 도움이 되는 말씀

부정 단계에 있는 이들에게는 예레미야서 29장 11-14절 말씀이 도움이 된다.

> 여호와의 말씀이니라 너희를 향한 나의 생각을 내가 아나니 평안이요
> 재앙이 아니니라 너희에게 미래와 희망을 주는 것이니라 너희가 내게
> 부르짖으며 내게 와서 기도하면 내가 너희들의 기도를 들을 것이요 너
> 희가 온 마음으로 나를 구하면 나를 찾을 것이요 나를 만나리라 이것
> 은 여호와의 말씀이니라 나는 너희들을 만날 것이며 너희를 포로된 중
> 에서 다시 돌아오게 하되 내가 쫓아 보내었던 나라들과 모든 곳에서

모아 사로잡혀 떠났던 그 곳으로 돌아오게 하리라 이것은 여호와의 말씀이니라 _렘 29:11-14

이런 말씀은 현실에서 겪는 고통의 문제를 자신의 관점이 아닌 하나님의 관점에서 바라보고 해석하도록 환자를 이끌어준다. '재앙이 아니라 평안과 소망을 주시기 원하시는 하나님'(렘 29:11)을 바라보게 하는 것이다. 하지만 현재의 상황이 재앙처럼 보이는데 어떻게 하나님의 생각인 평안과 소망을 갖게 할 수 있을까? 본문은 두 가지 방법을 제시한다.

첫째 방법 : 하나님의 생각인 평안과 소망을 갖게 하는 첫 번째 방법은 "내게 부르짖으며 와서 내게 기도하면 내가 너희를 들을 것이요"라는 예레미야서 29장 12절에서 찾을 수 있다. 부르짖고 기도하려면 먼저 신뢰가 필요하다. 심방자들은 하나님께서 환자의 부르짖는 간구를 통해 '재앙이 아니라 곧 평안이요 장래 소망'을 이루신다는 신뢰를 갖도록 심방대상자들을 도와야 한다. 이를 위해 앞에서 말한 바와 같이 환자에게 어떤 믿음이 있는지 점검할 필요가 있다.

대부분의 환자가 품고 있는 믿음의 상태는 자신이 감당할 수 없는 현실 때문에 부정적인 색채를 띠고 있다. 자신이 아무것도 할 수 없다는 부정적인 믿음을 그럼에도 불구하고 투병할 수 있다는 긍정적인 믿음으로 바꾸어주기 위해 심방자는 성경이 말씀하는 믿음의 정의를 확인시켜줄 필요가 있다.

성경은 "믿음은 바라는 것들의 실상이요 보지 못하는 것들의 증거니"(히 11:1)라고 말한다. 환자 자신이 현재 바라보고 있는 부정적인 생각들을 긍정적인 실상, 즉 재앙이 아니라 평안이요 장래의 소망이 될 수 있다는 믿음으로 바꾸도록 권면해야 하는 것이다. 이 말씀이 믿음을 권면하는 데 도움이 될 것이다.

> 믿음이 없이는 기쁘시게 못하나니 하나님께 나아가는 자는 반드시 그가 계신 것과 또한 (반드시) 그가 자기를 찾는 자에게 (반드시) 상 주시는 이심을 (반드시) 믿어야 할지니라 _히 11:6

심방자는 환자가 하나님이 계신 것과 그분이 환자의 주인이 되신 것을 믿고, 자신의 문제를 하나님 앞에 가지고 나오면 반드시 믿음의 상을 받을 수 있다고 확신하도록 도와야 한다.

단, 믿음을 통해 투병할 의욕을 갖도록 권면했다고 해서 그가 곧바로 투병 생활을 잘 감당할 것이라는 순진한 기대는 버려야 한다. 사탄은 그들에게 닥쳐오는 매순간의 불확신과 불안과 염려와 공포를 긍정적인 믿음으로 극복하도록 내버려두지 않기 때문이다. 따라서 그들의 믿음 상태가 상황에 따라 변화될 수밖에 없다는 것을 인식하고, 환자가 또 다시 낙심할 수 있는 상황이 언제나 도사리고 있다는 사실을 인정해야 한다. 낙심할 수밖에 없는 상황이 닥치면, 환자는 자신의 투병을 포기해버릴 수도 있다.

둘째 방법 : 평안과 소망을 갖게 하는 두 번째 방법은, 이미 실패한 것 같은 평안과 소망을 다시 소유할 수 있도록, 그래서 투병생활을 이어가도록 예레미야서 29장 13-14절 말씀을 힘입어 다시 확신을 갖게 하는 것이다.

하나님이 우리를 만나겠다고 하시는데, 왜 우리는 전심으로 찾고 찾아야 하는가? 이것은 영적인 전쟁을 해야 한다는 것을 뜻한다. 우리가 영적 전쟁을 해야 하는 이유는 하나님께서 우리의 약함과 포기와 절망과 싸워 이길 수 있는 방법을 허락하셨기 때문이다.

심방대상자의 영적 전쟁을 위하여 '여호와'라는 하나님의 이름을 되새기게 할 필요가 있다. 여호와의 의미는 '스스로 있는 자'(출 3:14)이다. 이 의미를 조금 더 확장하여, 왜 스스로 계신 분께서 환자인 심방대상자를 찾아오시고 그의 여호와가 되셨는지 알려주어야 한다. '심방대상자를 너무도 사랑하셔서 스스로 찾아오신 하나님의 이름'이 여호와라는 사실을 통해 그에게 임하신 하나님의 사랑을 다시 한 번 느낄 수 있게 해주고, 이를 통해 그가 가진 낙심과 염려와 불안과 불신을 대상으로 영적 전쟁을 선포하도록 이끌어주는 것이다.

영적 전쟁을 이기는 방법은 오직 한 가지, 복음의 능력뿐이다. 따라서 죽으신 지 사흘 만에 부활하셔서 죽음을 이기시고, 우리의 모든 병과 고통을 대신 져주시는 예수님을 소개하도록 한다.

복음의 능력을 소개한다

이사야서 53장 2-5절 말씀은 마른 땅에서 나온 연한 순 같은 그가 우리의 슬픔, 염려, 고통을 평화가 되게 하시고, 우리를 위해 채찍에 맞으시어 육체적으로 정서적으로 영적으로 우리의 모든 것을 회복시키신다는 약속을 주셨다. 예수님은 그 약속을 따라 이 땅에 오셨고, 죽으시기 전에 죽은 자 가운데서 사흘 만에 부활하실 것과, 십자가에서 마지막으로 하신 "다 이루었다"라는 말씀을 통해 그 약속이 이미 성취되었다고 우리에게 알려주셨다.

이러한 복음의 능력을 환자인 심방대상자에게 소개해주고, 예수님이 죽으신 이유와 부활하신 사실, 그리고 부활하신 후에 "네게 평강이 있을지어다"라고 말씀하신 부활의 능력을 적용시켜준다면, 환자는 믿음을 갖고서 영적 회복을 위해 투병 생활을 계속할 수 있을 것이다.

이사야서의 말씀 외에도 "너희를 포로 된 중에서 다시 돌아오게 하되 내가 쫓아 보내었던 나라들과 모든 곳에서 모아 사로잡혀 떠났던 그곳으로 돌아오게 하리라"(렘 29:14b)라는 말씀도 투병 중인 환자들에게 권면하는 데에 좋다.

그러나 무엇보다 잊지 말아야 할 것은, 우리가 투병 중인 심방 대상자들의 육체적 치료만을 위해 사역하는 것이 아니라, 대상자의 영원한 생명을 위해서 사역한다는 점이다(살전 1:5-6).

심방대상자가 신앙생활을 하던 분이라면 시편 23편도 적용하기 좋은 말씀이다. 시편 23편은 하나님 아버지께서 나의 목자이시라고 말씀한다. 그분이 나의 목자이시라는 말은 생명을 다하여 자신이 돌보는 양을 부족함 없이 돌봐주신다는 뜻이다. 그것이 목자의 속성이기 때문이다. 이 속성 때문에 그분은 우리를 끝까지 포기하지 않으시고 지키시며 돌보신다. 뿐만 아니라, 심방대상자가 처한 고통스러운 투병 생활 가운데서도 쉴만한 물가와 푸른 초장으로 인도하시는 은혜를 주신다. 단, 이 은혜는 하나님을 자신의 목자로 인정하고 신뢰할 때만 가능하다.

하나님의 회복을 믿음으로 기대하게 돕는다

우리는 그분의 형상을 따라 지음을 받은 존재이다. 그렇기 때문에 우리가 그분의 사랑을 느끼고 그 은혜 안에서 사는 것은 매우 자연스러운 일이며, 삶 가운데에서 그분의 임재를 고백하는 것은 우리가 당연히 해야 할 신앙고백이다. 우리는 그 은혜 안에 머물러 살기 위해 자신의 부정적인 삶을 긍정적으로 바꾸고, 우리를 부족하지 않게 하시는 하나님의 회복을 믿음으로 기대해야 한다.

하나님에 대한 신뢰가 회복되면 사망의 골짜기를 걸어가는 듯한 괴로운 투병 생활 가운데서도 하나님이 우리의 영혼을 소생시키실 것이고, 넉넉히 이겨낼 은혜를 주셔서 의의 길로 인도하실 것 또한 믿게 된다. 이것이 하나님이 우리에게 주신 약속이다. 하나님께서는 환자인 심방대상자의 길고 괴로운 투병 생활에서, 그 어둡고 쓸쓸한 길에서 동행하신다. 그의 지팡이와 막대기로 지키시며, 반드시 승리의 기쁨을 누리도록 은혜를 주실 것이다.

우리가 주기도문을 통해 '일용할 양식을 주시옵고'라고 고백하듯, 하나님의 자녀로서 살아갈 때 하나님은 심방대상자에게 영권, 물권, 그리고 육체를 감당할 권세까지 모든 것을 부어주신다. 이유는 하나이다. 그것이 그리스도인으로서 살아가는 자녀에게 주시는 특권이기 때문이다. 이 특권을 통해 영적 전쟁을 지속적으로 감당할 수 있고, 영원한 소망을 누릴 수 있는 것이다.

이러한 말씀을 적용한 후에 함께 찬송을 부를 때는 가사를 같이 읽은 후에 가사의 내용을 믿음으로 바라볼 수 있도록 인도한다. 이러한 상황에 걸맞는 찬송에는 인도와 보호, 은혜와 사랑, 신뢰와 확신, 시련과 극복 분류에 있는 찬송을 꼽을 수 있다. 301장, 573장, 384장, 543장, 337장 등을 추천한다.

2단계, 분노

이른 아침 Y 장로님이 필자에게 전화를 하셨다.

"박 목사님, 오늘 내게 시간 좀 내주세요. 혼자서…."

마침 동년배인데다 언제나 내 사역을 챙겨주시고, 자원하여 연약한 자들에게 후원도 아끼지 않던 고마운 분이시기에 흔쾌히 시간을 냈다.

오전에 장로님이 입원해 계시던 병실로 들어서자 심각한 표정에 붉어진 얼굴로 침대에 걸터앉은 장로님이 눈에 들어왔다. 잠시 안부를 물은 후, 의자를 침대 가까이 당겨 앉아 그 분이 하실 이야기를 기다렸다. 장로님은 자신의 이야기를 꺼내기가 힘든지 잠시 뜸을 들이다, 이런 말을 하셨다.

"목사님, 내가 이상하다고 생각하지 말아요. 나 지금 너무너무 화가 나서 어떻게 할 수가 없어요. 그런데 왜 화가 나는지도 몰라요. 앞에 있는 모든 것이 화가 나고, 모두 부숴버리고 싶어요. 차라리 내가 미친 거면 좋겠어요. 그런데 그 이유를 모르겠어요."

이 얼마나 답답한 일인가! 필자와 친분도 있고, 동역자로서도 멋지고, 오히려 필자가 범접하기 힘든, 존경하던 분인데.

"장로님, 지금 장로님 생각이 잘못된 것이 아니에요. 화가 나고 감당하기 힘든 건 당연한 일이에요. 장로님만 그런 것이 아니라, (이런 일을 당한 환자라면) 누구나 다 한 번씩은 겪는 일이에요. 이제는 화가 자주 날 거예요. 그럴 때면 언제든지 제게 연락을 주세요. 함께 이야기를 나누면 좀 나아지실 거예요."

장로님과 오랜 시간 이야기를 하고 나올 때쯤, 다행히 장로님은 안도하는 모습을 보였다.

분노(忿怒, anger) 단계의 질문, Why Me?

부정 단계를 지나 분노 단계에 들어선 환자들은 자신도 알 수 없는 노여움, 울화증, 원망, 원한 같은 감정이 끓어오른다. 그리고 질문한다. "왜 나야?"

가끔 운명론에 빠진 사람들은 "내가 재수 없어서…"라고 말한다. 왜 하필 지금, 겨우 살만한데 이런 일이 일어났느냐는 절규와 함께 과민한 반응으로 불만을 터뜨린다. 다른 사람의 건강을 질투하기도 한다. 건강한 사람에 대해 분노를 드러내는 것이다. 하지만 이러고 나면 환자에게는 죄의식과 수치감과 적대감이 더 형성된다. 적대감의 대상은 자신의 무능이나 병이 든 상황은 물론 가족이나 병원 직원, 심지어 자신이 믿는 신까지 광범위하다. 모두가 자신처럼 병(암)에 걸려야 한다고 생각하고, 또한 그렇게 행동한다. 모든 것을 남 탓으로 돌리는데, 음식 탓, 공기 탓, 물 탓, 환경 탓까지 한다.

중요한 문제는 환자가 이렇게 화를 낼 때, 그 가족들도 환자에게 화를 내게 된다는 것이다. 물론 가족들이 나타내는 분노는 환자를 향한 사랑의 표현일 때가 많다. 가족의 연대의식이 강할수록 환자에 대한 분노는 더 크게 나타나는데, 분노의 과녁은 환자가 아니라 자신의 가족을 병들게 만든 절대자를 향한 것이 대부분이다. 이 분노를 해결할 방법은 하나님이 우리에게 병을 주시는 분이 아니라, 오히려 치료하시고(출 15:26) 회복시키기 원하시는 분이라는 사실을 깨닫게 해주는 것이다.

사실 절망에 빠진 환자들이 분노를 나타내는 것은 "나는 살아 있습니다! 아직 죽지 않았어요! 그러니 잊지 말아주세요"라는 의미를 담고 있다.

분노는 상실을 경험할 때 표면화되며, 간호와 진료를 거부하는 것으로 나타날 수도 있다. 이럴 때 가족이나 간호사, 호스피스 자원봉사자 등은 환자가 가지는 적대감의 희생물이 될 수도 있다. 따라서 환자의 과민한 반응과 빗나간 분노의 표현을 환자 자체로 인격화해서는 안 된다. 환자가 드러내는 이 시기의 분노를 그의 인격을 판단하는 잣대로 삼아서는 안 되는 것이다. 오히려 이해심을 갖고 기다리며 용서하고 수용하여, 그의 무력감과 죄책감을 이해해야 한다. 특히 심방자는 분노하는 심방대상자를 비하하지 말아야 한다. 가령 "성질머리가 저러니 암이 걸렸지" 같은 표현이나 생각까지 자제해야 한다. 그렇게 이해하지 않으면 환자는 아예 마음을 닫아버린다.

분노를 건전하게 표현하도록 유도하라

심방자는 부정 단계의 환자들에게 한 것처럼, 환자의 병에 치료 방법이 있을 수 있다는 것을 주지시키는 것이 중요하다. 더불어 다음의 8가지 방법을 참조하여 분노의 주기를 조정하고 건전하게 표현할 수 있도록 인도해야 한다.

① 환자가 분을 내는 느낌을 인정하고 받아들인다. 환자가 나타내는 분노는 자기 존재를 강조하는 하나의 외침이라는 것을 이해하자.

② 문제에 대해 대화하고 도울 의사가 있음을 분명히 한다. 인내심을 갖고 경청하는 것이 중요하다.

③ 환자가 분노를 드러내도록 허용한다. 여유 있게 대해주는 심방자의 태도가 중요하다.

④ (분노에 대해) 진실된 느낌을 자각하도록 격려한다.

⑤ 환자가 하는 행동과 감정의 의미를 이해하고 돕는다.

⑥ 이미지 조절, 호흡, 자극적 운동 등을 통해 긴장을 완화하고 분노를 건강하게 발산하도록 유도한다.

⑦ 환자의 가족이 분노의 원인을 인식할 수 있도록 도와주고 협조하도록 한다.

⑧ (환자에게 가족이) 공격적인 행동을 하더라도 현실적 한계를 설정해준다. 즉, 어디까지는 해도 이해되는 행동이지만 그 이상의 행동은 하지 않도록 (환자 또는 가족에게) 알려주는 것이다.

단, 그런 행동이 분노의 문제를 일시적으로 해결하여 문제를 직면하는 것을 피하게 할 수는 있지만, 결과적으로 환자에게 불이익이 가지 않도록 유의한다.

분노 단계의 환자에게 추천할 말씀

분노 단계에 있는 환자들에게는 어떤 말씀을 적용하는 것이 유익할까? 예레미야서의 다음 말씀을 추천한다.

[1]예레미야가 아직 시위대 뜰에 갇혀 있을 때에 여호와의 말씀이 그에게 두 번째로 임하니라 이르시되 [2]일을 행하시는 여호와, 그것을 만들며 성취하시는 여호와, 그의 이름을 여호와라 하는 이가 이와 같이 이르시도다 [3]너는 내게 부르짖으라 내가 네게 응답하겠고 네가 알지 못하는 크고 은밀한 일을 네게 보이리라 [4]이스라엘의 하나님 여호와께서 말씀하시니라 무리가 이 성읍의 가옥과 유다 왕궁을 헐어서 갈대아인의 참호와 칼을 대항하여 [5]싸우려 하였으나 내가 나의 노여움과 분함으로 그들을 죽이고 그들의 시체로 이 성을 채우게 하였나니 이는 그들의 모든 악행으로 말미암아 나의 얼굴을 가리어 이 성을 돌아보지 아니하였음이라 [6]그러나 보라 내가 이 성읍을 치료하며 고쳐 낫게 하고 평안과 진실이 풍성함을 그들에게 나타낼 것이며 [7]내가 유다의 포로와 이스라엘의 포로를 돌아오게 하여 그들을 처음과 같이 세울 것이며 [8]내가 그들을 내게 범한 그 모든 죄악에서 정하게 하며 그들이 내게

3부 | 환자의 심리를 이해하고 심방하는 방법과 사례

범하며 행한 모든 죄악을 사할 것이라 ^{9}이 성읍이 세계 열방 앞에서 나의 기쁜 이름이 될 것이며 찬송과 영광이 될 것이요 그들은 내가 이 백성에게 베푼 모든 복을 들을 것이요 내가 이 성읍에 베푼 모든 복과 모든 평안으로 말미암아 두려워하며 떨리라 _렘 33:1-9

하나님께서 '다시(두 번째)' 예레미야에게 임하셨는데, 이는 하나님이 우리를 포기하지 않으신다는 것을 의미한다. 우리를 다시 찾으시는 하나님은 일을 행하시고, 그것을 만들며 성취하신다. 이때 만들고 지으신다는 동사는 창세기 2-3장에 등장하는 하나님의 창조 사역을 설명할 때 사용되던 단어이다(창 1:26, 2:7).

하나님께서 나의 문제에 주권적으로 간섭하시고, 우리를 향한 새 창조를 이루어가신다. 우리는 이 사실을 신뢰해야 한다. 그리고 이런 믿음을 통해 내가 처한 어려운 상황과 영적 전쟁을 선포해야 한다. 그래서 하나님은 우리에게 부르짖으라고 권면하신 것이다. 이는 믿고(히 11:1) 기도하라는 뜻이다.

이는 또한 상을 받을 믿음(히 11:6)을 회복하라는 의미이기도 하다. 이 상은 우리의 선함이나 믿음으로 받는 것이 아니다. 하나님의 주권적인 응답이다. 따라서 우리는 응답의 결과에 대한 믿음을 갖되, 지금껏 듣지도 알지도 경험하지도 못한 응답을 경험할 것이라고 믿어야 한다. 이 믿음을 바탕으로 하여, 우리가 처한 형편과 환경을 십자가 아래에 내려놓아야 한다. 여기에는 우리가 가진 의욕은 물론, 내가 감당하려 했던 나의 모든 의지까지 포함된다. 그런 이후에 '다 이루었다'라고 하신, 주님의 음성과 평안을 선포하는 부활의 능력 앞으로 나아가 회복을 경험해야만 한다.

그렇게 한 결과는 무엇인가? "그러나 보라!"(렘 33:6). 하나님은 오늘도 우리의 성읍, 곧 몸과 마음까지 치료하시고 낫게 하시며, 평안과 진실이 얼마나 풍성한지 나타내실 것이다(고전 3:16). 성령이 거하시는 성전과 성읍은 하나님이 주인이시기에, 주의 전인 우리 몸도 주께서 친히 치료하시고 고쳐서 낫게 하실 것이다.

이제 우리는 포로 신세에서 돌아와 하나님이 우리를 치료하신 목적을 달성해야 한다. 하나님이 성읍을 낫게 하신(회복하신) 목적은 하나이다. 처음처럼 자유를 누리게 하려는 것이다. 곧 예배와 찬송이 회복되고, 하나님의 은혜를 온전히 누리는 것이다.

이를 위해 우리는 우리가 갖고 있던 모든 불신을 하나님께 아뢰어야 한다. 그분이 우리의 불신을 용서하시고, 언약을 다시 회복하실 것이다. 이를 통해 우리는 열방 중에서 하나님의 기쁜 이름이 될 것이다. 우리가 하나님의 찬송 자체가 되게 하실 것이며, 하나님 아버지의 복을 받은 자, 평안을 입은 자로 선포될 것이다. 사탄의 권세 아래 있던 열방과 모든 질병은 떨게 될 것이다. 우리는 이 믿음을 누리는 회복을 우리의 심방대상자들에게 선포해야 한다.

내가 고통 속에 있을 때, 하나님은 왜 숨어 계실까?

한편, 신앙이 있는 분노 단계의 환자들에게는 시편 3편 말씀이
도움이 된다.

> 1 여호와여 나의 대적이 어찌 그리 많은지요 일어나 나를 치는 자가 많
> 으니이다 2 많은 사람이 나를 대적하여 말하기를 그는 하나님께 구원
> 을 받지 못한다 하나이다 (셀라) 3 여호와여 주는 나의 방패시요 나의
> 영광이시요 나의 머리를 드시는 자이시니이다 4 내가 나의 목소리로
> 여호와께 부르짖으니 그의 성산에서 응답하시는도다 (셀라) 5 내가 누
> 워 자고 깨었으니 여호와께서 나를 붙드심이로다 6 천만인이 나를 에
> 워싸 진 친다 하여도 나는 두려워하지 아니하리이다 7 여호와여 일어
> 나소서 나의 하나님이여 나를 구원하소서 주께서 나의 모든 원수의 뺨
> 을 치시며 악인의 이를 꺾으셨나이다 8 구원은 여호와께 있사오니 주
> 의 복을 주의 백성에게 내리소서 (셀라) _시 3:1-8

이 말씀은 긴 세월을 대적으로부터 쫓겨 다녀야 했던 다윗의
심정을 담고 있다. 그는 사울의 집요한 추적에 시달렸고, 결국 왕
이 되어 평안을 구가하려던 시기에 다시금 압살롬으로부터 쫓겨
도망가는 형편으로 전락했다. 본문은 다윗이 그런 시기에 지은
시이다. 아들에게 쫓기는 아버지의 심정이 상상이나 되는가?

이런 형편에서 다윗은 하나님께 왜 자기 사정이 여호와께 숨겨

졌냐고, 왜 자신의 원통함이 하나님께 수리(受理)를 받지 못하느냐고 부르짖는 이스라엘 백성처럼(사 40장) 울부짖는다. "내가 빠져 나갈 길이 어디에 있습니까? 왜 나는 다른 사람보다 더 많은 시련과 고통에 처해야 하나요?" 이것은 분노 단계의 심방대상자들이, 그리고 우리가 수도 없이 하는 질문이 아닌가?

다윗은 자기를 조소하며 비웃는 사람들이 많다고 토로한다. 그들은 다윗을 향해 "하나님이 너를 버렸다!"라고 말한다. 불과 얼마 전까지만 하더라도 모든 사람이 다윗을 향해 '하나님이 기뻐하시는 자요, 하나님 마음에 합한 자'라고 했는데 말이다. 특히 시므이는 돌을 던지며 다윗과 그 일행을 저주했다(삼하 16:7-8).

하나님은 내가 원치 않던 고통 가운데 있을 때 왜 숨어 계실까? 주변에서는 "네가 믿음으로 산다더니 왜 이런 고통을 당하느냐"라고 조소하고, 스스로도 도무지 하나님을 찾을 수 없어 하나님이 나를 버리신 것처럼 느껴진다. 아마 다윗은 내적인 괴로움과 고통으로 마음과 정신이 피폐해졌을 것이다. 나아가 영혼이 박살나는 상태에 이르렀을지 모른다. 그런데 그의 고백이 참으로 놀랍다.

개역개정 한글성경에는 없지만, 3절은 '그렇지만'이라는 접속사로 시작한다. 대적이 많고, 하나님이 나를 버렸다. '그렇지만!' 다윗은 이렇게 고백한다. "여호와여, 주는 나의 방패이십니다!" "여호와여, 주는 나의 영광이십니다!" "여호와여, 주는 나의 머리를 드시는 자이십니다!" 가장 곤고한 상황에 처한 그가 '여호와여'라고 하나님을 부르면서, 하나님만이 소망이자 평안이시라고 견고한 신앙을 고백하는 것이다. 우리 또한 고통이 많고 질병으로 인한 곤고에 빠진 가운데에서는 하나님을 찾을 수 없다. '그렇지만!' 우리는 이렇게 고백해야 한다. "여호와여!"

하나님을 부르는 다윗의 고백을 통해 우리는 다윗의 살아있는 신앙을 발견할 수 있다. 다윗의 간절한 기도를, 자신의 미래를 책임지실 하나님을 향한 그의 신뢰를, 나아가 하나님 앞에 서는 그의 겸손과 신뢰를 발견할 수 있다.

다윗은 하나님이 자신의 '방패'이시라고 고백한다. 방패가 무엇인가? 내 생명을 지키는 도구이다. 어디서 적이 다가올지라도 나를 사방으로 에워싸고 보호하는 방패이다. 다윗은 자신의 생명이 방패처럼 하나님의 손에 달려 있다고 고백하는 것이다. 그리고 그는 주가 자신의 '영광'이라고 말한다.

그러므로 고통과 원수들을 피해 도망가는 것은 그에게 영광일수 없다. 자신이 당장 겪는 수치와 모욕을 영광으로 바꾸실 이는 오직 하나님뿐이시기에, 당장은 곤고하고 고통스러우나 그 영광에 참여하기 위해 견디는 것이다. 다윗은 자신이 고통 속에서 하나님이 영광이신 것을 선포할 때, 이미 회복된 자신의 영광을 믿음으로 바라본 것이다(히 11:1).

마지막으로, 다윗은 주님이 자신의 머리를 드시는 분이시라고 고백한다. 낙심하여 머리를 떨어뜨리고 힘없이 걷는 그를 놓아두지 않으시고, 머리를 똑바로 들게 하셔서 담대하게 전진시키시는 분이라는 신앙고백이다. 다윗은 낙심 가운데에서 이렇게 신앙을 고백한 다음 놀라운 간증을 한다. "내가 나의 목소리로 여호와께 부르짖으니 그의 성산에서 응답하시는도다"(시 3:4).

기도하던 습관을 따라 부르짖었더니 그 성산(시온산)에서 하나님께서 응답하신다고 믿는 것이다. 이 고백에는 감사가 포함되어 있다. 또한 부르짖는다는 것은 신뢰를 갖고 기도하는 것이다. 그가 기도할 때, 하나님께서 자신의 재앙을 반드시 평안과 소망으로 바꾸어주신다고 확신하는 것이다.

하나님은 우리에게 "너는 내게 부르짖으라 내가 네게 응답하겠다"(렘 33:3)라고 약속하셨다. 또 무너지고 깨어져 시체로 가득한 성을 하나님이 치료하여 낫게 하시고, 하나님의 평안과 진실로 채워주시겠다고 약속하셨다(렘 33:5). 이렇게 약속하신 하나님께 부르짖은 다윗은 "누워 자고 깨었다." 이 표현은 평안한 잠을 이루었다는 뜻이다. 오늘 평안히 잠을 자고 일어난 것처럼, 앞으로도 평안한 잠을 이룰 수 있다는 의미이기도 하다. 그가 처한 상황은 여전히 곤고하고 고통당하며 도망치는 형편이지만, 그는 이렇게 고백한 것이다. 하나님께 자신의 신앙을 고백하며, 모든 두려움과 염려를 하나님께 맡겨버렸기 때문에 가능했다(빌 4:6,7).

고통 속에서도 은혜를 되새기도록

오늘날 우리가 처한 고통에 잠 못 들어 뒤척인다면, 우리도 다윗처럼 하나님이 우리와 함께 하심을 고백함으로 평안히 잠을 이루기를 바란다. 하나님은 사랑하시는 자에게 잠을 주신다(시 127:2).

평안히 잠을 자는 다윗은 이제 두려움이 없다. 아들에게 쫓겨 도망가던 다윗이, 불안에 떨며 고통스러워하던 다윗이 모든 두려움에서 벗어난 것이다. '나는 두려워 아니한다'라는 그의 고백은 앞으로도 두려워하지 않겠다는 의지를 반영한 것이기도 하다. 믿음의 결단은 이렇듯 연속성이 있어야 한다.

필자는 그래서 앓던 병이 재발하여 "하나님이 왜 이렇게 나를 시험하시나요?"라고 질문하던 사람들이 하나님께 자신을 드리고 신앙으로 임마누엘을 고백할 때, 하나님이 주시는 평안과 소망을 누리게 되고 그들의 눈물이 씻기는 것을 종종 보곤 한다.

그렇다고 해서 다윗의 현실이 바뀐 것은 아니다. 그는 "여호와여 일어나소서 나의 하나님이여 나를 구원하소서"라고 다시 한 번 간절히 기도를 드린다. 이제 그는 도망가야 하는 비참한 현실이 아니라 고통스러워 몸부림치는 자신의 기도 가운데에서 자신을 지키고 보전하시는 하나님의 신실함을 바라보게 된다.

"원수들의 뺨을 치시며 악인의 이를 꺾으셨습니다."

이 고백은 수많은 전쟁터에서 자신의 생명을 지키셨던, 그리고 승리를 주셨던 하나님의 복을 세어본 결과이다. 전에도 그리하셨지만, 앞으로도 주님은 자신의 방패가 되시고 영광이 되시며, 머리를 들어주시는 분이심을 확신하는 것이다. 우리 역시 피 흘리고 죽으신 십자가의 공로로 우리를 살려주신 하나님의 은혜를 되새겨야 한다. 그리고 그 은혜에 감사드려야 한다.

불만을 토로하는 것으로 시작했던 다윗의 기도는 "주의 복을 주의 백성에게 내리소서"라는 기원으로 마친다. 수많은 시련과 고통 속에서도 자신이 다스리는 백성에게 복을 기원하는 것이다. 여유 넘치고 너그러운 그의 태도를 엿볼 수 있다.

우리는 시험을 당할 때 고난을 두려워하며 주변의 조소를 염려할 수도 있지만, 오히려 그곳에서 다윗처럼 신앙의 격을 드러낼 수도 있다. 다윗과 같은 고백은 우리를 가장 큰 은혜로 회복시킬 것이다. 때문에 우리는 다윗처럼 부르짖어 고백해야 한다.

"여호와여 주는 나의 방패가 되십니다! 여호와여 주는 나의 영광이 되십니다! 여호와여 주께서 나의 머리를 들어 주심에 감사합니다! 주님은 반드시 주의 복을 고백하는 자에게 허락하실 것을 믿습니다!"

주님에 대한 우리의 사랑을 회복하고, 그간 하나님이 허락하신 수많은 복을 되새겨보자. 그리고 우리의 신앙을 믿음으로 고백해보자. 그분은 우리의 모든 실패와 고통을 위해 "다 이루었다"라고 말씀하셨다. 그리고 부활하셔서 "네게 평강이 있으리라"라고 선포하셨다. 이 음성에 귀를 기울이고, 낙심과 고통 가운데서 훌훌 털고 일어나야 한다. 하나님은 언제나 재앙이 아닌 평안과 소망을 주기 원하시는 분이시다. 이것이 분노 단계의 환자에게 나눌 말씀이다.

　분노 단계에 있는 환자들에게도 마찬가지로, 찬송을 부를 때는 먼저 함께 가사를 읽고 찬송을 인도한다. 분노 단계의 심방대상자들에게는 확신과 힘 있는 찬송이 도움이 된다. '예수 그리스도', '인도와 보호' 분류에 있는 찬송이 좋겠다. 그 예로 80장, 85장, 86장, 91장, 93-96장, 370장, 378-380장, 382장, 384장, 386장, 391장, 393장, 395장, 400장, 401장 등을 추천한다.

3단계, 협상

신학대학원에서 '호스피스와 목회'라는 강의를 할 때의 일이다. 2학년 학생 한 명이 면담을 요청해왔다.

"교수님! 제가 담도암 환자인데요, 저는 지금 하나님이 저를 부르셔서 데려가셔도 전혀 문제는 없어요. 다만 신학대학원에 왔으니 졸업은 하고 싶을 뿐이에요. 저를 위해 기도해주세요. 제가 졸업하고, 그래도 하나님의 사역자로서 사역을 하고 하나님께 가는 것이 하나님의 편에서도 좋을 것 같지 않아요?"

훌륭한 믿음의 소유자로구나 싶었다. 그는 계속 말을 이었다.

"하나님께서 제게 약속하신 말씀을 응답하셔서 저를 살려주신다면, 저는 교수님과 함께 환자들을 심방하고 제가 어떻게 회복이 되었는지 간증하고 싶어요. 그때는 제가 목사님을 모시고, 목사님의 가방을 들고 다니며 환자를 심방하고 싶어요."

마음이 먹먹했다. 30대 후반의 신학생의 몸부림을 보며 뭐라고 위로를 할까 생각하다, 그의 고백대로 간절히 기도하고 면담을 끝냈다. 그리고 과대표를 불렀다. 다행히 과대표는 그 학생을 잘 알고 있었다.

"과대표가 그 학생을 옆에서 잘 살펴주면 좋겠네. 내 보기에는 그 학생이 이번 학기 끝나기 전에 고비가 올 것 같은데, 잘 돌봐주고 나에게 자주 연락해요."

그 학생은 수업에도 열심히 참여했다. 그동안 죽음에 관하여, 또 환자들의 심리에 관하여, 환자를 섬기는 영적 원리 등에 대하여 강의가 이어졌다. 하지만 그로부터 두 달이 지나자 그 학생은 두 번 연속 수업에 결석했다. 안타까운 마음에 과대표를 불러 어찌 하고 있나 물으니, 지방의 어느 병원에 입원하고 있다고 했다.

그 다음 주에 시간을 내어 그 학생에게 심방을 가자고 약속했지만, 끝내 심방할 수 없었다. 내 성경 가방을 들고 함께 심방을 하고 싶다던 그 학생은, 내가 그를 심방하러 가기도 전에 하나님의 품에 안겨 영원한 생명으로 들어갔기 때문이다. 그 학생을 품에 안으신 하나님은 그 학생에게 "수고하고 무거운 짐을 다 내려놓고 이제는 영원한 평안을 누리라"라고 말씀하시겠지….

협상(協商, negotiation) 단계의 기도, '일단 나 좀 살려주시면'

분노 단계를 거치던 환자도 어느 때가 되면 화를 내는 것이 필요없다는 것을 알게 된다. 협상 단계에 들어서는 것이다. 이 단계에서는 그동안 자신의 연약함으로 인해 가족과 주변 사람들이 어려움을 겪었다는 사실에 죄의식이 생기고, 말씀이 주는 소망과 하나님의 언약을 적극적으로 수용하게 된다. 간혹 나중에 병이 치료되면 착하게 살고, 더러는 신학교에 가서 주의 종이 되겠다고 다짐하기도 한다. 앞에서 소개한 그 신학생처럼 말이다. 이 말인즉슨, '일단 나 좀 살려주신다면…'이라는 조건을 내세워 초인적인 능력을 기대하거나, 혹은 하나님과 타협하는 것이다. 이 단계의 환자들은 대부분 하나님과 같은 신적 존재와 협상하지만, 의사나 간호사나 가족들과도 협상하게 된다.

성경에는 죽음 앞에서 협상에 성공한 자가 등장하는데, 바로 히스기야 왕이다. 그는 중병에 걸려 죽음을 목전에 두었지만, 하나님의 은혜로 용서받았고, 생명을 15년 더 연장 받았다(왕하 20:1-11). 우리가 앓는 병은 호전되기도 한다. 그렇게 되면 병을 앓던 환자는 지금까지와 다른 질의 삶을 살게 된다.

죽음 앞에 섰던 자들은 절대자와 타협하려 들거나, 맹세나 서원 등을 통해 생명을 연장받으려 하거나, 혹은 통증 같은 신체적 불편을 감경받고자 한다. 이런 단계에 이르면 분노 가운데 있을 때와 완전히 다른 사람이 되어, 주변 사람들에게도 철저하게 협조하는 자세를 취한다. 착한 행동을 하거나 특별한 헌신을 약속하며, 때로는 장기 기증 의사를 보이는 이들도 있다.

이때부터 환자나 봉사자에게는 가장 중요한 시기가 시작되는데, 실은 대부분의 환자가 협상을 통하여 죽음에 대한 두려움을 감추려 하기 때문이다. 따라서 환자 혼자서 협상하도록 내버려두지 말아야 한다. 쉽게 말하면, 환자를 위한 중보자들이 필요한 상황이 된 것이다.

이 단계에서는 믿음과 소망을 갖도록 유도하면서, 육체적 치료만이 전부가 아니라 영혼의 구원이 중요하다는 사실을 지속적으

3부 | 환자의 심리를 이해하고 심방하는 방법과 사례

로 주지시켜야 한다. 사실, 협상의 단계에 이르면 자신도 모르게 영적인 문제와 그에 대한 해답을 얻고 싶어한다. 따라서 심방자나 가족은 환자에게 천국에서의 삶을 이야기해주며, 환자 자신의 현실을 바라보도록 유도함으로써, 절대적인 선택을 할 수 있도록 이끌어주어야 한다. 선행과 헌신에 대한 보상을 기대하게 되며, 죽음을 뒤로 미루려는 욕구가 강렬하기 때문에, 어떻게 해서든 운명이나 신과 타협하려고 애를 쓰기 때문이다.

이런 이유 때문에 말기 암환자들은 특히 사이비 종교로부터 보호해야 한다. 사이비 종교는 환자들의 갈급한 심리를 이용하여 기도나 종교적인 특정 행위로 치유를 약속하고 많은 물품을 강요하곤 한다. 실제로 많은 환자들이 재산을 헌납하기를 종용받고, 치료를 담보로 이에 응하기도 한다.

간혹, 기도원 같은 곳에서 소위 안수 기도자들에 의한 강압적 치유를 환자에게 주지시킴으로써, 죽음에 대한 아무 준비도 없이 세상을 떠나게 되는 환자들이 있다. 이런 경우는 환자뿐 아니라 그 가족에게까지 혼란을 준다. 말기에 이른 환자에게 금식 기도나 안찰 기도를 시키는 것은 환자와 질병에 대해 무지한 데서 비롯되는 짓이다. 연약한 환자를 자신들의 영리나 인기를 추구하는 수단으로 사용하는 것은 도무지 용납할 수 없는 범죄행위라고 필자는 생각한다.

무모한 소망보다 믿음으로 구원의 확신을

협상 단계에서는 말기 환자 사후에 남은 자들을 위한 계획도 미리 필요하다. 환자와 가족이 모두 정신없이 보내는 시기이기에, 심방자는 환자뿐 아니라 그 가족까지 챙길 필요가 있다. 이때는 환자가 마음을 열고 적극적으로 심방자의 권면이나 주변 사람들의 제안을 받아들이기 때문에, 믿음으로 치유될 것이라는 기대나 소망을 지나치게 주장하다 보면, 환자가 지나치게 흥분하거나 다음과 같은 딜레마에 빠지게 될 수도 있다.

- 내게 기적이 일어날 것이라는 믿음이 부족한가?
- 기적이 일어나도록 더 열심히 기도해야 하는데, 내게 왜 기도가 부족한가?
- 하나님께서는 내 기도를 왜 듣지 않으시는가?
- 하나님이 내 기도를 듣기에는 내 회개가 부족한가?
- 기적이 일어나기 위해, 누군가를 위한 나의 선행이 부족한가?
- 얼마나 더 많은 용서와 화해를 해야 기적이 일어날까? 무엇이 더 필요한가?

이런 혼란이 오는 협상 단계에서는 그것을 이용하려는 악한 사람들이 주변에 도사리고 있다는 사실을 우리는 기억해야 한다. 따라서 환자에게 무모한 소망을 갖게 하기보다 믿음으로 구원에 대한 확신을 심어주는 것이 필요하다.

협상의 단계에 있는 심방대상자는 자신에게 한 번의 기회라도 더 주어지기를 소망하기에, 심방자는 예민하면서도 확신 있는 자세로, 분명한 책임의식을 가지고 심방대상자를 살펴야 한다. 심방대상자의 통증 부위를 예수님의 사랑으로 만져주고 쓸어주는 스킨십이나 발 마사지 정도는 필요하다. 이때 진심어린 칭찬과 격려는 환자의 자존감이 향상되는 데 도움이 된다.

심방대상자가 회개에 대해 자주 말한다면, 자신을 학대하지 않는 '적당한 선에서' 회개하도록 유도하되, 어느 시점에서는 지금까지 함께 계시는 하나님께 감사하도록 돕는 것이 중요하다. 심방대상자에게 계속 회개를 강요하는 것은 영적 회복에 전혀 도움이 되지 않는다. 기도생활을 이어가도록 권면하고, 기도를 잘 하지 못한다면 기도문을 기록하여 기도가 익숙해지게 돕는다.

협상 단계의 환자에게 도움을 주는 말씀

이 단계의 환자들에게는 민수기 13장 25절에서 14장 35절 말씀을 비롯하여, 시편 51편, 이사야 40장 27-31절 등, 죽음이나 투병의 두려움을 이길 수 있도록 도와줄 말씀이 필요하다. 특히 민수기의 이 말씀에서 접속사나 단어를 강조하여 심방대상자의 신앙고백이 다시 확립되도록 도와줄 수 있다.

²⁷모세에게 말하여 이르되 당신이 우리를 보낸 땅에 간즉 과연 그 땅에 젖과 꿀이 흐르는데 이것은 그 땅의 과일이니이다 ²⁸그러나 그 땅 거주민은 강하고 성읍은 견고하고 심히 클 뿐 아니라 거기서 아낙 자손을 보았으며 ²⁹아말렉인은 남방 땅에 거주하고 헷인과 여부스인과 아모리인은 산지에 거주하고 가나안인은 해변과 요단 가에 거주하더이다 ³⁰갈렙이 모세 앞에서 백성을 조용하게 하고 이르되 우리가 곧 올라가서 그 땅을 취하자 능히 이기리라 하나 ³¹그와 함께 올라갔던 사람들은 이르되 우리는 능히 올라가서 그 백성을 치지 못하리라 그들은 우리보다 강하니라 하고 ³²이스라엘 자손 앞에서 그 정탐한 땅을 악평하여 이르되 우리가 두루 다니며 정탐한 땅은 그 거주민을 삼키는 땅이요 거기서 본 모든 백성은 신장이 장대한 자들이며 ³³거기서 네피림 후손인 아낙 자손의 거인들을 보았나니 우리는 스스로 보기에도 메뚜기 같으니 그들이 보기에도 그와 같았을 것이니라 _민 13:27-33

민수기 13장 27절 말씀에 나오는 '과연'은 하나님의 처음 약속을 상기시키는 표현이다. 심방대상자들에게 지금도 임마누엘의 은혜를 회복시켜주는 단서가 된다. 하지만 28절의 '그러나'를 말하는 순간 이스라엘 백성들의 두려움이 표출된다. 이것은 실패의 단초를 제공하려는 사탄의 계획인데, 우리는 이것을 믿음으로 발견하고 퇴치해야 한다. 이때 필요한 것은 '갈렙의 믿음의 권면'이다(민 13:30). 28-29절에서 나타나는 두려운 자화상이 아니라, 하

3부 | 환자의 심리를 이해하고 심방하는 방법과 사례

나님의 약속(복음의 능력)을 상기하고 믿음으로 결단함으로써 행동하기까지 나아가야만 한다.

32절의 '악평'은 이스라엘 백성이 가졌던 두려움의 결과이다. 두려움이 자신도 모르게 현실을 왜곡하고, 자신의 무능력을 인정하게 한 것이다. 이는 33절로 이어져 하나님의 자녀로서 누리던 권세를 스스로 무너뜨리고, 자신들을 메뚜기로 자학하는 결과를 초래한다.

이어지는 14장 1-3절은 나약하고 자학하는, 믿음 없는 말을 들은 자들이 부화뇌동하고 동조하는 과정, 즉 함께 실패해가는 과정을 기록한다. 그들은 함께 곡하고, 원망하며, 서로에게 잘못을 인정하라고 강요한다. 이처럼 한 사람의 부정적인 생각이 환자와 모든 가족을 흔들어놓는다.

실패의 자리를 자처한 그들은 결국 "돌아가자"라고 말한다. 믿음 없는 삶, 붙들린 노예의 생활로 돌아가자는 것이다. 당장은 이것이 사는 길처럼 보일지 모르지만, 사실은 죽음의 길이다.

반면 이들의 불신앙의 부채질에도 여전히 하나님의 약속을 믿노라고 의연하게 고백하는 이들이 있는데, 바로 여호수아와 갈렙이다. 그들은 함께 정탐하고 같은 걸 보고 겪었지만, 다른 열 명의 정탐꾼과 다른 반응으로 미래를 준비한다.

그들은 "여호와께서 우리를 기뻐하시면"(민 14:8), "그 땅 백성을 두려워하지 말라"(민 14:9)라는 표현을 통해 백성에게 하나님의 계획을 기억하게 한다. 하나님은 재앙을 주시는 분이 아니라, 재앙 같은 현실에서도 평안과 소망을 주시는 분이시다. 이것이 하나님의 계획이다.

하지만 그들의 반론에도 불구하고 온 회중이 그들을 돌로 치려 할 때 '여호와의 영광'이 나타난다. 악을 행하는 이스라엘 앞에서 믿음의 사람을 구하시는 하나님의 모습은 위험 중에서도 그의 백성과 함께 하신다는 확신을 우리에게 심어준다.

심방자는 이 말씀과 함께, 사드락과 메삭, 아벳느고가 고백했던 '그리 아니하실지라도'(단 3:18)의 신앙을 함께 소개하며, 대상자들이 믿음의 결단을 하도록 권면할 수 있다.

하나님은 자신의 약속을 믿지 못하는 이스라엘 백성이 자신을 '멸시한다'고 여기신다. 하나님이 베푸시는 이적을 보고도 믿음으로 받아들이지 못하는 사람은 결과적으로 하나님을 멸시하는 것이다. 우리가 하나님의 마음에 꼭 들만한 일을 해서 그분의 자녀가 된 것이 아니다. 무조건적인 은혜로 구원받고 그분의 자녀가 되었는데, 사실은 이것이 기적 그 자체이다.

하나님을 신뢰하지 않는 자는 하나님으로부터 버림받을 수 있다. 예수 믿는다고 다 천국에 들어가는 것은 아니다(마 7:21). 결국 하나님을 신뢰하지 못한 이스라엘 백성은 징계의 위기에 처하게 되나, 모세의 중보로 하나님은 다시 마음을 돌리신다. 이 얼마나 긍휼을 베푸시는 분이신가!

심방자는 심방대상자들이 하나님을 신뢰하게 될 수 있도록, 모세처럼 최선을 다해 중보하는 역할을 해야 한다. 하나님은 모세에게 "너희 말이 내 귀에 들린 대로 내가 너희에게 행하리라"라고 말씀하시는데, 이 말씀은 묵상하는 자에게는 축복이요, 하나님의 말씀 안에 들어오지 못하는 자에게는 저주가 될 것이다.

우리가 어떻게 신앙을 고백하느냐에 따라 삶의 방향은 달라질 것이다. 심방자의 고백이 대상자에게 미치는 영향도 마찬가지이다. 결국 이 말씀의 결론은 무엇인가? 믿음 없는 삶의 결과이다. 이스라엘 백성의 불신앙은 40일의 여정을 40년으로 늘려 놓았다. 어느 성경학자는 40이라는 숫자가 변화되는 숫자라고 말하기도 한다. 하나님 보시기에 이스라엘 백성은 '악한 회중'(14:35)이 되었다.

그들이 믿음의 백성으로 회복되는 길은 다음 세 가지를 재정립할 때 열릴 것이다.

① 무엇을 위해 정탐했는지 다시 기억을 새롭게 해야 한다(내가 왜 여기에 있는지 기억하자).

② 두려움과 염려는 불신앙이다(우리를 실패로 끌고가는 것들이다).

③ 하나님이 함께 하신다는 것을 기억하는 임마누엘의 삶은 겸손하게 주의 뜻을 발견하게 하고 우리에게는 능력의 통로가 되게 한다.

'왜'보다 '어떻게'로 질문을 바꾸자

심방대상자가 신앙이 있는 협상 단계의 환자라면 다음 말씀이 유익하다.

> 27야곱아 어찌하여 네가 말하며 이스라엘아 네가 이르기를 내 길은 여호와께 숨겨졌으며 내 송사는 내 하나님에게서 벗어난다 하느냐 28너는 알지 못하였느냐 듣지 못하였느냐 영원하신 하나님 여호와, 땅 끝까지 창조하신 이는 피곤하지 않으시며 곤비하지 않으시며 명철이 한이 없으시며 29피곤한 자에게는 능력을 주시며 무능한 자에게는 힘을 더하시나니 30소년이라도 피곤하며 곤비하며 장정이라도 넘어지며 쓰러지되 31오직 여호와를 앙망하는 자는 새 힘을 얻으리니 독수리가 날개치며 올라감 같을 것이요 달음박질하여도 곤비하지 아니하겠고 걸어가도 피곤하지 아니하리로다 _사 40:27-31

앞에서 언급한 것처럼, 투병으로 고통받는 모든 환자들의 질문은 '왜?'(Why)이다. 그러나 이 질문은 환자뿐 아니라 그 가족까지도 믿음으로 투병 생활을 이어가게 하는 데 아무런 도움을 주지 않는다. 오히려 '어떻게?'(How)라는 질문이 믿음으로 하는 투병 생활에 도움을 준다. '하나님은 우리의 어려운 현실을 어떻게 감당하게 하실까?' 이것을 염두에 두고 심방을 한다면, 믿음 생활을 하는 사람에게 낙심하거나 한탄하지 않도록, 또한 하나님의 능력과 은혜를 덧입을 수 있도록 도와줄 수 있을 것이다.

하나님은 우리에게 천지를 지으신 그 능력과 은혜로 우리와 함께 하기 원하신다고 지속적으로 말씀하신다. 동시에 언제나 피곤하지도, 곤비하지도 않으신 그분의 은혜를 우리에게 허락하셔서, 우리도 피곤하거나 곤고하지 않도록 새 힘을 더해주신다. 우리가 믿음으로 결단하기만 한다면 하나님의 놀라운 능력을 덧입을 수 있다.

따라서 우리는 우리의 현재 상황을 주님의 눈으로 바라볼 수 있어야 한다. 우리가 매 순간 여호와를 앙망하면, 하나님은 독수리가 날개 치며 올라가는 것과 같은 은혜로 온전한 투병 생활을 약속하신다. 그러므로 투병 생활에서 가장 큰 적은 다름 아닌 환자 자신이다. 낙심하는 자신이 낙심을 이기는 방법은 오직 하나, 여호와를 앙망하는 것이다.

협상 단계의 환자들에게는 자신이 즐겨 부르던 찬송을 부르는 것이 도움이 된다. '회개와 용서', '분투와 승리', '기도와 간구', '주와 동행', '소망' 등의 분류에 있는 찬송을 고르는 것이 도움이 되겠다. 그 예로 250장, 251장, 257장, 350장, 353장, 354장, 364장, 365장, 375장, 430장, 435장, 438장, 442장, 484장 등을 꼽을 수 있다.

4단계, 우울

전인치유센터에서 투병 중인 엄마와 함께 며칠 동안 시간을 보내던 아이들이 집과 학교로 돌아가게 되었다. 아빠 손을 붙들고 엄마가 없는 집으로 돌아가는 열 살의 큰 딸에게 엄마는 지킬 수 없는 약속을 하며 손가락을 걸었다.

"동생 잘 데리고 놀면 엄마가 곧 집으로 돌아갈게!"

엄마에게 명랑하게 인사하던 여섯 살짜리 둘째가 카시트에 앉아 엄마를 부르며 발을 구르기 시작했다. 용케 잘 참던 엄마가 차로 달려가 두 딸을 끌어안더니 차에서 내릴 줄 모른다. 차의 시동을 걸던 아빠는 아예 시동을 끄고 차에서 내려, 딸들이 치유센터에서 만들어서 놀던 얼음집을 발로 툭툭 걷어찰 뿐이다. 그들 곁에 서 있던 나도 터져나올 것 같은 눈물을 참으며 그 아빠를 뒤에서 꼭 안아주었지만, 막상 할 수 있는 말은 "애기 엄마, 감기 들라"가 전부였다.

마흔한 살이 된 그 엄마가 치유센터에 입소한 것은 그 일이 있기 한 달 전이었다. B형 간염 보균자로만 알고 있었는데 간암으로 발전하더니, 한 달 전에는 폐에 전이가 되어 손을 쓸 수 없는 상태에 이르렀다는 것이 발견되었다.

치료를 위해 여러 병원을 돌아보았지만 받아주는 곳이 없었고, 전인치유센터가 환경이 좋다는 말에 무조건 찾아왔다고 했다. 우리라고 뾰족한 방도가 있는 것은 아니었기에 정중히 거절하려 했지만, 며칠만이라도 마음 편히 쉬고 싶다는 간절함과, 지푸라기라도 잡아보려는 자매의 몸부림에 "함께 있어보자" 하고 말하고 말았다.

아이들을 떠나보내고 자매는 서서히 말수가 줄더니, 눈에 띄도록 우울감에 힘들어했다. 기운 차리라고 눈 쌓인 설악산에도 함께 다녀왔지만, 처음 입소 때의 간절함에도 불구하고, 오히려 식사량이 급격히 줄기 시작했다. 고민 끝에 매일 환자들과 함께 하는 치유를 위한 시간에 자매를 초청해보기로 했다.

순수미술을 전공했다는 자매는 음악 소질도 상당했다. 다른 종교를 가진 그녀가 한 번도 불러본 적이 없을 찬송가를 악보만 보고도 정확히 부르기에 "아주 잘 부르네요!" 하고 칭찬했더니 귓불이 붉어지며 즐거워했다. 이왕 여기까지 왔으니 함께 예수 믿고 투병해보자며 복음을 전했고, 그녀는 예수를 자신의 구주로 고백했다. 함께 투병 중이던 환자들의 축하와 덕담을 들으며 그녀는 우울감에서 회복되어갔다.

그리고 한 달이 지나고 협력병원에서 진단을 받았는데, 폐에 물이 많이 차 있다고 했다. 병원에서는 호흡이 어려울 거라고 했지만, 자매는 그렇게 힘들지 않다고 했다. 하지만 활동량이 눈에 띄게 줄었기에, 나는 자매가 있는 방으로 종종 심방을 가게 되었는데, 침대 곁에 가지런히 정돈된 약병을 발견하게 되었다. 모든 병원이 그녀의 죽음을 예고했을 때인데, 어떤 사람이 반드시 살려준다고 해서 지어온 고가(高價)의 대체 약이라고 했다. 자매는 그 약을 먹으면 속이 쓰렸지만, 자신을 살려준다는 말에 꾹 참고 먹는다고 했다. 나는 죽음을 앞둔 사람을 상대로 배를 불리는 사람들에게 분노가 치밀었지만, 한편으로는 하나님이 왜 이 자매를 전인치유센터에 보내주셨는지 이유를 알 것 같았다.

자매에게 좀 더 구체적으로 천국에 대해, 그리고 영원한 생명에 대해 전했다. 그러자, 그런 삶이 있다면 자신도 그 삶을 선택하겠다고 다시 한 번 결단했다.

한 주가 지난 뒤, 더 힘들어하는 자매를 호스피스 협력병원으로 이송했다. 그리고 또 한 주가 지난 새해 첫 주일 새벽, 지금껏 누리지 못하던 평안 속에서 하나님의 품에 안겼다는 남편의 연락이 왔다.

영정 속의 자매는 나를 미소로 맞아주었다. 가족들이 다른 종교를 갖고 있어서 도무지 예배를 드릴 수 없을 것 같던 장례식이었지만, 자매의 아버님께 양해를 구하자 딸이 원할 것 같다며 흔쾌히 허락하셨고, 모든 장례 절차는 예배로 이루어졌다. 남편과 자매의 형제자매들은 그녀가 부모님을 천국으로 초대했다고, 모든 것이 하나님의 은혜라는 고백을 했다. 그들은 절망 속에서도 슬픔을 이기게 되었다며 내게 도리어 감사를 표했다.

우리가 환란 당하는 것도 너희가 위로와 구원을 받게 하려는 것이요 우리가 위로를 받는 것도 너희가 위로를 받게 하려는 것이니 이 위로가 너희 속에 역사하여 우리가 받는 것 같은 고난을 너희도 견디게 하느니라 _고후 1:6

우울(憂鬱, depression) 단계, 투쟁에서 자기애도로 변할 때

병에 걸린 상황과 치유에 대한 협상이 거절되었을 때, 환자들은 깊은 우울을 경험한다. 환자들이 우울증에 빠지게 되면 전해질의 균형이 깨어지게 되고, 이로 인해 투병 생활에 큰 어려움을 겪게 된다. 환자들은 투병 생활을 하지 못하게 되고, 증상이 점점 악화되고 쇠약해지면서 극도의 상실감을 겪게 된다. 이런 환자는 고독감을 더 느끼고, 우울과 비탄에 잠긴다.

결국 환자들은 자포자기하여, 죽음을 투쟁의 대상으로 보던 태도를 '자기애도'로 바꾸고 만다. '그래, 이제는 내 차례구나'라고 체념을 보이는 것이다. 깊은 침묵을 지키거나 멍하니 천장만 바라보기도 하고, 수선스럽던 사람이 급격히 조용해진다. 우울증이 심한 경우 자살의 위험도 있다. 시한부 환자는 자살하지 않을 거라는 생각은 잘못된 판단이다.

우울이 오면 대부분의 환자들은 현재와 미래에 대한 공포와 염려에 깊이 휩쓸리는데, 돌보는 사람은 이것을 표현하도록 유도해야 하며, 특히 영양상태를 잘 관리해주어야 한다. 비록 어려운 시기이지만, 우울이 소망으로 바뀌는 결정적 전환점을 만들 수도 있다. 만약 우울에 잠긴 환자를 그냥 둔다면 사회적 죽음(social death)을 맞을 수도 있으므로 가능한 혼자 두지 않도록 한다.

간병하거나 심방할 때는 먹는 일이나 움직이는 일을 계속 권하고 이끌어가도록 한다. 가만히 누워 있으면 생리적으로 혈액 순환이 되지 않아 욕창이 생길 위험이 있고, 욕창이 생기면 패혈증을 일으킬 위험이 있으니 누워 있게 내버려두지 말아야 한다. 우울에서 시작된 작은 변화는 환자의 생명까지 위협할 수 있으므로 조심해야 한다.

'손'은 우울을 치유하는 일에 놀라운 힘을 지닌 기관이다. 뉴욕 대학(NYU)의 크리거 교수는 이상한 실험을 발표했다. 자기 손을 비빌 때 다른 기관에서 형성되는 적혈구가 4배나 모인다는 것이다. 잘 알겠지만, 적혈구는 우리 몸에 영양분과 산소 등을 전달한다. 그래서 우울감에 빠진 환자에게 손으로 적절한 마사지를 해주는 것은 환자의 기분이 풀리는 데 도움이 된다. 환자를 만져주고 닦아주고 주물러주는 사랑의 표현을 계속 해줄 필요가 있다.

우울감(또는 우울증)을 겪는 환자들은 목욕은 물론 세수도 안 하고, 화장도 하지 않으려 한다. 그러나 이런 상태는 환자를 더 우울하게 만들기 때문에 환자를 자리에서 일으켜 씻게 하고 화장도 하게 하고, 다른 사람들과 일상을 함께 하도록 권면해야 한다.

우울에서 벗어나기 위해서는 환자의 복장에도 신경을 써야 한다. 환자복만 입게 하면 결국 환자로 남게 만들고 만다. 운동복을 입은 사람은 운동이 하고 싶어진다. 마찬가지로 환자복은 아파야 한다는 생각에서 빠져나오기 어렵게 한다. 요즘은 컬러 테라피나 의상 심리학 등이 있어서 이런 경우에 도움을 줄 수 있다. 기분 좋은 옷은 누구에게나 그렇지만, 특히 환자들의 기분을 좋게 한다. 그래서인지 요즘 병원을 돌아다녀 보면 환자복이 밝은 색상과 고운 무늬의 디자인으로 바뀐 것을 볼 수 있는데, 상당히 고무적인 일이다.

심방자는 화가 베어먼이 되어야 한다

우울을 겪는 환자들은 나뭇잎 하나에까지 신경을 쓰게 된다. 1905년에 발간된 오 헨리의 단편소설 《마지막 잎새》가 유용한 교본이 된다.

병에 걸려 죽음을 앞두고 있는 존즈는 창 밖에 매달린 작은 잎하나에 자신의 생명이 걸려 있다고 생각한다. 같은 집에 살던 주정뱅이 화가 베어먼은 이 소식을 듣고서, 폭풍이 불던 밤에 그 가지에 마지막 잎새가 붙어 있는 것처럼 그려주고 그만 폐렴에 걸리고 만다. 폭풍우를 이겨낸 마지막 잎새를 본 존즈는 모든 어려움이 회복되는 것을 맛보지만, 베어먼은 폐렴으로 눈을 감는다.

우울증을 겪는 환자들은 해가 넘어가고 저녁이 될 때 특히 불안을 호소한다. 낮보다 이왕이면 밤에 함께 있어주며 안심시켜주는 것이 이 시기의 환자를 돕는 중요한 사역 중 하나이다.

이 시기를 겪는 환자들에게는 예수 그리스도로 인한 영원한 소망과 천국 소망에 대해 자세히 설명할 필요가 있다. 천국에 관해서는 자신이 경험한 것을 바탕으로 전해야 하며, 무엇보다 심방자 자신이 천국의 확신을 더 갖고 있어야 하므로 성경과 관련 서적을 많이 참고하는 것이 좋다.

우울이 찾아오면 그간 막연히 알고 있던 죽음의 공포나 죽음의 실체에 대해 노골적으로 표현할 수 있도록 이끌어준다. 우리가 알아야 할 것은, 죽음이 생명이 있는 모든 피조물에 따르는 일반적인 일이지, 특별한 일은 아니라는 사실이다.

참고로, 우울에는 두 가지 종류가 있다.

① 반응적 우울: 자신이 신체 손실, 실직 등으로 인해 자식이나 가정을 더 이상 돌볼 수 없을 뿐 아니라, 가족에게 무능하고 부담을 주는 존재라고 생각할 때 주로 생겨나는 우울이다.

② 예비적 우울: 절박한 상실감과 관련된 일로 인해 오는 우울이다. 사랑했던 모든 사람, 혹은 모든 것의 상실을 예측함으로 비롯된다.

우울이 찾아온 환자에게는 공허한 위안의 말보다 조용히 옆을 지켜주는 것이 훨씬 효과적이다. 우울의 단계에서는 깊은 침묵을 포함한 모든 언어 소통의 기술을 무비판적으로 청취해야 한다. 예상되는 염려를 극복할 수 있는 정보와 지식을 적절히 주어서 삶의 의미와 자신감을 갖도록 유도한다. 그렇게 하지 않으면 쇠약, 소외, 무감동, 절망, 극도의 상실감과 비통에 빠질 수 있다. 따라서 심방자는 환자에게 우울의 대상이 되는 문제들에 대해 적극적으로 대화를 시도하되, 가급적 그들과 그저 조용히 있어준다. 심방자가 지나치게 간섭하여, 대상자 스스로 죽음을 수용하려는 감정적 준비를 방해하지 않도록 주의해야 한다.

심방자는 또한 환자가 과거에 소망과 확신에 차서 했던 말이나 행동을 회상하도록 격려해주고 지지를 보낸다. 특히 심방대상자가 협상 단계에서 했던 말이나 행동을 심방자가 기록해두었다면 썩 유용하게 쓰일 것이다. 또한 작은 영적 변화라도 격려해주고 용기를 주는 것이 중요하다.

이 시기에 접어든 환자들은 자신만 이런 고통을 당하고 생명을 잃는다고 생각한다. 이에 대해, 사실 어떤 환자도 마찬가지일 수 있으며, 죽음에 관해서는 심지어 심방자가 먼저 세상을 떠날 수도 있다고 말해주면서, 환자가 느끼는 고통에서 공감할 수 있는 공통점을 찾아 위로한다.

이 시기에는 환자의 가족들에게도 약간의 우울증이 오는데, 심방자는 마치 자신이 천국에 가는 것처럼 확신 있게 부활과 천국의 소망을 전달하여 그들이 구원의 확신을 가지도록 돕는다.

우울 단계의 환자에게 유용한 말씀

이 단계의 환자들에게는 다음의 말씀들이 유용하다. 우선 시편 121편을 추천한다.

> [1]내가 산을 향하여 눈을 들리라 나의 도움이 어디서 올까 [2]나의 도움은 천지를 지으신 여호와에게서로다 [3]여호와께서 너를 실족하지 아니하게 하시며 너를 지키시는 이가 졸지 아니하시리로다 [4]이스라엘을 지키시는 이는 졸지도 아니하시고 주무시지도 아니하시리로다 [5]여호와는 너를 지키시는 이시라 여호와께서 네 오른쪽에서 네 그늘이 되시나니 [6]낮의 해가 너를 상하게 하지 아니하며 밤의 달도 너를 해치지 아니하리로다 [7]여호와께서 너를 지켜 모든 환난을 면하게 하시며 또 네 영혼을 지키시리로다 [8]여호와께서 너의 출입을 지금부터 영원까지 지키시리로다 _시 121:1-8

우리가 산(호렙산)을 향하여 눈을 들고 바라보면 하나님은 나를 도와주신다. 나를 도우시는 하나님은 천지를 지으신 능력과 권세로 우리와 늘 함께 하시는 임마누엘의 하나님이시다. 하나님은 자신의 자녀인 우리와 함께 하시며, 우리를 지키기 위하여 졸지도 주무시지도 않는 분이시다. 이스라엘을 비추는 낮의 뜨거운 해가 상하지 못하게 하시며, 밤의 달이 주는 추위나 맹수의 공격 등으로 해를 받지 못하게 오른손으로 지키는 분이 하나님이시다.

여기에서 '오른손'이라는 표현은 가장 강하고, 가장 가까이에 있는 존재를 의미한다. 이런 하나님이 오늘 나와 함께 하시고, 우리로 하여금 조금도 부족하지 않게 하신다. 영원히.

이미 신앙을 가진 우울 단계의 환자에게는 시편 18장 1-3절 말씀을 적용할 수 있다.

> ¹나의 힘이신 여호와여 내가 주를 사랑하나이다 ²여호와는 나의 반석이시요 나의 요새시요 나를 건지시는 이시요 나의 하나님이시요 내가 그 안에 피할 나의 바위시요 나의 방패시요 나의 구원의 뿔이시요 나의 산성이시로다 ³내가 찬송 받으실 여호와께 아뢰리니 내 원수들에게서 구원을 얻으리로다_시 18:1-3

내가 하나님을 향해 "나의 힘(능력)이 되신 하나님, 사랑합니다"라고 고백한다면, 하나님은 미쁘시고 의로우셔서 친히 나의 반석이 되어주겠다고 말씀하며 위로하신다. 반석은 조약돌 따위가 아니다. 크고 평평하며 두껍고 단단하여, 내가 그 위에 설 때 안정감을 느낀다. 우리에게 아무리 어려운 상황이 닥친다 하더라도, 우리가 그 위에 서 있다면 결코 흔들리지 않는다. 게다가 하나님은 나의 요새이다. 요새는 견고하여 적들이 함부로 침범할 수 없다. 하나님이 나의 요새가 되셔서 나를 감싸 안으신다면, 우리는 어떤 위협에서도 안전과 안정을 보장받을 것이다.

또한 하나님은 나를 건지는 분이시다. 내가 수렁에 빠져 있을 때 누구보다 나를 건져주기를 원하는 분이시다. 이때 내가 건져지는 방법은 딱 하나뿐이다. 바로 주님을 향해 손을 뻗는 것이다. 그것은 내가 주님을 사랑한다고 고백하는 것이다. 그리할 때 하나님은 위험과 고난의 자리에서 우리를 건져주신다.

하나님은 다른 이의 하나님만이 아니다. 나의 하나님이 되시려고 나를 지으셨기에, 내게 무엇이 필요하고 어떤 도움이 필요한지 알고 계신다. 내가 피할 수 있는 바위가 되셔서 나를 그 안에 숨겨주시고, 내게 날아오는 어떤 위험으로부터도 나를 지켜내시며, 온몸으로 화살과 창을 막아주신다.

하나님은 나의 방패가 되신다. 나의 사방을 에워싼 방패, 곧 실드(shield)이시다. 나를 감싸고 있는 방패는 끝까지 나의 생명을 지켜줄 것이다. 이를 다르게 표현하면, 하나님이 내 생명의 주인인 셈이다. 그가 나를 감싼 방패를 걷으시면 나는 주님 앞에 가게 될 것이지만, 내 생명의 주인이 방패로 버텨주시는 한 내 생명은 보호받을 것이다.

하나님은 구원의 뿔이시다. 이스라엘 백성에게 도피성을 허락하시고 그 안에 구원의 뿔을 준비하셔서, 그 뿔을 잡은 자가 그곳에 거하는 동안 용서받은 자로 살게 하셨듯이, 내가 주님을 사랑한다고 고백할 때 구원의 뿔이 되어주셔서 나의 모든 죄를 용서해주신다. 한편, 구원의 뿔은 이스라엘이 전쟁에서 승리하였을 때 불던 나팔이다. 내가 주를 사랑한다고 고백할 때, 그분은 내게 반드시 승리를 주신다.

하나님은 나의 산성이시다. 필자가 예전에 하와이에 살았던 적이 있는데, 당시 유명한 가수가 어떤 산의 주인이 되어서 가장 높은 봉우리에 별장을 짓고 산다는 소문이 있었다. 직접 가보니 휘황찬란하게 불이 켜진 별장은 소문보다 훨씬 아름다웠고 유럽의 성 같아 보였다. 내게 산성이라는 말은 그때 본 성을 생각나게 한다. 나로 하여금 자연스럽게 천국을 바라보게 한다.

내가 하나님을 사랑한다고 고백할 때, 그분은 나의 산성, 곧 천국이 되어주셨다. 천국은 염려나 불안이 없는, 오직 감사와 회복과 기쁨만 있는 곳이다. 따라서 내가 주님을 사랑한다고 고백할 때 두려움과 염려는 떠나가고, 감사와 회복과 기쁨이 나를 충만하게 채울 것이다. 이러한 고백을 통해 하나님은 찬송을 받으실 것이고, 우리는 원수들을 벗어나 구원을 얻을 것이다. 이러한 은혜를 믿는다면 우울한 상황에서 벗어날 수 있다.

우울의 단계에서 부를 찬송은 '천국', '인도와 보호', '소망', '평안과 위로' 분류에 있는 곡들이 좋겠다. 그 예로 235장, 240장, 242장, 246장, 370장, 371장, 375장, 379장, 382장, 384장, 395장, 400장, 401장, 405-408장, 411장, 412장, 419장 등을 꼽을 수 있다.

5단계, 수용

하루는 필자에게 M병원의 병원장에게서 전화가 왔다. 그의 병원에 47세의 남성 환자가 있는데, 매일 진통제 없이는 버틸 수 없고, 공기 좋고 물 좋은 시골로 이사하고 싶어하는데, 내가 도움을 줄 수 있겠느냐고 물었다. 지체할 이유가 없었다. 본인만 좋다면 괜찮다고 약속했고, 그날 늦은 시간에 그 환자의 아내와 통화할 수 있었다. 환자가 지르는 고통의 외마디가 수화기 너머로 들려오는데, 뭐라고 위로해야 할지 적당한 말을 찾기가 쉽지 않았다.

일단 그를 만났다. 법무 일을 했던 그는 고집이 세고, 자신이 모든 고통을 이겨야 한다는 강박감과 더불어, 가족들 앞에서는 약한 모습을 보이고 싶지 않다는 의지를 굳게 갖고 있었다. 대쪽 같은 성품의 소유자로서, 20년 전 친척의 권면을 받고 신앙생활을 한 적이 있기는 하지만, 현재는 신앙인이 아니라고 했다. 교회에 등록하고 세례를 받으려는 준비를 한 적이 있지만, 술과 담배도 끊지 못하는데 어떻게 세례를 받겠냐며, 언젠가 술과 담배를 끊으면 세례도 받고 열심히 신앙생활을 하겠다고 미루다, 결국 교회를 떠나버렸다고 했다.

그는 지난 20년을 혼자 힘으로 선하고 거룩하게 살아보려 했지만, 지금은 위암 4기 판정을 받아 소망이 없다고 했다. 그러다 마음에 걸리는 것이 생겼는데, 이제라도 세례를 받고 싶다는 생각이 든 것이다. 곧 주님 앞에 서야 할 텐데, 스스로의 힘으로 완벽한 삶을 살아보겠다며 20년간 잊고 살았던 자신의 모습을 돌아보니 자꾸 마음에 걸려 힘들다고 했다.

필자는 그에게 복음의 의미를 다시 전하고, 우리 죄가 아무리 진홍빛 같더라도 주님이 깨끗하다고 하시면 흰 눈보다 더 희게 된다고 전했다. 이제는 나의 의지가 아니라 성령을 통해 주님이 형제를 주장하게 하시자고 말씀을 나눌 때, 그는 통곡하며 세례를 받고 싶다고 말했다. 비록 병상에서였지만, 그는 20년 만에 세례를 받게 되었다. 매우 기쁜 나머지 흥분하면서도 곧 평안을 되찾았다. 그의 얼굴에 감격과 평안이 역력했다. 죽음을 수용하는 단계의 모습을 보인 것이다.

그러나 이미 말기에 접어든 그는 곧 물도 쉽게 삼킬 수 없는 상황에 이르렀다. 결국 시골로 이사하기로 결정했다. 핑계야 물과 공기가 좋은, 요양하기 좋은 장소이기 때문이라고 말하지만, 경제적 상황이 어렵다는 것을 왜 모르겠나?

이제 막 사춘기에 접어든 그의 큰 딸은 아빠의 상태를 인정하기 힘들어하여 하루에도 몇 번씩 아빠가 아프다는 이야기를 하지 말라는 다짐을 엄마에게 받아냈다. 둘째 딸은 아무렇지 않게 "아빠가 위암이래"라는 말을 철없이 했다. 위암이 얼마나 무서운지, 아빠가 왜 그렇게 아파하는지 이해하지 못했다. 새로 이사한 시골 동네 아이들과 어울리는 것에 더 마음을 쏟고 있을 뿐이었다.

하루에도 몇 번씩 마음의 준비를 한다는 아내는 사실 두려웠다. 수화기 너머로 애써 울음을 참는 그녀의 목소리를 듣고, "주님 제발 도와주세요!"라는 말밖에는 할 말이 없었다. 그러다 응급 상태가 되어 병원에 갔다고 하기에, 당장 가까운 교회를 찾아가 목사님께 도움을 청하라고 권면하고, 2시간 반을 서둘러 달려 병원에 도착했다. 나를 기다리는 것은 그 동네의 목사님과 보기 힘들 정도로 애처로운 가족의 모습뿐이었다.

마지막으로 남편과 아빠의 얼굴을 볼 수 있는 입관 시간이 되었다. 그의 아내는 20년 만에 세례를 받은 남편을 위해 세례 선물로 십자가 목걸이를 주겠다면서 남편의 목에 걸어주었다. 확신 가득한 미소로 남편을 배웅하는 그녀의 모습이 내게는 큰 선물이었다. 이렇게 행복한 선물을 주고 떠난 그와 하나님께 감사했다.

부정적 수용(受容, 용납, acceptance)에서 긍정적 수용으로

수용 단계가 찾아오면 환자는 그동안 자신의 운명에 분노하거나 우울했던 단계를 지나며 느꼈던 감정에 대하여, 또 사랑했던 사람들과 정들었던 장소를 잃게 되는 것에 대하여 이야기한다.

이때의 환자들은 대부분 지치고 쇠약해져서 감동이 사라지고 무기력이 형성되며, '이제는 무엇이 더 필요하겠나', '무슨 소용이 있나' 하고 생각하는 부정적 수용이 찾아온다. 이때 환자나 가족이 갖는 부정적 수용은 '어쩔 수 없어'라는 자포자기에서 나오는

3부 | 환자의 심리를 이해하고 심방하는 방법과 사례

것이므로, 우리는 천국에서의 영원한 삶에 대한 긍정적 수용으로 바꿔주어야 한다.

부정적 수용은 가끔 환자나 그 가족들이 끝까지 죽음에 저항하도록 하는데, 그러면 죽음을 준비하는 시간이 없게 된다. 그래서 갑자기 죽음을 맞이할 경우, 환자의 죽음은 그 가족에게 여러 가지 정서적 후유증을 남긴다. 그러나 죽음을 진실로 받아들이고 긍정적으로 수용할 경우, 의외로 환자의 표정이 밝아지고 치료되는 것처럼 보이는 착각에 빠질 만큼 상태가 좋아지기도 한다. 간혹 투여하던 진통제의 양이 줄어드는 경우까지 생긴다. 하지만 환자들은 결국 어느 시점이 지나면 악화되기 마련이다. 이럴 때 심방자는 흥분하지 말고 잘 판단해야 한다. 흥분하면, 사후에 스스로 심각한 '딜레마'에 빠질 수도 있기 때문이다.

이때의 환자들은 관심을 두는 세계가 좁아져 외부의 소식이나 복잡성을 싫어한다. 따라서 단순하게 인간의 실존을 회복할 수 있게 해주고, 죽음을 삶의 한 과정으로 받아들일 수 있게 도움을 주며, '나는 아직 가치가 있다'라든가 '내가 (이제라도) 할 수 있는 것이 무엇일까'를 찾도록 도움을 준다면 마지막 순간까지 아름다운 열매를 맺으며 떠날 수도 있다.

한 봉사자가 사촌 언니와 면담을 해줄 것을 필자에게 요청했다. 그녀는 이전에는 잘 나갔던 무당이었지만 지금은 간암 투병 중이라고 했다. 우여곡절 끝에 그 언니를 만난 필자는 예수를 믿고 이전의 삶을 회개하자고 권면하고 복음을 전했지만, 그녀가 영접하리라는 확신은 없었기에 솔직히 별 성의 없이 전했다. 그러나 뜻밖에 그녀가 예수를 자신의 구주로 믿겠다는 놀라운 고백을 했다. 필자는 너무나 놀라고 당황했다. 한 영혼이라도 포기하지 않으시는 하나님의 사랑 앞에서 깊은 회개의 마음을 갖게 되었다.

그리고 주일이 다가오자, 그녀에게서 교회에 가고 싶다는 연락이 왔다. 오기만 한다면 얼마든지 잘 모시겠다고 대답했다. 그녀가 교회에 도착했다. 하지만 그때는 교회 본당이 지하에 있는 데다 승강기가 설치되어 있지 않았다. 걷지 못했던 그녀는 크게 실망했다. 나는 업어드리겠다며 선뜻 등을 내밀었고, 괜찮다며 사양하던 그녀는 여러 번의 권고 끝에 내 등에 업혔다. 얼마나 가볍던지, '얼마나 버틸 수 있을까' 하는 생각이 들었다.

본당에 들어선 그녀는 매우 감동하며 "너무 아름다워요. 저 천장에서 쏟아지는 햇빛이 너무 따뜻하네요!"라고 말했다. 사실 본당 천장의 빛은 햇빛이 아니라 조명 장치에서 나온 것이었지만, 자매의 눈엔 햇살로 보였나 보다. 좌우간 자매의 말에 나도 덩달아 기분이 좋아졌다.

그런데 예배실의 편안한 소파에 앉아 예배를 드리던 그녀가 갑자기 몸을 움찔거렸다. 갑자기 허리가 끊어질 듯 아프다고 했다. 필자는 허락을 받고서, 그녀의 허리에 손을 대고 간절히 기도

했다. "하나님, 이 자매가 무당이었지만 오늘은 하나님의 자녀로서 처음 예배드리는 중입니다. 원하오니 통증이 사라지게 하옵소서!" 이내 자매는 괜찮아졌고, 하나님이 그 자매의 첫 예배를 통증 없이 드리기 원하셨다는 것을 알게 되었다.

하지만, 그 후 약 한 달 동안 자매의 상황은 악화되었다. 어느 날 새벽에 전화가 왔다. 새벽의 전화는 경험상 임종 소식이다. 병원 응급실에 도착하니 고통스러워하는 자매의 비명이 들렸다. 자매의 손을 꼭 잡아주며, 통증을 가라앉히는 약물에 간신히 잠드는 모습을 보고 돌아왔다. 오후에 깨어났다는 소식에 다시 병원을 찾았다. 나를 본 자매는 "이제 어떻게 하면 좋을까요?"라고 물었다. 나는 "누군가 자매님을 찾아오면 '내 얼굴 어때? 평안해 보여?'라고 질문해보세요"라고 대답을 겸한 권면을 했다. 사실 그들의 답은 뻔할 것이다. 당연히 평안해 보인다고 하겠지.

그리고 일주일 뒤, 그녀의 장례가 치러졌다. 그런 다음에 맞이한 첫 주일에 처음 보는 두 분이 나를 찾아왔다. 그들은 그녀가 죽음을 맞기 전에 그녀를 방문했던 박수들로서, 무당들이 작두를 탈 때 옆에서 북을 쳐주는 사람들이었다. 그들은 그녀를 방문했을 때, 그녀의 "나 어때? 평안해 보여?"라는 질문에 "그럼, 평안하게 보이네"라고 대답했다고 한다. 그러자 그녀는 죽음을 앞둔 자신이 어떻게 평안할 수 있는지 '비밀'을 알려주었고, "박 목사님을 찾아가라"는 유언을 남겼다고 한다. 그녀는 영원한 천국으로

갈 때 혼자 가지 않았다. 천하보다 귀한 두 명의 박수무당을 예수님 앞으로 보내 천국에 입성시킨 열매를 거둔 것이다. 이 얼마나 큰 하나님의 은혜인가!

분노 단계에서 못한 용서를 할 수 있도록

수용의 단계에서는 분노의 단계에서 해결하지 못한 용서를 할 수 있도록 도와준다. 실제로 이 단계에서 많은 용서와 전도의 열매가 맺어지는 것을 보았다. 이 단계의 환자들에게는 요한일서 4장 7-14절 말씀이 유익하다.

7사랑하는 자들아 우리가 서로 사랑하자 사랑은 하나님께 속한 것이니 사랑하는 자마다 하나님으로부터 나서 하나님을 알고 8사랑하지 아니하는 자는 하나님을 알지 못하나니 이는 하나님은 사랑이심이라 9하나님의 사랑이 우리에게 이렇게 나타난 바 되었으니 하나님이 자기의 독생자를 세상에 보내심은 그로 말미암아 우리를 살리려 하심이라 10사랑은 여기 있으니 우리가 하나님을 사랑한 것이 아니요 하나님이 우리를 사랑하사 우리 죄를 속하기 위하여 화목제물로 그 아들을 보내셨음이라 11사랑하는 자들아 하나님이 이같이 우리를 사랑하셨은 즉 우리도 서로 사랑하는 것이 마땅하도다 12어느 때나 하나님을 본 사람이 없으되 만일 우리가 서로 사랑하면 하나님이 우리 안에 거하시고 그의 사랑이 우리 안에 온전히 이루어지느니라 13그의 성령을 우리에게 주시므로 우리가 그 안에 거하고 그가 우리 안에 거하시는 줄을 아느니라 14아버지가 아들을 세상의 구주로 보내신 것을 우리가 보았고 또 증언하노니 _요일 4:7-14

수용 단계의 환자들에게는 하나님의 사랑 안에 거할 수 있도록 하나님의 은혜를 상기시키는 것이 중요하다. 그러면 사랑 안(in)에 있는 것과 밖(out)에 있는 것의 차이를 알게 되는데, 이 차이는 환자들에게 최고의 위로가 된다.

그리스도는 사랑이시기에 그 사랑 안에 함께 할 수 있다면 하나님의 품에 가장 가까이 있는 것이며, 용서를 통해 그동안 소원해진 사람들과 화해를 이루는 시간이 될 수도 있다.

1나는 참포도나무요 내 아버지는 농부라 2무릇 내게 붙어 있어 열매를 맺지 아니하는 가지는 아버지께서 그것을 제거해 버리시고 무릇 열매를 맺는 가지는 더 열매를 맺게 하려 하여 그것을 깨끗하게 하시느니라 3너희는 내가 일러준 말로 이미 깨끗하여졌으니 4내 안에 거하라 나도 너희 안에 거하리라 가지가 포도나무에 붙어 있지 아니하면 스스로 열매를 맺을 수 없음 같이 너희도 내 안에 있지 아니하면 그러하리라 5나는 포도나무요 너희는 가지라 그가 내 안에, 내가 그 안에 거하면 사람이 열매를 많이 맺나니 나를 떠나서는 너희가 아무 것도 할 수 없음이라 6사람이 내 안에 거하지 아니하면 가지처럼 밖에 버려져 마르나니 사람들이 그것을 모아다가 불에 던져 사르느니라 7너희가 내 안에 거하고 내 말이 너희 안에 거하면 무엇이든지 원하는 대로 구하라 그리하면 이루리라 8너희가 열매를 많이 맺으면 내 아버지께서 영광을 받으실 것이요 너희는 내 제자가 되리라 9아버지께서 나를 사랑하신 것 같이 나도 너희를 사랑하였으니 나의 사랑 안에 거하라 10내가 아버지의 계명을 지켜 그의 사랑 안에 거하는 것 같이 너희도 내 계명을 지키면 내 사랑 안에 거하리라 11내가 이것을 너희에게 이름은 내 기쁨이 너희 안에 있어 너희 기쁨을 충만하게 하려 함이라 _요 15:1-11

우리가 참 포도나무에 붙어 있기를 원하시는 하나님은 오늘도 환자들이 그 안에 거하는 것만으로도 응답을 허락하신다. 염려와 두려움이 아닌 평안과 위로를 누리게 하신다. 또한 저절로 열매 맺는 삶을 살아갈 수 있도록 은혜 가운데 있게 하신다. 우리로 하여금 이것을 알게 하시는 이유는, 우리가 충만한 삶을 살고 잘 마무리하는 것이 하나님께 기쁨이기 때문이다.

마지막에 가질 평안을 위해

사람들은 가끔 내게 "죽음이 무엇이라고 생각합니까?"라는 질문을 한다. 나는 "죽음은 완전한 치유라고 확신합니다"라고 답한다. 다음 말씀을 보자.

¹또 내가 새 하늘과 새 땅을 보니 처음 하늘과 처음 땅이 없어졌고 바다도 다시 있지 않더라 ²또 내가 보매 거룩한 성 새 예루살렘이 하나님께로부터 하늘에서 내려오니 그 준비한 것이 신부가 남편을 위하여 단장한 것 같더라 ³내가 들으니 보좌에서 큰 음성이 나서 이르되 보라 하나님의 장막이 사람들과 함께 있으매 하나님이 그들과 함께 계시리니 그들은 하나님의 백성이 되고 하나님은 친히 그들과 함께 계셔서 ⁴모든 눈물을 그 눈에서 닦아 주시니 다시는 사망이 없고 애통하는 것이나 곡하는 것이나 아픈 것이 다시 있지 아니하리니 처음 것들이 다 지나갔음이러라_계 21:1-4

하나님의 나라에 들어가는 것은 끝이 아니라 새로운 시작이다. 하나님의 나라에서 하나님과 함께 거하며, 그분이 눈물을 닦아주시는 것을 누리는 것이 새로운 시작이 아니면 무엇이란 말인가! 그곳은 그야말로 완전한 곳이다. 사망이나, 애통하는 것이나, 곡하는 것이나 아픈 것도 없기 때문이다.

사도 바울은 셋째 하늘을 경험한 후에 이렇게 간증한다.

¹무익하나마 내가 부득불 자랑하노니 주의 환상과 계시를 말하리라 ²내가 그리스도 안에 있는 한 사람을 아노니 그는 십사 년 전에 셋째 하늘에 이끌려 간 자라 (그가 몸 안에 있었는지 몸 밖에 있었는지 나는 모르거니와 하나님은 아시느니라) ³내가 이런 사람을 아노니 (그가 몸

안에 있었는지 몸 밖에 있었는지 나는 모르거니와 하나님은 아시느니라) ⁴그가 낙원으로 이끌려 가서 말로 표현할 수 없는 말을 들었으니 사람이 가히 이르지 못할 말이로다 ⁵내가 이런 사람을 위하여 자랑하겠으나 나를 위하여는 약한 것들 외에 자랑하지 아니하리라 _고후 12:1-5

쉽게 말하면, 천국은 말로 표현할 수 없는 곳이다. 우리는 이런 곳으로 가게 될 것이다. 그러니 나의 마지막 자리에서 무엇을 두려워하고 불안에 떨겠는가? 오직 평안을 누릴 뿐이다.

심방자가 천국에 대한 확신을 얼마나 갖느냐에 따라 환자의 두려움은 소망으로 바뀔 수 있다. 필자는 지난 30년간 임종을 앞둔 6천 5백여 명 이상의 환자들을 섬기면서, 그들이 마지막에 평안하게 천국으로 입성하는 것을 지켜보았다. 항상 그들의 임종을 지키려고 최선을 다했는데, 이유는 한 가지이다. 그들이 마지막에 갖는 평안을 함께 누리고 싶었기 때문이다.

심방자는 시편 62편 말씀으로도 환자들에게 평안을 선물할 수 있다.

¹나의 영혼이 잠잠히 하나님만 바람이여 나의 구원이 그에게서 나오는도다 ²오직 그만이 나의 반석이시요 나의 구원이시요 나의 요새이시니 내가 크게 흔들리지 아니하리로다 ³넘어지는 담과 흔들리는 울타리 같이 사람을 죽이려고 너희가 일제히 공격하기를 언제까지 하

    3부 | 환자의 심리를 이해하고 심방하는 방법과 사례

려느냐 4그들이 그를 그의 높은 자리에서 떨어뜨리기만 꾀하고 거짓을 즐겨 하니 입으로는 축복이요 속으로는 저주로다 (셀라) 5나의 영혼아 잠잠히 하나님만 바라라 무릇 나의 소망이 그로부터 나오는도다 6오직 그만이 나의 반석이시요 나의 구원이시요 나의 요새이시니 내가 흔들리지 아니하리로다 7나의 구원과 영광이 하나님께 있음이여 내 힘의 반석과 피난처도 하나님께 있도다 8백성들아 시시로 그를 의지하고 그의 앞에 마음을 토하라 하나님은 우리의 피난처시로다 (셀라)_시 62:1-8

수용의 단계에서 함께 부를 수 있는 찬송은 '예수 그리스도', '분투와 승리', '속죄' 분류에 속하는 곡들이다. 환자가 그동안 좋아했던 찬송이나 심방자가 은혜롭게 부를 수 있는 찬송도 좋다.

임종할 때 부르기 좋은 찬송에는 235장, 252장, 254장, 268장, 305장, 348장, 352장, 353장, 359장, 360장이며, 천천히 한 절이라도 자주 부른다.

단계와 상관없이, 언제나 환자의 반응에 주목하라

이상의 다섯 단계들을 적용할 때 기계적인 판단은 금물이다. 환자마다 똑같은 경험을 할 수 없다는 사실에도 유의해야 한다. 죽어가는 과정이 모두에게 절대적으로 적용되는 것은 아니기 때문이다. 그에 대한 반응은 개인의 성격이나 사회 환경에 따라 달라질 수 있기에, 최근에는 교과서적인 다섯 단계 이론보다 환자마다의 반응에 따라 설명하려는 견해가 늘어나고 있다.

만약 암 진단을 받게 된다면 해야 할 일 4가지

유명한 기독교 상담가인 데이비드 폴리슨(David Powlison)은《암이 뒷덜미를 잡을 때》(When Cancer Interrupts)라는 소책자에서 암환자 심방을 위해 알아두면 매우 유익할 조언을 준다.

먼저 "암입니다"라는 말을 의사에게서 들으면 침해당한 느낌, 적이 내 안에 있다는 느낌, 누군가 내 집을 털어간 느낌, 배신당한 느낌이 든다고 한다. 숱한 질문과 불확실한 그 무엇이 어지럽게 오간다. 하지만 다음의 말씀을 붙잡을 수 있도록 격려할 수 있다.

> ¹하나님은 우리의 피난처시요 힘이시니 환난 중에 만날 큰 도움이시라 ²그러므로 땅이 변하든지 산이 흔들려 바다 가운데에 빠지든지 ³바닷물이 솟아나고 뛰놀든지 그것이 넘침으로 산이 흔들릴지라도 우리는 두려워하지 아니하리로다 (셀라) _시 46:1-3

사람이 암 진단을 받은 후에 해야 할 일 4가지를 소개한다. 이것은 암환자 자신에게 주는 신앙적 조언이지만, 심방자도 미리 알고 있으면 좋을 항목들이다.

첫째, 정말 중요한 것이 무엇인지 알자

먼저, 얼마나 힘든지 정직하게 말한다. 베드로전서 1장 6절은 우리가 다양한 시험을 받을 때 마음이 어려울 것을 말한다. 다양한 어려움의 대표가 암이 아닐까? 베드로전서 4장 12절에서는 불같은 시험이라고 했는데, 사실 암 진단이 불시험과 다름없다. 왜 불같다고 할 수밖에 없는가? 암 진단을 받고 나면 모든 것이 불확실해지고, 고통이 뒤따르며, 두렵고, 질문이 꼬리에 꼬리를 물고, 손실이 크게 생기며, 누군가를 원망하고 싶어지고(또는 원망을 듣고), 사람들이 나를 나 자체가 아니라 내가 걸린 병으로 보며, 이래저래 쓸데없는 조언을 하는 사람들이 생기기 때문이다.

둘째, 하나님이 함께 하심을 기억하라

하나님은 관념이나 에너지나 내 안에서 일어나는 일종의 경험이 아니시다. 비록 사망의 음침한 골짜기로 다니더라도 하나님이 함께 하신다. 이 말씀들을 기억하라. "여호와를 찬송함이여 내 간구하는 소리를 들으심이로다"(시 28:6). "돈을 사랑하지 말고 있는 바를 족한 줄로 알라 그가 친히 말씀하시기를 내가 결코 너희를 버리지 아니하고 너희를 떠나지 아니하리라 하셨느니라"(히 13:5).

셋째, 그리스도를 굳게 잡으라

믿음은 두 차원으로 돼 있다. 하나는 필요에 대해 엄청난 도움을 얻는 것이며, 또 다른 하나는 전적인 기쁨을 얻는 것이다. 반면 믿음이 없는 자에게 암이 닥치면 "암도 이길 수 있어"와 "두려워 죽겠어"라는 두 가지 반응이 나타난다. 도움을 거절하거나 기쁨이 사라지는 것이다. 하지만 하나님은 은혜와 기쁨을 주신다. 이 말씀을 기억하라. "내 영혼아 여호와를 송축하라 내 속에 있는 것들아 다 그의 거룩한 이름을 송축하라 내 영혼아 여호와를 송축하며 그의 모든 은택을 잊지 말지어다"(시 103:1-2).

사람은 도움이 필요한 정도가 깊어질수록 신앙도 깊어진다. 신앙이 깊어지면 기쁨도 깊어진다. 이렇게 잘 바라보기만 하면 암은 우리를 성장시킨다. 어린아이 같이 순수한 믿음을 갖게 한다.

넷째, 고통을 사랑으로 승화하라

옛 사람들은 암에 걸릴 만큼 오래 살지 않았다. 암에 걸렸다 해도 4기까지 살지는 못했을 것이다. 하지만 지금은 암으로 고통받는 중에도 사람들과 관계를 맺는 사랑을 시작할 수 있다. 약해지고 고통받는 경험을 하게 되면, 사람은 어려운 일을 겪는 다른 사람들과 감정적으로 연대할 수 있다. 공감하게 되는 것이다. 그렇다면 자신의 고통과 필요를 주변에 말할 수도 있어야 한다.

예수님을 보라. 제자들에게 자기의 힘든 것과 필요를 털어놓으셨다. 바울은 교회에 자신의 필요를 말했다. 그 역시 짐에 눌렸고, 육체에 가시가 있었다(고후 4:8, 12:7; 빌 2:27). 우리도 만약 병이 들게 된다면, 바울처럼 그 사실을 솔직히 말하자. 만약 암 진단을 받는다면, 자신의 곤경에 관해 솔직해지자. 동시에 하나님이 누구이신지 기억하자. 기억에서 그치지 말고, 그리스도를 굳게 잡으라. 하나님에 대한 믿음으로, 암으로 인한 고통이 다른 사람들에 대한 사랑으로 승화되는 기회가 되도록 노력하라.

암은 오히려 주변 사람들과 정말 깊은 관계를 만들 수 있는 기회이다. 특히 암환자는 자신을 도와주려는 사람들에게 주목해야 한다. 자신을 도와주려는 사람들을 알아주는 것, 그것이 사랑을 갚는 길이다.

암에 걸리면 자기 함몰과 불신과 거짓된 신념에서, 그리고 죄에서 떠나는 기회가 찾아온다. 이런 기회를 잡으려 애쓰지 않는다면, 암을 이긴다 하더라도 더 어리석은 자기 확신에 잡히고, 의학이 나를 구원한 줄 알게 되며, 결국 그 앞에 서야 할 하나님께 도리어 둔감하게 된다. 이렇게 되지는 말아야 하지 않겠는가.

암도 그리스도의 손 안에 있는 성도에게는 결국 합력하여 선으로 바뀔 것이다. 암 진단을 받더라도 그리스도를 잡으면, 육신의 암보다 수만 배 나쁜 영적 암이 죽을 것이다. 성도는 생명의 길을 걷게 될 것이다.

A Practical Guide for
the Critical Patient's Care

4부

교회 호스피스와
사별자 돌봄 가이드

10장

호스피스 돌봄의 의미와
가치 이해하기

현대 사회에 호스피스가 더 필요한 이유

호스피스(Hospice)라는 말은 영국의 간호사이며 의사인 시슬리
손더스(Sisley Saunders)가 처음 쓴 말이다. 그는 현대 호스피스의
창시자로 알려져 있다. 앞서 언급한 엘리자베스 퀴블러 로스는
"환자가 편안하게 죽을 수 있도록 총체적으로 돌봐주는 것이 호
스피스 케어(돌봄)"[15]라고 정의했다. 퀴블러는 임종 환자만 아니
라 사별 가족까지 사랑으로 돌보아야 한다고 역설했다.

현대 사회는 호스피스 돌봄이 더 절실히 필요하다. 왜 그런가? 과거에는 죽음이 갑작스럽게, 걷잡을 수 없이, 그리고 신속하게 들이닥쳤고 빨리 끝났다. 진단 기술을 사용하여 질병을 조기에 찾아내거나 생명을 연장시키는 의료 장비들이 없던 과거에는 그랬다. 미국의 역대 대통령들조차 발병에서 죽음까지 불과 며칠밖에 걸리지 않는 경우가 허다했다고 한다. 워싱턴은 목에 염증이 있음을 안 다음 날, 존 퀸시 애덤스, 밀러드 필모어, 앤드루 존슨 등은 뇌졸중으로 쓰러져 대개 이틀 만에 영면했다. 러더포드 헤이스는 심장마비 후 단 3일 만에 사망했으니, 율리시스 그랜트가 구강암으로 1년간 투병한 후 사망한 것은 발병하고도 제법 오랜 기간 살았던 셈이다.

하지만 오늘날은 사정이 크게 다르다. 비참한 질병에 걸려도 급사하는 경우는 아주 드물다. 현대인 대부분은 말기 암, 치매, 파킨슨, 그리고 심장, 폐, 신장, 간 등의 장기 부전(不全)을 오래 앓다 죽는다. 의학의 발달로 인해 죽음의 순간을 예측하기는 점점 더 힘들어졌다. 의사들조차 '죽는다'는 말의 의미를 정확히 모르겠다고 말한다.

"요즘 대부분의 사람들은 결국 멈출 수 없는 상황이 올 때까지, 의학적인 투쟁을 오래 벌인 끝에 죽음을 맞는다."[16]

---

15 김수지,《사랑의 돌봄은 기적을 만든다》, 175.
16 가완디,《어떻게 죽을 것인가》, 242.

미국의 외과의이자 공중보건 정책 전문가이며 타임 지가 선정한 '가장 영향력 있는 사상가 100인'에 선정된 아툴 가완디(Atul Gawande)가 그의 저서 《어떻게 죽을 것인가》에서 한 말이다. 그는 이렇게 덧붙였다. "지난 몇 십 년 사이, 의학은 죽음에 관해 수백 년 동안 내려온 경험과 전통과 표현들을 더 이상 쓸모없게 만들어버렸고, 인류에게 새로운 문제를 안겨주었다. 바로 '어떻게 죽을 것인가' 하는 문제가 그것이다."[17]

가완디는 호스피스 돌봄에 관해 이렇게 말한다.

"일반적인 의료 행위와 호스피스 케어의 차이점은 치료하느냐 아무것도 하지 않느냐에 있는 게 아니라 우선순위를 어디에 두느냐에 있다. 보통의 의료 행위는 생명 연장에 목적을 두고 있다. 지금 당장은 수술, 화학요법, 중환자실 입원 등으로 삶의 질을 희생하게 되더라도, '시간'을 좀 더 벌 수만 있다면 그렇게 한다. 호스피스 케어는 간호사, 의사, 성직자, 사회복지사 등을 동원해서 치명적인 질병을 가진 사람들이 현재의 삶을 최대한 누릴 수 있도록 돕는다. … 질환이 말기에 이르렀다면 불편과 통증에서 벗어날 수 있게 하고, 가능한 한 의식을 오래 유지하게 해주고, 가끔은 가족과 외출할 수 있게 돕는 것 같은 목적에 초점을 맞춘다. 이 돌봄에서 환자가 살 날이 많이 남았는지 적게 남았는지는 문제가

---

17 가완디, 앞의 책, 244.

되지 않는다."[18]

수녀이자 간호사였던 로치 교수는 죽어가는 암환자와 같은 호스피스 환자를 돌볼 때 필요한 다섯 가지의 'C'가 있어야 한다고 했는데, 전문 의료인이 아닌 교회의 자원봉사자들도 반드시 생각해봐야 할 것이기에 소개한다.

① **긍휼히 여기는 마음(Compassion) :** 말기 암으로 죽어가는 환자는 보기에도 흉하고, 대하기도 어렵다. 하지만 상대방을 불쌍히 여기는 마음, 사랑하는 마음으로 환자를 대해야 한다.

② **능력(Competence) :** 그러나 사랑만으로는 안 된다. 임종을 앞둔 환자를 잘 돌보기 위한 능력과 기술을 갖춰야 한다.

③ **확신(Confidence) :** 전문 의료인도 아닌 자원봉사자에게 무슨 확신이 필요할까? 환자를 긍휼히 여기는 마음으로 돌볼 때 하나님께서 각양 위로와 안위가 넘치게 해주신다는 확신을 가지는 것이다.

④ **양심(Conscience) :** 봉사자에게는 돌봄을 받는 환자가 나 자신 또는 내가 사랑하는 가족이라는 의식을 가지고서 최선을 다하는 자세가 있어야 한다.

⑤ **헌신(Commitment) :** 마치 환자를 돌보기 위해 내가 여기 있다는 마음으로 돌봐야 한다.

---

18 가완디, 앞의 책, 248.

한마디로 호스피스는 '환자가 지금까지 살아온 삶을 잘 마무리하고 새로운 삶으로 옮겨가는 과정'[19]을 도와주는 것이다. 이때 환자가 용서, 위탁, 약속, 재회의 희망을 체험하도록 적극적으로 돕는다. 시슬리 손더스는 이런 말을 했다.

"당신은 당신이기 때문에 소중합니다. 생의 마지막 순간까지 소중합니다. 내가 할 수 있는 모든 일을 하겠습니다. 평온하게 눈을 감을 수 있게, 마지막 순간까지 잘 살 수 있게 돕겠습니다."

호스피스의 정의와 호스피스 돌봄의 가치

그러면 호스피스(hospice care)의 정의(定義)는 무엇인가? 환자의 질병이 아니라 환자 자체에게 중점을 두고, 치료가 목적이 아니라 증상과 고통의 예방 또는 경감에 주력하는 돌봄을 말한다. 특히 의학의 도움으로는 더 이상 어쩔 수 없는 말기 환자, 또는 여러 가지 이유로 치료의 중단을 선언한 환자에게 부드럽고 온정적인 돌봄을 제공하여 남아 있는 삶의 시간을 충분히 의미 있게 보내도록 돕는 총체적인 행위를 말한다. 따라서 호스피스 돌봄의 가장 중요한 목적은 '환자가 가능한 한 편안하고 정신을 유지한

---

19 김수지, 앞의 책, 105

상태에서 질병으로 인한 통증과 증상을 조절해주는 것'이다.[20] 질병 치료 자체를 목적으로 삼지 않고 보존과 사후 조치에 중점을 두는 돌봄인 것이다. 이러한 목적 때문에 자연스럽게 환자뿐 아니라 사별로 인해 남겨질 가족까지 돌봄의 대상으로 삼고, 환자와 가족이 존엄한 삶과 죽음을 맞게 하여 인간적인 품격을 유지할 수 있도록 신체적, 정신적, 사회적 그리고 영적인 측면의 돌봄까지 제공한다.

이러한 돌봄은 대개 가정에서 하게 되는데, 최근엔 호스피스 병원, 일반 병원, 요양원 등에서도 할 수 있다.[21] 치료 중심의 의료는 환자의 객관적인 활력 징후를 중시하지만, 호스피스 돌봄에서는 주관적인 활력 증상, 특히 환자의 안녕감(sense of wellbeing), 통증, 수면 등을 중요한 요소로 보고 환자를 돌본다.[22]

이와 같이 호스피스 돌봄은 사실상 치료를 목적으로 삼지 않기 때문에, 죽음을 인간의 성장과 성숙의 중요한 요소로 보고 환자가 존엄하고 평온하게, 또한 희망 속에서 마지막 순간을 맞이할 수 있도록 돕는 일이다. 따라서 호스피스 간호학에서는 호스피스 돌봄의 중요 가치들을 다음과 같이 정리한다.[23]

---

20 이병숙 외, 《호스피스 완화간호》, 학지사메디컬, 2019, 2
21 이병숙 외, 앞의 책, 3.
22 이병숙 외, 앞의 책, 4.
23 이병숙 외, 앞의 책, 5.

- 질병이 아니라 환자에게 초점을 둔 돌봄을 제공한다.
- 생명 연장이 아니라 삶의 질에 초점을 맞춘다.
- 죽음을 인생의 마지막 단계로 보게 한다.
- 죽음을 서두르거나 연기하려고 시도하지 않게 한다.
- 양질의 삶을 보낼 수 있도록 증상을 관리한다.
- 환자와 가족의 삶의 질에 신경 쓴다.
- 환자와 가족을 전인적으로 돌본다.
- 돌봄의 계획과 수행에 환자와 가족이 동참하도록 유도한다.
- 환자 사후에 남겨질 사별 가족에게 '지지 간호'를 제공한다.
- 환자와 가족에게 사회적, 정신적, 영적인 지원을 제공한다.

호스피스는 누구를 돌보는가?

호스피스 돌봄은 의학적으로 유의미한 질병 치료의 방법이 더 이상 없다고 판단한 환자와 그 가족을 돌보는 것이기에 생명을 위협하는 질병을 가진 누구에게나 적용되며, 질병의 증상을 완화시키려는 의도를 가지고 있는 완화 간호와 현격하게 구분된다.[24] 따라서 여타의 간호(돌봄)에 비해 구체적인 선정 기준을 가지고 있다.

---

24 이병숙 외, 앞의 책, 7.

호스피스 간호학의 권위자인 이병숙 등의 저자들은 호스피스 돌봄을 받아야 하는 대상을 아래와 같이 규정하고 있다.

- 의사 2인으로부터 기대 여명이 3개월 미만이라고 진단받은 환자.
- 회복 불능이며, 의학적 치료 효과를 기대하기 어려운 환자.
- 전신 상태가 약화되고 있는 환자.
- 환자와 가족이 질병의 진단과 경과를 충분히 이해하고, 비치료적인 완화 돌봄(간호)을 받기로 한 환자.
- 본인 또는 법적인 대리인이 호스피스 서비스에 동의한 자.
- 의식이 있고 의사소통이 가능한 환자.
- 호스피스 돌봄을 받은 환자의 가족.

이러한 대상자의 특성에 따라, 호스피스 돌봄 봉사자에게 요구되는 자질과 역할이 있다. 물론 전문적인 완화 간호는 의사와 간호사 등 의료인들의 몫이다. 하지만 호스피스 돌봄 봉사자들 역시 이 돌봄의 특성과 의미를 잘 파악하고 봉사에 임해야 한다.

간호학에서조차 말기 환자를 정신적, 영적으로 돌보는 것이 완화 간호에 대단히 중요한 요소라고 규정한다. 따라서 호스피스 봉사자들은 무엇보다 '뛰어난 의사소통 기술과 직관력'을 갖춰야

한다.[25]

한편, 호스피스 돌봄 대상에는 이와 같은 환자는 물론 그 가족까지 포함되어야 한다. 환자의 가족까지 호스피스 돌봄의 대상이 되어야 할 이유는 다음 11장에서 보다 구체적으로 다룬다.

의학(간호학)이 말하는 죽음의 의미

호스피스 돌봄 봉사자들은 죽음을 접한다. 따라서 의학(또는 간호학)에서 말하는 죽음이 무엇인지 잘 이해하고 대처해야 한다. 그래야 죽음에 직면한 환자와 그 가족에게 조금 더 전인격적인 돌봄을 제공할 수 있다.

우선 '죽음이란 무엇인가?'부터 생각해보자. 죽음은 살아있는 생명체라면 결코 피할 수 없는 것으로서, 죽음에 이르기 전에 노화, 영양실조, 질병, 자살 또는 타살, 기아, 탈수, 그리고 사고 또는 상해 등이 일어난다.

생물학적, 의학적으로 봤을 때, 인간은 수조 개가 넘는 세포의 생명 활동이 이루는 총합이다. 죽음은 인간을 구성하는 모든 세포가 사멸하는 것이다. 살아있는 유기체인 인간의 몸을 지탱하는

---

25 이병숙 외, 앞의 책, 15.

모든 생물학적 기능이 완전히 정지된 상태, 즉 생명 활동이 영구적으로 정지된 상태가 죽음인 것이다. 죽은 유기체의 몸은 신속하게 해체가 시작된다. 최근에는 생명 보존에 불가결한 장기(심장, 폐, 뇌)의 불가역(不可逆)적 정지 상태와 같은 의학적 기준에 근거하여 죽음을 판정하는 임상적 판단 방법이 의학적, 법적으로 받아들여지고 있다.[26]

그러면 누가, 어떻게 죽음을 판정하는가? 공식적으로는 의사가 사망선고를 내릴 수 있고, 시신을 확인하여 사망증명서를 발급할 수 있다. 사망증명서가 발급돼야 사체 처리가 가능하다. 이때 의사는 다음 도표와 같은 임상적 죽음의 판정 기준에 따라 환자의 상태를 진단하여 선고할 수 있다.

임상적 죽음	판정 기준	환자의 상태
심폐사	심폐 기능 정지	심 박동과 호흡의 정지
고위 뇌사	고위 뇌사 기능 정지	의식, 언어, 감정이 없는 식물인간 상태
뇌사	뇌 기능 전체 정지 (뇌간 포함)	순환과 호흡 기능의 비가역적 정지 및 심한 혼수상태 필연적으로 심장이 정지하여 사망에 이르게 됨

---

26 이병숙 외, 앞의 책, 12.

'심폐 정지'는 임상적으로 가장 널리 정의되는 사망 판단의 기준으로, 심박동과 호흡이 완전히 멈추는 것이다. '고위 뇌사 기능 정지'란 의식, 언어, 감정이 전혀 없는 상태의 식물인간이 되는 것을 말한다. '뇌 기능 전체 정지'는 순환과 호흡 기능이 돌아올 수 없이 멈추거나, 뇌간(brain stem)을 포함한 뇌 기능 전체가 되돌릴 수 없이 멈춘 상태로, 흔히 '뇌사'(腦死)라고 말하는 상태이다.

뇌사는 신경학적 검사를 통해 뇌 기능의 징후가 없다고 확인된 상태이다. 뇌로 혈액이 들어가지 않고, 뇌에서 아무 전기적 활동이 없어서 생물학적으로는 되돌릴 수 없이 소생 불가능한, 뇌 기능의 손상 상태이다. 보통 뇌사 판정은 심장박동과 호흡을 기계에 의존하고 있는 상태에서 내려진다.[27]

위와 같은 죽음의 의학적 정의를 살펴보면, 인간은 누구나 죽음을 평온하게 맞이하고 싶어한다는 것을 알 수 있다. 동서고금을 막론하고, 사람이 좋은 죽음을 맞이하고 싶은 것은 당연하다.

일반적으로 좋은 죽음이란 통증 없이, 고귀하게, 자는 것처럼 맞이하는 죽음을 말한다. 물론 환자의 문화 배경과 신앙과 건강에 관한 관념에 따라 무엇을 좋은 죽음이라고 생각하는지는 조금씩 다를 수 있다. 한국인은 대체로 육체적으로 고통이 없고 후회나 집착을 남기지 않는, 좋아하고 익숙한 장소에서, 특히 가족이

---

27 이병숙 외, 앞의 책, 13

지켜보는 가운데서 맞이하는 죽음을 좋은 죽음으로 여긴다는 연구 결과가 있다.[28]

일반적으로 호스피스는 환자가 인생을 아름답게 마무리하기 위해, 준비된 죽음을 잘 맞이하도록 환자와 그 가족을 돌보는 일이다. 좀 더 적극적으로는 그런 죽음을 맞이하도록 개인과 사회를 준비시키는 일이기도 하다. 이를 위해 호스피스 돌봄 봉사자들은 말기 환자와 그 가족이 평소에 가지고 있는 사생관을 파악할 수 있어야 한다. 더구나 교회의 호스피스 봉사자들이라면, 성도가 단순히 좋은 죽음뿐 아니라 영원한 생명과 하나님 나라에 입성한다는 것에 대한 기대 속에서 생을 잘 마감할 수 있도록 도와야 한다. 따라서 영적으로 잘 준비돼 있어야 하는 건 당연하다.

말기 환자들이 겪는 심리적 변화와 증상

말기 환자들은 죽음이라는 미지의 실체를 맞닥뜨려 몹시 두려워한다. 간접 경험이나 대리 경험으로 미리 알 수 없는 것이기에 두려움은 더 상승한다.

죽음을 앞둔 말기 환자들은 자신이 고립되어 있다고 생각하여

---

28 이병숙 외, 앞의 책, 14

고독감에 힘들어한다. 이때는 가족, 의사, 간호사까지도 환자를 멀리하는 경향을 보이기에 고독감은 더 커진다. 이런 환자는 사랑하는 가족뿐 아니라 자기가 알아온 모든 세상이 죽음과 함께 없어진다는 상실감에 시달린다.

머리카락만 빠져도, 얼굴에 주름만 생겨도 울적한 마음이 드는데, 신체 전부를 상실하게 된다는 데서 오는 공포감은 말로 다 할 수 없다. 일반적으로는 외견상 뚜렷한 신체의 질환, 변형, 상실 같은 것보다 심장병과 장기 암처럼 고통과 치료의 기간이 길어지는 병을 더 두려워하는 경향이 있다고 한다. 의학에서는 이를 '자기애적 상실'(narcissistic loss)이라고 부른다.

말기 환자 중에는 명료한 의식을 잃거나 대소변 조절 기능 등 신체 조절 능력을 상실하게 되는 것을 부끄러워하고 두려워하는 사람들이 많다. 이것은 일종의 예기(豫期) 불안인데, 스스로를 통제할 수 없을 것이라는 두려움이다. 그래서 말기 환자들은 신체적, 정신적인 고통을 겪으면서 타인에게 의존하여 연명하는 자신의 모습을 비참하게 받아들이기도 한다. 이 때문에 도움을 거절하며 고집스러워질 수도 있다. 동시에 사람들과의 접촉이 제한되면서, 자기가 누구인지에 대한, 일종의 주체성 말살의 두려움도 겪는다.

말기 환자들이 호소하는 공통의 두려움 중 하나는 당연히 통증이다. 그런데 전문가들은 사람이 고통 자체보다 고통으로 인한 정신적 괴로움을 견디기 어려워한다고 지적한다. 그래서 전문가들은 "환자에게 진통제를 주어 고통을 완화시켜주거나, 통증이 단순히 자신의 의지가 약해서 오는 것이 아님을 의학적으로 설명해주는 것이 좋다"라고 조언한다.[29]

정리하면, 말기 환자들은 크게 세 가지의 심리적 증상을 겪는다. 우울, 불안, 무력감(절망감)이다. 교회의 호스피스 돌봄 봉사자들은 비의료적인 영역에서 봉사하므로 의료적 완화 처치에 관한 깊은 지식을 가질 필요는 없지만, 비의료적인 영역에서는 어떻게 대처하는 것이 좋을지, 이 장에서 설명한 정도의 기본적인 지식은 가질 수 있고 또한 그래야 한다. 그래야 말기 환자와 그 가족을 잘 도울 수 있다.

다음 페이지의 도표는 이병숙 등이 쓴 《호스피스 완화간호》의 88-97페이지 내용을 요약하여 저자가 작성한 것이다. 호스피스 돌봄 봉사자들이 알아두어야 할 내용이다.

---

29 이병숙 외, 앞의 책, 83.

	우울	불안	무기력/절망감
정의	우울한 기분이 하루의 대부분에, 거의 매일 있다. 피로와 수면 교란이 나타나기도 한다.	극도의 공포와 불안과 관련된 행동 장애의 특징을 보이는 질환이다	무능감 : 침울한 미래가 상상되고, 무익하고 불가능하며 의미없다고 느낀다. 절망감 : 무능, 실망, 포기가 순환적으로 작용하는 연속적인 상태이다.
증상	슬픔과 공허감으로 눈물을 흘리는 등, 객관적으로 우울감이 관찰된다. 흥미와 즐거움이 현저히 저하한다. 체중 감소 혹은 증가가 나타난다. 정신 운동성 초조 혹은 지연이 관찰된다. 현저하게 우유부단하고 집중하지 못한다.	불안 수준이 증가하면서 신체적, 정서적 변화가 나타난다. 심장질환이나 호흡질환, 혹은 기분장애 등과 관련되어 나타나기도 한다. 공황 장애까지 이른 경우, 당황, 자기소모, 비현실감, 사고 비약, 혼돈 그리고 공포를 경험하기도 한다.	임박한 죽음으로 인한 통제와 조절 능력 상실에 대해 침묵하고 무력하게 느낀다. 식욕부진, 신진대사 감소 등으로 인해 생리적인 기능 부전이 일어나기 때문에, 말기 환자의 경우 더 빨리 사망에 이르게 할 수 있다.
돌봄방안	인생의 성과에 집중할 수 있도록 돕고, 비통함을 다루는 상담을 실시한다. 환자가 신앙과 신념에 의지하여 힘의 원천을 끌어내도록 한다. 부정적인 생각을 피하게 하고 즐거운 상상을 하게 하는 등 기분 전환을 시도해준다.	암환자의 경우 정신 요법으로도 불안감의 단기 치료가 가능하지만, 섬망, 치매 등의 인지 장애가 동반될 경우에는 정신 요법을 시행할 수 없다. 상담과 지지적 치료를 통해 도움을 얻을 수는 있다.	실현 가능한 단기 목표를 세우게 한후, 작은 성공을 인정하고 함께 기뻐해준다. 내적 대처 자원의 고갈을 느낄 때 외적 지지 체계가 있음을 확인시켜준다. 환자가 선택한 방법을 존중하고 지원한다.

말기 환자를 위한 영적 돌봄과 관계의 갈망

간호학에서도 이른바 '영적 간호'를 말하는데, 영적 간호가 필요한 범주를 크게 4가지로 본다. ① 생명의 위협을 느끼는 사건, ② 내면에 치유 불가로 보이는 상처를 남기는 사건, ③ 내면의 부조화, ④ 빠져나오기 힘든 사면초가의 상황 등이 그것이다. 그중에서도 교회의 호스피스 돌봄 봉사자들은 임종, 위험을 동반한 수술, 불치병, 생명을 위협하는 심각한 질병 등에 처한 환자들을 돕는다는 점을 우선 인식하고 있어야 한다.

이때 봉사자는 아래에서 소개하는 세 가지 영역의 관계성을 염두에 두어야 한다. 말기 환자들이 이와 같은 세 가지 관계를 갈망하는 것으로 연구되었기 때문이다. 말기 환자들이 이 세 가지 영역 중에서 어떤 상태에 있고 어떤 갈망을 가지고 있는지 봉사자가 잘 파악해야 실제적이고 효과적인 도움을 줄 수 있다.

① 초월 관계 : 환자는 하나님과의 인격적인 관계, 사죄의 확신, 신적 능력으로 인한 치유를 갈망한다.

② 타인 관계 : 환자는 타인과 신뢰를 쌓고 연결되기 원하며, 타인의 용서를 원한다. 동시에 타인으로부터 자유로워지기를 갈망한다.

③ 내적 관계 : 환자는 삶의 목적과 의미를 추구하고, 사랑과 희망 같은 긍정적인 감정을 되찾길 바란다. 비록 몸은 아프지만 내

적 자유와 평화와 확신을 갈망한다.

말기 환자의 관계 갈망의 세 구도를 삼각형 도표료 표현하면
다음과 같다.

초월 관계
"하나님이 날 받아주셨으면…."

타인 관계
"연결돼 있지만, 내가 나로 있었으면…."

내적 관계
"자유, 평화, 확신을 가질 수 있다면…."

말기 환자의 가족을 이해하고 돌보는 법

호스피스 돌봄에서 환자와 가족은 따로 떼어놓고 생각할 수 없
다. 봉사자는 환자만 아니라 그의 가족 공동체를 이해해야 한다.
환자의 가족은 환자의 임종이 가까워올수록 심한 스트레스를 겪
고, 일종의 가족 위기를 경험한다. 이때 봉사자가 환자뿐 아니라
가족의 어려움과 고통까지 헤아려 대처하면 말기 환자와 그 가족
의 삶의 질과 존엄성을 높여줄 수 있다.

봉사자는 우선 환자의 가족이 겪는 고통의 다양한 측면을 이해해야 한다. 환자의 가족 또한 환자만큼 전인(全人)이 아프다. 신체적으로 고단하고 바쁘며, 심리적으로도 무력감, 절망감, 죄책감, 상실의 두려움에 사로잡힌다. 환자가 불안하고 분노하고 우울하며, 극심한 통증과 죽음에 대한 두려움에 고통받는 모습을 지켜보면서, 예비적으로(미리) 감정이입을 하게 된다.[30]

환자의 가족은 말기 환자를 돌보기 위해 재정적으로도 심한 고통을 겪을 수 있다. 치료비를 감당해야 하므로 대개는 현실적으로 수입이 감소한다. 생활 계획과 가족 역할은 물론 삶의 우선순위가 바뀔 수밖에 없다. 말기 환자의 돌봄 시간이 길어질수록 사회적 고립과 관계의 위축, 그리고 거부감과 의존감을 경험한다. 자발성이 결여되고, 주변 사회의 무관심에 따른 심리적 소외감과 인간관계의 어려움 또한 호소할 수 있다.[31]

연구에 따르면 말기 환자의 가족은 충격기 - 혼란기 - 분투기 - 수용기를 거쳐 말기 환자의 종말을 받아들인다. 이때 봉사자는 다음의 7가지 측면에서 환자 가족을 이해하고 도울 수 있다.

① 환자가 점점 쇠약해지고 죽음에 가까워지는 자신의 처지를 인지하면서 좌절, 분노, 무력함을 드러내는데, 이때 환자 가족 역시 환자와 비슷한 감정의 변화를 겪는다. 봉사자는 환자

---

30 이병숙 외, 앞의 책, 129.
31 이병숙 외, 앞의 책, 129.

의 가족이 이런 부정적 감정에 너무 오래 휩싸이지 않도록 자기 재정의(再定義) 과정에 신중하게 개입할 수 있다.

② 환자의 병세가 깊어가면서 가족들의 부담감도 증가한다. 혼자 돌보는 독(獨) 간병의 경우는 스트레스가 더 심할 것이다. 봉사자는 가족의 부담감을 줄여주기 위해 노력할 필요가 있다.

③ 말기 환자는 삶과 죽음의 경계를 오가며 하루하루를 산다. 환자는 이런 상황을 모순으로 받아들이고 고투하는데, 가족에게까지 이런 감정이 옮겨갈 수 있으므로 봉사자의 세심한 돌봄이 필요하다.

④ 봉사자는 환자에게 일어나고 있는 매일의 변화를 환자의 가족이 잘 받아들일 수 있도록 위안하고 이끌 수 있다.

⑤ 말기 환자와 그 가족은 질병과 고통의 의미를 찾는다. 봉사자는 질병에 대해, 더 넓게는 환자 인생 전체에 어떤 영적 의미와 목적이 있는지 잘 설명하고 안위한다.

⑥ 엄청난 계획을 세우거나 다 실천하진 못하더라도, 하루하루를 지내면서 소중한 시간을 함께 보낼 수 있도록 특별한 계획을 세워 환자와 가족을 돌볼 수 있다.

⑦ 말기 환자는 결국 죽음 앞에 서게 돼 있다. 가족들이 유언과 상속 등의 문제를 잘 처리하고 환자의 죽음을 정신적으로 잘 받아들일 수 있도록, 그리고 이후의 장례 절차 등을 잘 준비하도록 도와야 한다.

임종을 앞둔 환자 돌보기

교회 호스피스 봉사자는 임종 환자를 대할 때 성경적이며 상담학적인 이해를 가지고서 매우 민감하게 돌보아야 한다. 죽음의 양상과 절차는 사람에 따라 고유하게 다를 수 있다는 점을 명심하고, 우선 봉사자에게 어떤 태도가 요구되는지 살펴보자.

호스피스 돌봄의 가장 중요한 목적과 의의는, 비록 임종을 맞고 있지만, 환자가 인간적으로 존엄하게 마지막을 살다가 죽을 수 있도록 돕는 것이다.

봉사자는 무엇보다 임종 환자를 하나님의 형상으로 보고 마지막까지 존중해야 한다. 봉사자가 이런 태도로 임종 환자를 대할 때, 사별 가족은 존엄하고 평온한 모습으로 죽음을 맞이하는 환자를 지켜보면서 감사하는 마음을 품게 된다.

죽음을 맞이할 준비가 되어 있지 않은 환자라면 의료진과 가족을 향해 분노를 쏟아놓고 심한 우울감에 빠질 수 있다. 봉사자는 임종 환자가 죽음을 서두르거나 인위적으로 늦추지 않고 그대로 맞이하도록 도와야 한다. 임종이 일어나는 장소가 어디건, 환자가 남은 자들과 의미 있게 작별할 수 있도록 유도한다.

임종을 앞둔 환자와 가족은 질문이 많아질 수 있다. 환자가 자신이 죽게 되느냐고 물을 수 있는데, 이럴 때도 정직하게 대답해 주어야 한다. 용서, 사죄, 용납에 대해, 무엇보다 부활의 소망을 차분하게 말해준다. 임종을 앞두고 가족이 같은 질문을 반복하거나 예민해 하는 것을 무심하게 대해서도 안 되지만, 감정적으로 반응해서도 안 된다.

출생과 삶이 고유하듯, 죽음 또한 모든 사람에게 고유하고 독특하다. 따라서 죽음의 과정 또한 정형화하거나 일반화할 수는 없다. 하지만 의학에서는 '죽음에 이르는 과정'에 대해 대체로 두 가지 유형을 말한다(다음 도식 참조). 어떤 유형이든 봉사자는 환자의 불편과 고통을 덜어주기 위해 노력해야 한다.

특히 교회 호스피스 돌봄 봉사자는 환자의 '임종에 대한 두려움', '잊혀지고 버려질 것에 대한 공포심', '미지의 세계에 대한 두려움', '세상과 완전히 절연하는, 혹은 초연한 것처럼 보이려는 태도' 등을 조금이라도 완화시켜주면서, 삶의 의미와 가치, 가족과의 관계, 무엇보다 죽음을 통과하여 환자를 받아주실 하나님을 끝까지 인격적으로 신뢰하도록 인도해야 한다.

죽음에 이르는 과정

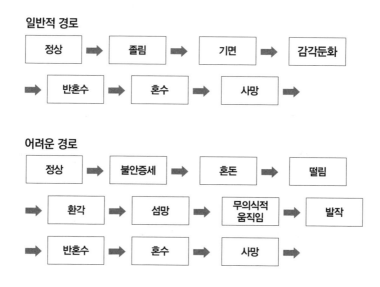

일반적 경로

정상 ➡ 졸림 ➡ 기면 ➡ 감각둔화

➡ 반혼수 ➡ 혼수 ➡ 사망 ➡

어려운 경로

정상 ➡ 불안증세 ➡ 혼돈 ➡ 떨림

➡ 환각 ➡ 섬망 ➡ 무의식적 움직임 ➡ 발작

➡ 반혼수 ➡ 혼수 ➡ 사망 ➡

임종 과정과 순간에 환자 돌보기

간호학에서는 임종 전 48시간 내에 임종 환자의 30퍼센트가 호흡 곤란, 통증, 불안하고 초조해하는 증세, 요실금 등의 증상을 경험한다고 보고한다. 필자는 30년 가까이 환자의 임종을 지켜보면서 임종 환자에게서 위의 대표적 증상을 비롯해 몇 가지 공통점이 나타나는 것을 발견할 수 있었다. 가래 끓음, 호흡 곤란 또는 호흡 불규칙(깊은 호흡을 하고 숨을 천천히 내뱉는다), 손발 냉증, 식은땀, 피부색 변화(검푸른 빛으로 변함), 맥박 저하, 혈압 강하, 항문 풀

어짐과 실변과 실금, 그리고 의식 흐려짐과 혼수(昏睡) 등이다.

환자에게 이런 현상이 보이면 봉사자는 목회자에게 긴급하게 연락하여 임종을 준비하도록 한다. 좋아하는 찬송과 성구를 나지막이 들려주고, 성경이나 찬송에 손을 올려주거나 손을 잡아주는 등, 영적 지지를 물리적으로 표시해준다.

봉사자는 환자와 환자의 가족이 '죽음을 허락하는 태도'를 가질 수 있도록 침착하게 임종 상황에 대처한다. 남겨진 가족을 걱정하는 환자를 안도시킬 수 있다. 마지막까지 신앙적 존엄과 따뜻한 모습을 보이는 것은 임종 환자에게 큰 위로와 선물이 될 수 있다. 환자가 가족과 마지막 작별 인사를 할 수 있도록, 작은 목소리로라도 하고 싶은 말을 하도록 이끌어준다. 이때는 봉사자도 눈물이 흐르는 것을 억지로 감추거나 미안해할 필요가 없다.[32]

(의사가 없는 상황일 경우) 환자가 임종하면 봉사자는 임종 시간을 가족에게 알려준다. 사후 한랭, 강직, 피부에 나타나는 자줏빛의 반점인 시반(屍斑) 같은 생리적 현상이 나타나는데, 임종 환자의 체위를 반듯하게 해주고, 눈을 뜨거나 입을 벌리고 있다면 감겨주고 다물도록 해준다. 의학적으로는 보통 호흡과 심장박동이 정지하고 동공이 확대되며 대광반사(對光反射)가 없어지면 사망한 것으로 본다.

---

32 이병숙 외, 앞의 책, 156.

11장

사별과 사별자 이해와 돌봄의 모든 지식

사별과 그 슬픔에 대한 이해

사별(死別)이란 가족이 죽어서 이별하는 것이다. 사별을 당한 가족의 슬픔과 애도(哀悼) 등 사별과 관련한 용어의 의미부터 알아두자.

'사별'(Bereavement) : 죽음에 의하여 누군가를 보내고 애도 과정에 있는 것이다. 친밀한 이를 죽음으로 잃어버린 상황이다.

'급성 슬픔' : 죽음을 알자마자 즉시 발생하는 슬픔으로, 속이 뒤

집히는 것처럼 느껴지고 기절할 수도 있으며, 호흡과 심박동이 불규칙해진다.

'슬픔'(Grief) : 사랑하는 대상의 죽음에 대하여 느끼는 주관적 느낌이다. 이 슬픔은 상실감과 동시에 오는 정서적 고통으로, 심각한 위기 상태임을 뜻한다. 사별에 대해 인지(認知)하는 것은 심리적, 정서적으로 복합적이고, 강렬한 내적 반응을 일으킨다.

'애도'(Mourning) : 사별의 슬픔이 풀어져 가는 과정이다. 상실의 공포와 불안을 다른 사람들이 있는 곳에서 표현하는 것으로, 슬픔의 사회적 표현이기도 하다.

이 중에서 '애도'(슬픔)는 망각되는 것이 아니다. 풀어져 가는 것처럼 보일 뿐 아예 잊혀지지 않는 것이다. 따라서 사별자는 매 순간 그 슬픔의 매듭을 풀어야 한다. 어떤 경우는 애도 상태가 영구적이기도 하므로, 슬픔을 이겨내고 가치 있게 회복하도록, 그 매듭을 소화해내야 한다. 이 과정은 출산처럼 고통스럽고 긴 과정이 필요하며, 때로는 위험하기도 하다. 인간은 전인적이기에, 애도 역시 전인적으로 이루어지고 치유되어야 회복이 가능하다.

사별은 모든 사람이 언젠가 직면해야 하는 위기 중에서 가장 슬픔이 큰 위기이다. 사별을 겪는 사람들은 슬픔을 통하여 상실과 그 의미에 대해 점점 적응해나간다.

아내를 먼저 보낸 유명 기독작가 C. S. 루이스는 이에 대해 다음과 같이 말했다.

4부 | 교회 호스피스와 사별자 돌봄 가이드

"아내를 잃고 난 후, 아무도 내게 사별의 슬픔이 그렇게 무서운 것이라고 말해주지 않았다. 나는 (이제는) 두려워하지 않는다. 그러나 그 전율은 두려움의 상태에 있는 것과 같다. 유사한 윗배의 두근거림, 안절부절, 하품하기…. 나는 계속 침을 삼킨다."

사별한 사람들이 겪는 상실의 아픔이 정상적인 슬픔인지 비정상적인 슬픔인지 확인하는 것은 회복을 위해 매우 중요한 문제이다. 그렇기에 정상적인 슬픔과 비정상적인 슬픔이 어떻게 다른지를 알아볼 필요가 있다. 정상적인 슬픔은 자연스럽고 스스로 회복되기도 하지만, 비정상적인 슬픔의 특징이 보인다면 누군가의 도움이 필요하기 때문이다.

사별자의 정상적 슬픔의 특징

- 목이 조이고 가슴이 무겁다.
- 속이 텅 빈 것 같고 식욕이 없다.
- 때로는 죄의식을 가지며, 다른 사람에게 화를 내기도 한다.
- 안절부절못하며, 다른 일을 찾아보지만 집중하기 어렵다.
- 고인의 사망이 사실 같지 않고, 실제로 받아들이기 힘들다.
- 고인이 평소처럼 문을 열고 들어오는 것 같고, 실제로 대면하여 이야기하는 것처럼 느껴진다.
- 고인의 일생에 강하게 집착한다.
- 고인의 버릇이나 특유의 표정을 따라 해본다.

- 고인이 생존했을 때 있었던 일, 또는 일어나지 말았어야 했던 일로 인하여 화를 내거나 죄의식을 느낀다.
- 자신을 남겨두고 혼자 떠난 고인에게 강렬한 분노를 느낀다.
- 고인을 잃은 상실감을 표현하지 않는 것이 주위 사람들을 위하는 일이라고 느낀다.
- 고인에 대해서, 그리고 죽음에 대한 일들을 자꾸 생각하고 그에 대해 얘기하려 한다.
- 사소한 일에도 감정이 변하는 것을 느낀다.
- 느닷없이 운다.
- 질서 없이 서성대고, 쉽게 잊어버리며, 집안일을 시작했다가 끝내지 못한다.
- 잠을 이루지 못하고 고인에 대한 꿈을 자주 꾼다.

사별자의 비정상적 슬픔의 특징

- 세월이 흘러도 지나친 슬픔에 계속 싸여 있다.
- 적절한 영양 섭취와 수분 섭취를 하지 않으며, 규칙적인 운동과 휴식을 하지 않고, 사회적 지지망 등을 형성하기를 포기한다.
- 사소한 일에 지나치게 반응한다.
- 자기 파괴적 충동이 있다.
- 술이나 약물을 남용한다.
- 사회적 삶의 스타일이 갑자기 변화하였다.

- 장기적인 공포가 있다.
- 환경과 해결하지 못한 과거의 슬픔에 사로잡혀 있다.

죽음으로 인해 사랑하는 사람과 이별하는 것은 남은 가족에게 이처럼 큰 충격을 안겨준다. 남은 가족은 있어야 할 한 사람의 빈자리를 느끼며, 실제적으로는 역할의 상실과 혼돈을 느끼면서 살아가야 한다. 정서적으로는 상실로 인해 오는 비탄의 감정을 감내해야 한다. 죽어가는 환자의 문제는 머지않아 해결되지만, 남은 사별 가족에게 문제는 계속되기 마련이다.

이러한 이유들 때문에, 환자 심방 사역의 당사자인 환자를 섬기는 것만 호스피스 돌봄의 전부가 아니다. 환자 심방 사역의 특별하고 중요한 부분은 환자의 가족까지 돌보는 것이다. 치료 중일 때뿐 아니라, 사별 이후 남겨져 고통당하는 가족까지 섬기고 지지(care)해야만 한다. 따라서 심방 봉사자들은 사별자에 대한 이해가 필요하다. 남은 가족을 효과적으로 돕기 위해서이다.

사별했다는 말은 사실 누군가의 도움이 필요하다는 말이기도 하다. 그러나 주위를 아무리 둘러보아도 마음 터놓고 이야기할 수 있는 상대를 찾는 것은 좀처럼 쉽지 않다. 때로는 누군가에게 마음을 터놓고 먼저 떠난 이에 대해 이야기를 나누고 싶어지기 마련인데 말이다. 이럴 경우, 심방자는 귀를 열고 남은 가족에게 다가가야 한다.

사별의 유형을 이해하라

사별에는 크게 네 가지 유형이 있다. ① 자녀, ② 배우자, ③ 부모 사별 등 세 가지, 그리고 ④ 자살로 인한 사별 역시 중요한 사별 유형으로 삼아 모두 네 가지로 보는 것이다.

첫째 : '자녀 사별'은 성인 자녀의 사별과 성인 이전 자녀의 사별로 나누어 볼 수 있다. 특히 성인이 되기 이전의 자녀를 사별하는 경우, 그 부모는 자신이 역할을 제대로 수행하지 못해 자녀가 죽음을 맞이한 것이라는 죄책감이 들어 큰 고통 속에서 지낼 수 있다. 자녀에게 가졌던 꿈과 희망과 자존감의 상실도 경험하게 된다.[33] 소위 말하는 2차적 상실이 이런 것이다.

둘째 : '배우자 사별'에서는 남겨진 쪽이 여성일 때와 남성일 때 나타나는 양상이 매우 다르다. 여성 사별자는 여전히 존재하는 한국 사회의 편견과 선입견 때문에 자신이 사별자임을 드러내지 않으려는 경향을 보인다. 지위 변화, 정체성 혼란, 사회적인 고립감이 큰 문제로 부상한다.

이에 반해 남성 사별자는 가정생활에서 역할의 문제에 봉착하

---

33 이병숙 외,《호스피스 완화간호》, 188.

는 경우가 많다. 딸이 장성한 경우는 딸이 사별한 부인의 역할(가사)을 대리하는 경우도 있다. 딸이 어린 경우에는 사별 남성의 생존 부모, 즉 고인의 시부모가 주부의 역할을 하기도 한다. 이럴 경우 직간접적으로 재혼의 압력에 처하게 된다.[34]

배우자 사별 중 나이 들어 사망한 노년 사별의 경우에는 "실제로 노인의 심혈관계에 부정적인 영향을 끼친다"라는 보고가 있을 정도로, 여성이든 남성이든 남은 사별자에게 큰 영향을 끼친다. 배우자와 갑자기 사별한 경우 1년 내 사망할 위험이 1.61배 높고, 만성질환을 앓다가 사별한 경우에도 사망 위험이 1.21배나 높아지는 것으로 보고되고 있다. 나이가 들어 배우자와 사별한 후에는 가장 가까운 친구를 잃은 느낌과 분노를 나타내며, 자신이 한 일을 더 자주 뒤돌아보거나 아프다는 느낌, 늙었다는 자괴감, 두려움 등을 나타내고 그 고통을 호소하기도 한다.[35]

셋째 : '부모를 잃고 남겨진 자녀들'은 고아가 된 느낌, 죽음의 임박성 인식, 무력감, 후회와 좌절감 등에 시달린다. 부모와 헤어질 것이라곤 생각도 못 했기 때문에 사별 후에 깊은 단절감을 느끼고, 부모와의 관계에서 완성하지 못한 일들 때문에 괴로움을 호소한다.

---

34 이병숙 외, 앞의 책, 189.
35 이병숙 외, 앞의 책, 189.

넷째 : '가족의 자살로 인한 사별'은 심각한 후유증을 남긴다. 자살 사별자들은 일반인에 비해 우울증에 걸릴 비율이 무려 7배이며, 잠재적인 자살 시도율은 8.3배나 높은 것으로 조사되었다.[36]

2015년 기준으로 우리나라의 자살률은 인구 10만 명당 26.5명이다. 이 통계에 따라 폭넓게 보면, 국민의 31.8퍼센트가 가족, 친지, 친구, 선후배 등 지인의 자살을 경험했고, 이로 인해 자살을 생각해보는 일이 더 잦아진다고도 볼 수 있다.[37]

유족을 이해하는 첫걸음

35년 이상 슬픔과 애도에 관한 전문 상담가로 일한 패트릭 오말리(Patrick O'Malley)는 자기가 만난 60세 이상의 내담자 중 부모 사별자의 90퍼센트가 '충격적이고 복잡하게 죽음을 경험'한다고 말한다. 특히 자연사보다 이른 사망, 갑작스럽게 들이닥친 죽음, 그리고 이 둘이 결합된 경우는 남겨진 사람들의 슬픔이 훨씬 복잡해진다고 한다.

그는 '노령의 어머니', '생후 9개월 된 아들', '급서(急逝)한 아버지', 이렇게 세 종류의 사별에 관해 말하면서, 죽음이 평화롭든

---

36 이병숙 외, 앞의 책, 190.
37 이병숙 외, 앞의 책, 190.

4부 | 교회 호스피스와 사별자 돌봄 가이드

좀 더 비극적으로 보이든 간에, 사랑하는 사람을 잃는 경험은 사별 가족에게 트라우마로 남는다고 말한다. 더구나 오랫동안 육체적 퇴화나 장애를 앓다가 사망한 경우, 생전에는 보호자의 탈진과 가족 전체가 느끼는 무력감 때문에 고생하고, 임종의 순간에도 또 다른 피로감을 경험하게 된다. 보호자가 사별 환자를 간호한 기간이 길면 길수록 감정적인 공허감은 더 커진다.

오말리는 사별을 겪은 유족에게 아래와 같은 질문을 던져볼 것을 권한다. 아래는 패트릭 오말리와 팀 매디건의 공저인《제대로 슬퍼할 권리》를 참조하여 저자가 요약한 것이다.[38]

- 피로로 고통받은 적이 있는가? 어떤 방법으로 이겨냈는가?
- 사랑하는 사람이 심하게 앓다가 떠났는가? 당신에게 어떤 영향을 미쳤는가?
- (사별의 순간에) 어느 정도의 충격을 받았는가?
- (사별의 순간에) 타인의 도움이 있었는가?
- 호스피스의 도움을 받았는가? 그것이 도움이 되었는가?
- 사별 후 육체적으로 회복할 시간이 필요했는가?

유족으로서 사별을 경험한 상실감이 갑작스럽거나 충격적이

---

38 패트릭 오말리, 팀 매디건,《제대로 슬퍼할 권리》, 시그마북스, 2018, 137-138.

었다면, 유족의 슬픔을 평면적으로 이해해서는 안 된다. "고인과 관계가 참 좋았던 모양이네. 많이 슬퍼하는 걸 보니"와 같이 단순한 차원으로 이해하는 말투는 정신적으로 대격변에 가까운 감정적 고통을 겪은 유족의 고통을 이해하지 못한 채, 단순한 슬픔 정도로 취급하고 지나치는 것이다. 바로 이런 이유 때문에, 상담자로서 호스피스 돌봄 봉사자의 역할은 매우 중요하다.

사별로 인한 '슬픔의 12단계'

사람의 감정이나 생각은 동일하거나 순차적이지 않다. 오히려 다양하고 복잡하다. 따라서 감정이나 생각을 일정한 방식으로 정확하게 분류하는 것은 불가능하다. 다만, 인간의 세분화된 심리상태를 연구하고 파악하여 슬픔의 과정을 조금 더 효과적으로 다룰수는 있으며, 이것은 사별자를 위한 치유 상담에도 도움이 된다. 이를 위해 '슬픔의 12단계'를 소개한다.

'슬픔의 12단계'는 알폰스 데켄(Alfons Deeken)이 자신의 저서 《죽음을 어떻게 맞이할 것인가》에서 소개한 심리 상태의 단계이다. 데켄 박사는 독일 태생으로, 1959년 일본으로 건너간 이후 '죽음의 철학' 등을 강의하며 일본의 죽음 준비 교육을 주도하는 학자이다.

1단계, 정신적 충격과 무감각의 마비 상태

사별 가족은 사랑하는 사람이 죽었다는 사실을 인정하지 않는다. 큰 충격으로 인해 현실감각이 일시적으로 마비 상태가 되는데, 일종의 방어기제이다. 이러한 상태를 단기간에 경험하는 것은 적극적인 자기방어의 의미도 있지만, 이 단계가 길게 지속된다면 사별 가족에게 정신적으로나 육체적으로 힘든 상황을 가져오게 된다.

2단계, 부인(부정)하는 상태

사별자의 이성(理性)은 사랑하는 사람이 죽었다는 사실을 수용하지 않고 거부한다. "어떻게 이런 일이 나에게 일어날 수 있는가"라며 현실을 받아들이지 않는다. "이것은 사실이 아니다", "그런 일은 받아들일 수 없다", "아직 살아 있는 것이 분명하다" 같은 표현으로 현실을 직시하기를 거부한다.

3단계, 겁에 질려 허둥대는 상태

사랑하는 사람이 죽을 때 사별 가족은 겁에 질려 허둥댄다. '사랑하는 사람의 죽음'이라는 공포에 직면하여 극도로 겁을 먹은 상태가 되고, 집중력을 잃어버려 일상생활에 지장을 가져온다. 이런 패닉 현상은 '비탄의 과정'에서 자주 보이지만, 이 단계는 가능한 한 빨리 탈피하는 것이 바람직하다. 이러한 상태를 미연에 방지하는 것이 비탄 준비 교육의 중요한 목표 중 하나이다.

4단계, 분노와 부당함을 느끼는 상태

어느 정도 분노를 느끼는, 정상적인 슬픔의 단계이다. 분노의 감정을 억누르기보다 적절히 표현하는 것이 슬픔을 치유하는 데는 더 도움이 된다.

환자가 장기간의 투병 생활을 거쳐 죽음에 이르는 경우, 죽음의 충격이 어느 정도 사전에 예측되어 서서히 마음의 준비가 되기 때문에 가족에게 분노가 거의 없거나 지극히 온화할 수도 있다. 그러나 갑작스러운 죽음은 남겨진 사람들에게 강한 분노를 품게 한다. 특히 뜻밖의 사고나 질병으로 인한 가족의 죽음은 '나는 아무런 나쁜 짓을 하지 않았는데 왜 이러한 고통을 당해야 하는가?'라는 분노를 안겨준다.

죽음에 직접 책임을 져야 하는 사람이 있을 경우, 즉 가해자가 분명할 경우 분노의 대상은 명확해지지만, 일반적으로 분노의 대상은 운명이나 하나님이다.

문화적, 사회적 조건 등에 의하여 외부로 향하는 분노의 표출이 방해받으면, 분노는 안으로 향하기 때문에 공격 대상이 자신이 될 수도 있다. 자신에 대한 분노는 심신의 쇠약을 동반하여 심각한 타격이 되므로 대단히 위험하다.

5단계, 적개심과 원망을 품는 상태

이 단계에서는 주변에 있는 사람을 향해서도 적개심이 터져 나오곤 하는데, 그 표적이 간혹 죽은 이가 되기도 한다. 이러한 적의(敵意)는 대체로 불합리한 것이므로, 적의의 대상이 되는 사람들은 과민한 반응을 보이지 않아야 한다. 즉, '나한테 왜 저러나?' 하는 식으로 반응해선 안 된다. 오히려 분노하는 사별 가족에 대한 깊은 이해와 배려가 필요하다.

6단계, 죄의식(죄책감)을 품는 상태

죄의식은 비탄의 과정을 대표한다고 할 만한 반응이다. 과거에 있었던 일, 혹은 상상 속의 자기 잘못을 후회하고 자신을 책망한다. '좀 더 잘 해주었어야 하는데', '좀 더 자주 찾아봤어야 했는데' 하는 생각을 하면서 회한에 사로잡힌다.

죄책감을 내면에 있는 분노로 해석할 수도 있는데, 죄책감을 극복하는 데 종교가 중요한 역할을 할 수 있다. 슬픔의 과정에서 가장 좋은 것은 하나님께서 우리를 용서해주신다는 기독교적 메시지이다.

7단계, 공상의 형성, 환상, 환각의 상태

죽은 이가 문을 열고 들어오는 듯한 환각을 갖게 되는 것이다.

8단계, 고독감과 우울의 상태

실망에 빠져 소망을 잃고, 남은 생애를 더 이상 컨트롤할 수 없다는 절망에 빠진다. 삶을 활동적으로 만들거나 무언가 계획하는 것 자체를 완전히 포기하게 된다. 이것은 건전한 비탄 과정의 일부이기도 하지만, 반드시 극복되어야 하는 것이라는 사실을 잊어서는 안 된다. 속히 극복하려는 노력과 주위 사람들의 도움이 필요하다.

9단계, 정신적 혼란(방향감각 상실)과 무관심

생활의 목표를 잃어버린 채 공허함에 빠져 어떻게 해야 할지 모르게 되고, 인생의 모든 것에 무관심해진다.

10단계, 체념, 수용하는 상태

용기를 내어, 사랑하는 가족이 이 세상에 더 이상 없다는 고통스러운 현실을 직면하려는 노력이 시작된다. 수용이란 소극적인 운명에 자신을 맡기는 것이 아니라 적극적으로 현실을 받아들이려는 행위이다. 자신에게 놓인 상황을 '밝게 만드는' 작업은 대단히 중요하다.

11단계, 새 희망과 유머와 웃음을 재발견하는 상태

새로운 희망이란 미래를 향한 것으로, 건전한 인간관계를 다시 쌓아나가는 것을 말한다. 유머와 웃음은 건강한 생활에 없어서는 안 되는 요소이며, 유머와 웃음의 재발견은 비탄의 과정을 훌륭하게 극복해냈다는 표시이기도 하다.

12단계, 새로운 정체성 탄생의 상태

이 단계는 회복하는 단계이자 자신의 정체성을 새롭게 얻는 단계이다.

이상 12가지 슬픔의 단계를 거치는 것은 결국 회복하는 단계로 들어가기 위한 것으로, 고통에 가득 찬 비탄의 과정을 거쳐 새로운 정체성을 획득하게 한다. 이를 통해 보다 성숙한 새로운 인간으로 다시 태어나는 것이다.

슬픔의 단계에서 봉사자가 주의할 점

이상의 12단계에서 사별자 가족들을 섬기는 심방자나 봉사자가 도울 수 있는 일은 다음과 같다.

첫 번째 방문에서 주의할 것

사별 후 한 달쯤 지났을 때, 전화 접촉을 통해 그동안 어떻게 지냈는지 안부를 묻고 방문 의사를 비친다. 이때 사별자의 반응은 두 가지로 나타난다. "저 잘 지내고 있으니, 바쁘신데 안 오셔도 돼요"라며 방문을 거절하는 경우와, 환자가 살아있을 때 잘 대해준 것에 대한 고마움이나 의무감 때문에 허용하는 경우이다.

유가족 대부분은 도움을 받을 필요가 없다고 생각하는 편이다. 한국인의 정서상 사별로 인한 슬픔이나 고통은 온전히 개인의 것이라는 인식이 지배적이기 때문이다. 게다가 누군가에게 자신의 감정을 나누는 것을 꺼리는 경향도 있다. 그래서 사후 방문을 꺼리는 것이다.

하지만 비록 첫 번째 전화 접촉에서 실패하더라도 두려워하지 말고, 장기적인 전화 접촉을 통해 신뢰관계를 쌓아가는 것이 중요하다. 고인에 대하여 누군가와 대화를 나누고 싶다는 욕구가 그들 마음 한구석에 분명히 있기 때문이다. 그러니 유가족의 첫 번째 거절에 속지 말기 바란다.

유가족은 대화를 하고 싶어도, 실제로는 대화를 나눌 상대가 의외로 많지 않다. 특히 돌아가신 고인에 대해서는, 비록 알던 사이일지라도 이야기하기를 꺼리는 경향이 있다. 그런 측면에서 심방자나 사별 관리로 섬기는 봉사자와 유가족의 관계는 특별한 의미를 갖는다. 유가족은 사전에 자주 방문한 봉사자를 만날 때면 아무 거리낌이나 편견 없이 편하게 고인과 관련된 이야기를 나눌 수 있기 때문이다. 그래서 심방자와 봉사자는 유가족에게 새로운 친구가 될 수 있다.

막상 유가족과 만나 이야기를 시작해보면 내면에 깊은 외로움을 느끼고 있고, 하고 싶은 말이 가슴에 가득한 것을 알 수 있다. 다만 쉽게 피로를 느끼는 시기이므로, 긴 시간보다 한 시간에서 두 시간 가량 만나는 것이 적당하다. 이야기를 하는 도중 유가족이 많이 울 수도 있으니 티슈를 미리 준비해두는 것이 좋다.

사별자를 만나서 나눌 이야기로는 돌아가신 분의 병상 생활이나 임종 당시의 상황은 어땠는지, 장례식은 어떻게 치러졌는지, 그 후 유가족의 감정적, 신체적, 생활적인 측면에서 어떤 변화를 경험했는지에 대한 것 등으로 한다.

가능하다면 다음번 약속은 한달 뒤 정도로 정하는 것이 좋다. 빈번하게 접촉하는 것은 때로 유가족과 봉사자의 신뢰 관계 발전에 해로울 수 있기 때문이다. 유가족은 심방자나 봉사자를 지나치게 의존하게 되고, 이로 인해 심방자나 봉사자가 부담을 느끼게 될 수도 있다.

중립적 입장과 비(非) 심판적 태도와 비밀 보장의 원칙

유가족과 함께 이야기하다 보면, 유가족은 특정 가족 구성원에 대해 비판적 태도를 가질 수 있어서, 마음 깊은 곳의 비밀스러운 가족 이야기를 심방자나 봉사자 앞에서 표현할 수도 있다. 이런 경우 동조하여 같이 비판하거나 판단하지 말고 우선 조용히 들어준 후, 마음에 있는 상처를 따뜻하게 감싸주는 것이 중요하다. 만약 비밀로 해야 할 중요한 내용을 들었다면, 사별 관리 담당자하고만 의논하고 타인에게는 전하지 않는다.

어느 정도 대화가 이루어지고 관계가 편해지면 교회 공동체의 사별자 지지 모임이나 사회의 자조 모임에 참여하기를 권유해본다. 사별자의 성격에 따라 사회 모임에 나가는 것을 좋아하는 경우도 있지만, 대부분의 유가족은 여러 사람이 모이는 자리를 꺼리게 된다. 그러나 같은 처지에 있는 사람들이 함께 모여 서로의 삶을 나누는 것은 국내외에서 널리 사용하는, 상당히 효과가 있는 방법이다.

내가 사역했던 사랑의교회 호스피스 전인치유팀에 속한 사별 관리 팀의 여러 조직(샬롬회, 주바라기, G.F, 사랑의 울타리, 사랑의 캠프 팀)들은 이런 의미에서 하나님이 주시는 회복과 치유를 나누기에 딱 좋은 모임이었다. 만약 교회에 이런 모임이 있어서 유가족이 참여할 수 있다면 소개해주되, 참여 여부는 본인이 결정하도록 한다. 이 모임들에 대해선 이 책의 13장에서 구체적으로 알 수 있다.

12장

사별 후 회복에 필요한 목회적 돌봄

사별 유가족을 돌보는 4가지 과제

간호학에서는 사별한 유가족을 돌보는 과제를 크게 4가지로 제시하고 있다. 이것을 목회자의 돌봄에 적용해보자.

첫째 : 사별의 현실을 인정하게 하는 것이다. 사별로 남겨진 가족들은 사랑하는 가족의 죽음을 현실로 인정하는 것 자체를 힘들어할 수 있다. 갑작스러운 사별일수록 받아들이기가 더 힘들다. 증상이 심할 경우, 죽은 가족을 계속 찾아다니거나 그의 전화를

기다리는 경우도 있다고 한다. 하지만 사별의 현실을 인정하지 않고는 다음 단계로 나아갈 수 없다.

둘째 : 사별로 인한 고통을 감당하게 돕는 것이다. 사별 가족은 사별을 인정하는 단계를 지나 직면하는 고통을 겪어내야 한다. 심한 경우에는 사별 가족에게 약물을 투여하는 등 고강도 처방이 필요하기도 하지만, 장기적 관점에서 볼 때 약물에 의존하는 방법은 바람직하지 않다.

셋째 : 새로운 환경에 적응하게 돕는 것이다. 상실로 인해 일어날 변화를 알고 있어야 하고 대처해야 한다. 이때 목회자는 사별이 갖는 긍정적 효과, 즉 사별로 인해 일어날 수 있는 내면적, 인격적, 개인적 성장의 측면을 일깨워주어야 한다.

넷째 : 삶의 재구축을 돕는 것이다. 사별 후 남겨진 사람들이 삶을 다시 정상화하기란 말처럼 쉽지 않다. 사별로 인해 감정이 약해져 있고 외로움을 타는 사람이 새 출발을 하기가 쉽겠는가? 삶을 재구축하는 데 몇 년이 걸릴 수도 있다. 이때 서둘러 변화를 다그치기보다, 조용히 지켜보면서 지지와 지원을 보내는 것이 필요하다. 이런 과정을 통해서 남겨진 사별자는 사회적, 인간적 관계들을 다시 세울 수 있다.

이상의 네 가지 과제를 목회적 관점에 적용해보는 것은 유익할 것이다. 이제 구체적으로, 목회자의 사별 사역에서 사별자를 도울 수 있는 방법들을 알아보자.

사별 사역에서 적용 가능한 '회복을 위한 3단계'

필자가 사별 관련 사역을 25년 정도 해보니, 많은 유가족이 고인의 죽음을 극복할 때 다음과 같은 세 단계를 거치는 것을 보았다. 물론, 이 모든 단계가 기계적이고 일률적으로 적용되는 것은 아니지만, 대부분은 이 과정을 거친다. 퀴블러 로스가 환자에게 적용했던 '죽음에 이르는 심리적 5단계'를 적용하는 것도 사별자에게 가능하다. 내용이 유사하기 때문이다.

첫째, 거부(denial)와 분노(anger)의 단계

퀴블러 로스가 말한 '(환자가) 죽음에 이르는 심리적 5단계'의 부정, 분노, 우울의 단계와 비슷한 상태이다. 다만, 환자와 사별자 사이에 약간의 감정적 차이는 있다. 가족이 세상을 떠나면, 남은 가족은 이성적으로나 감정적으로 그 사실을 받아들이지 못한다.

크리스마스가 조금 지나고 연말이 되었을 때, 이○○ 집사님이 하나님의 부름을 받았다. 장례를 다 치르고서 얼마나 지났을까? 이 집사님의 부인이 한참 동안 울었다며, 속이 상한 채로 내 사무실을 찾아왔다.

"퇴근 시간이 되자 이 집사가 집으로 걸어오는 발자국 소리가 들리는 거예요. 부엌에 있다가 아무 생각 없이 '여보, 지금 왔어?' 하면서 문을 열었는데, 남편은 안 들어오고 밖에서 찬바람만 들어오더라고요….”

부인의 심정이 충분히 이해되었고, 내 마음은 한동안 시렸다. 그 분이 느꼈던 것처럼 차가운 바람이 왔다 간 듯했다.

이 단계의 유가족은 지금 당장이라도 떠난 사람이 찾아올 것 같은 느낌과 환상에 싸여 있으며, 죽은 자의 유품을 그대로 보존하거나 정리한 상태를 유지한다. 그가 죽어서 자신을 떠났다는 사실을 인정하지 않고, 자신의 감정을 계속 떠난 이에게 남겨둔 채 집착한다.

주위 사람을 피하고, 악몽 때문에 수면이 부족해지며, 식욕이 감퇴해 체중이 감소하기도 한다. 신경이 날카롭고 속이 허한 느낌이 들기도 하고, 억눌린 감정이 갑자기 폭발하기도 한다. 죽음을 수용한 것처럼 보이지만, 실제로는 잘 받아들이지 못하는 자신과 변화된 상황에 강한 분노를 나타내는 것이다. ‘전생에 내가 무슨 죄를 지었기에…’라고 생각하거나, ‘나보다 훨씬 못한 사람들도 다 멀쩡한데…’ 같은 반응을 보이며, 자학적인 자기 분노를 갖기도 한다. 외로움을 느끼며 불면과 우울증을 겪고, 때로는 다른 사람들에게 잘 보이려고 자신의 슬픔을 부인하기도 한다.

‘내가 그때 좀 그렇게 했었다면 좋았을 것을’, ‘내가 그렇게 했더라면 그 사람은 죽지 않았을 텐데’ 같은 말로 후회하거나 고인에 대한 죄책감을 가지기도 한다. 고인이 사용하던 향수나 로션 등의 냄새를 맡기도 하고, 그가 살아 있는 것처럼 식탁을 준비하거나 그의 음성을 듣는다고 말하는 경우도 있다.

이 단계에서 남은 가족은 충격을 받고 현실을 부인(否認)하며 믿으려 하지 않는다. 분노를 표출한 것 때문에 심한 피로감과 호흡 곤란과 허전함을 느끼기도 한다. 가슴이 답답해지고 소음에도 매우 민감해지며, 두통을 자주 느끼고 온전한 수면을 취하지 못해 일상에서 의욕을 잃어버린다. 앞날의 두려움을 표현하기도 한다. 이런 시기가 보통 몇 주에서 길게는 몇 달까지 지속되다 회복되곤 한다.

이때 심방자나 사별 관리 봉사자는 유가족을 자주 방문하여 그들과 함께 식사를 하거나, 가사 같은 사소한 일을 대신 해주며 지지해주는 태도를 보여주는 것이 좋다. 이러한 섬김을 통해 그들이 느끼는 거부와 분노를 이해하고 인정해준다. 고인과 함께했던 아름다운 추억들을 상기시켜 그런 추억을 가진 것에 감사하도록 유도해주고, 허망한 소망을 갖지 않도록 하여 거부와 분노의 기간이 가능한 한 짧아지도록 도와주어야 한다.

이 시기의 유가족에게는 시편 3편, 23편, 27편, 30편, 42-43편의 말씀이 도움이 된다. 찬송은 '은혜와 사랑', '평안과 위로' 분류가 위로가 되지만, 심방자나 사별 관리 봉사자 자신이 어려움에서 큰 위로를 받았던 찬송을 선택하는 것도 좋다. 선택한 찬송을 통해 받았던 은혜를 짧게 간증하는 것도 좋을 것이다.

둘째, 직면(encounter)의 단계

유가족이 고통하고 갈망하는 단계로서, 분노하는 충격의 시기에서 벗어나기 시작하여 달라진 인생을 깨닫게 되는 시기이다. 퀴블러 로스의 '죽음에 이르는 심리적 5단계'의 협상 단계와 비슷하다. 이 시기의 유가족은 현실의 상황이 변화하는 것에 대해 무언가 대책을 찾아야 할 것 같다고 느끼기 시작한다. 앞으로 이어질 삶의 현실에 불안과 두려움을 느끼기는 하지만, 포기하기보다 서서히 적응하려고 노력한다. 고인과의 관계를 정리하고 새로운 생활을 설계하기 위해 자신이 져야 하는 책임을 인식하게 된다. 사별을 현실로 받아들이고, 이를 표현하면서 고통의 강도가 점점 약해지는 것을 느끼게 된다.

이 시기에 심방자나 봉사자들은 유가족이 새로운 경험을 이야기하되, 느낌과 생각을 표현할 수 있도록 유도해주어야 한다. 또한 장래의 계획을 세울 수 있도록 조언하고, 서둘러 큰 변화를 계획한다면 절제하도록 이끌어준다. 동시에 앞으로 일어날 일들을 감당할 수 있도록 소망을 심어준다. 얼마든지 이겨나갈 수 있고, 고통에서 회복하여 새로운 환경에 적응하며 이겨낼 수 있다고 응원해준다. 이때 사별자가 상실의 고통을 이야기하거나, 자신의 삶에 생겨난 변화에 대해, 혹은 자신의 감정에 대해 부정적으로 이야기한다면 차단하지 말고 경청하며 긍정적으로 발전시켜 주어야 하다.

이 단계에서 회복하는 데 1년에서 2년 이상 기간이 걸리기도 한다. 이 시기의 유가족에게는 시편 42편, 43편, 46편, 121편, 요한복음 15장 1-11절 말씀이 힘이 된다. 찬송은 '그리스도', '인도와 보호', '거듭남' 분류에서 꼽을 수 있다.

셋째, 조정(reconciliation)의 단계

이 단계는 섬김을 받는 유가족이 완전하게 삶의 방향을 찾아 적극적으로 적응하는 단계이다. 이때 유가족은 주변에서 동일한 상실감에서 회복된 사람들을 찾아 그들과 함께하는 것을 원하기도 한다. 수면의 질이 좋아지며 체중이 회복되고, 외부에 적극적인 관심을 갖기도 한다. 더불어 자신의 삶을 재조직할 수 있는 힘을 갖는데, 미래에 대해 생각하고 새롭게 당면한 현실에 대해서도 자각하게 된다. 그래서 삶을 긍정적으로 구성하고 독립된 삶을 살려고 한다. 정체성이 형성되면서 변화에 대응할 능력을 점차 갖추게 되고, 새롭게 변화된 환경에 적응하여 고인과 관련된 일들을 정리한다. 아예 이사를 하거나 고인이 연상될만한 물건들을 다 정리하기도 한다.

이 단계에서는 심방자나 사별 관리 봉사자가 배려와 사랑이 담긴 카드를 보내거나, 홀로 남은 사별자라면 사람들과 삶을 나눌 수 있는 자리를 간단하게라도 만들어주는 것도 좋다.

이 단계에서도 심방자들에게는 인내가 필요하다. 이런 단계에서 회복되는 기간이 2-3년씩 걸리기도 하기 때문이다. 사별한 가족이 새로운 삶을 구축하는 데 도움이 되도록, 심방자와 봉사자들은 마음과 정성을 다해 섬겨야 한다.

이 시기의 유가족에게는 예레미야서 33장 1-9절, 이사야서 53장, 시편 90편, 103편, 112편, 119편, 121편 말씀이 도움이 된다. 찬송은 '소명과 헌신', '인도와 보호', '분투와 승리' 분류에서 찾아 부르는 것이 좋다.

목회자의 사별 목회 상담의 실제

사별을 겪은 가족은 정신적 혼란으로 인해 스스로 누군가의 도움을 찾으려 하지 않는다. 이러한 상황에서 목회자는 좋은 상담자가 될 수 있다. 목회자는 공식적으로 상담을 청하지 않는 사람들일지라도 기다리지 않고 먼저 찾아갈 수 있기 때문이다. 또한 그래야 한다.

많은 경우, 목회자에게 상담은 주로 요청받지 않은 상황에서 비공식적으로, 우연히 하게 되는 일일 수 있다. 우연한 만남을 통해서 드러나는 목회자의 숨은 감수성과 상담기술이 효력을 발휘하여, 계획되고 공식적인 상담에서는 접하기 어려운 사람들을 도울 수도 있다. 그래서 실제로는 비공식적인 목회상담이 빈번하게 일어나곤 한다. 비공식적인 단기 상담은 사실 목회자에게도 도움이 되는 방법이다. 목회자가 공식적으로 시간을 내서 상담하기에는 시간이 부족하다. 어차피 상담은 목회의 한 부분일 수밖에 없는데, 특히 사별 가족에게 목회자의 상담은 매우 소중한 도움이 될 수 있다. 따라서 사별 가족을 대상으로 한 상담 목회가 적절하게 이루어질 때, 사별자들은 영적으로나 정서적으로 더 온전한 성장을 이룰 수 있을 것이다.

사별 가족을 위한 목회자의 책임과 역할

목회자에게는 사별 가족을 돌볼 책임과 사명이 있다. 사랑하는 사람을 잃는 것은 인생에서 겪을 수 있는 가장 큰 충격이기 때문이다. 더불어 교회 공동체는 목회자를 중심으로 하여 사별 가족 치유와 상담에 힘써야 한다. 사별 가족 치유 상담 목회가 잘 이루어지기 위해서는 다음을 유의해야 한다.

- 교역자는 사별 가족 치유 상담 목회에 더 많은 관심을 가져야 한다. 통상 임종 후의 장례 의식에는 교역자가 도움을 주지만, 장례 이후에는 남은 가족들에 대한 돌봄 작업을 전혀 하지 못하는 것이 현실이다.
- 목회자는 사별 가족 치유 상담에 대한 체계적인 목회 상담의 전문 지식을 갖추어야 한다. 사별을 당한 가족들에게 관심은 있지만, 그들을 어떻게 위로하고 돌보아 주어야 하는지 알지

못하는 것이 현실이다.

- 평신도를 교육하고 훈련시켜, 사별 가족 목회를 위한 상담 요원으로 발굴해야 한다. 목회자가 사별 가족에 대한 관심과 전문 지식을 소유했다 하더라도, 교회 운영의 여러 분야를 담당하고 있기 때문에 사별 가족의 치유에 전념할 수 없는 경우가 대부분이다. 이런 이유로 평신도 중에서 사별 가족 상담 봉사자를 발굴하는 일은 절실하다. 그러나 요즘 교회는 사별 가족뿐 아니라 다른 일에도 평신도 봉사자가 부족한 것이 또한 현실이다. 평신도 상담 봉사자가 발굴되더라도 교육하고 훈련시키는 것이 현실에서 쉽지 않다. 그럼에도 불구하고, 목회자와 교회는 사별 가족 치유를 위해 교회의 패러다임을 전환해야 한다. 교회는 사별 가족이 받는 충격이 크다는 것과, 장례식 이후에도 계속해서 돌봄이 필요하다는 것을 인식해야 한다. 따라서 교역자와 평신도 상담 봉사자의 호스피스 교육이 절실히 필요하다는 점을 잊지 말자.

상담자로서 목회자의 장점

목회자는 오랜 세월에 걸쳐 교인들이 상실과 위기에 처해 있을 때 그들을 보살피고 지원해주며 인도하는 역할을 해왔다. 전통적으로 내려온 목회자의 위치와 역할의 개념 덕에, 목회자는 자연스레 위기 상담자가 되었다. 위기에 처한 환자와 그 가족들과 지속적으로 접촉해왔을 뿐 아니라, 이로 인해 깊은 신뢰 관계를 유지해왔다. 여러 어려운 상황에서도 언제나 찾아가고 보살펴주는 사람으로 인식돼 있다. 따라서 목회자들은 상담자로서 다음과 같은 이점을 가지고 있다.

- 목회자는 교인들과 밀접한 관계를 형성하고 있다. 밀접한 관계는 목회자에게 신뢰감을 갖도록 해주며, 가정의 문제에도 개입할 수 있는 특권을 부여한다.

- 목회자는 전문 상담가와 달리 상담을 필요로 하는 곳이라면 어디나 방문할 수 있다. 전문 상담가들은 위기에 처한 당사자에게만 문제의 초점을 맞추지만, 목회자는 위기 당사자의 가족은 물론 그 친척에게까지, 심지어 당사자를 아는 교인에게까지 범위를 확대시켜 영향을 줄 수 있다.

- 목회자는 풍부한 인적 자원을 가졌다는 장점이 있다. 믿고 의지할 인적 자원이 많지 않은 일반 상담가에 비해, 목회자는 교회 회중 가운데에서 얼마든지 봉사자를 모을 수 있다.

- 목회자는 생의 공허함, 인간관계의 실패, 내적 갈등, 윤리적 딜레마, 죽음의 공포 등에 대해 삶의 궁극적 의미와 가치를 재정립해줌으로써 문제를 해결할 수 있는 존재이다. 목회자는 어떠한 종류의 어려움이든 위기에 처한 사람이 '변함없이 우리를 사랑해주시는 하나님'과 긴밀한 관계를 맺도록 도와주어, 궁극적으로 삶의 의미를 발견하도록 도울 수 있다.

사별자 상담을 위해 목회자가 갖추어야 할 것

- 목회자의 신앙은 인간의 고통 가운데 역사하시는 하나님을 확신하는 것이어야 한다. 인간의 고통이 신의 징계라고 말하거나, 신이 멀리서 인간을 심판만 하신다고 생각한다면, 위기에 처한 사람들을 적극적으로 도울 수 없다.

- 목회자는 자신을 하나님에 비견하거나 영웅으로 인식하지 않으며, 그저 하나의 인간이라는 자신의 한계를 잘 알아야 한다. 인간의 한계를 제대로 인식함으로, 상담이 비록 실패로 돌아간다 하더라도 실망하지 않고, 이를 통해 배울 수 있어야 한다.

- 사별에 처한 사람이 아픔을 실감하는 단계에 이르면 상담자에게 분노를 퍼붓거나 야유와 조소를 보낼 수도 있다. 그런 비난일지라도 처리할 수 있는 마음의 여유를 가져야 한다.

- 사별에 처한 사람이 충격에 사로잡혀 있을 때 그의 곁에 있어주되, 오랫동안 함께 있을 수 있도록 인내를 가져야 한다.

- 목회자는 피상담자에 대해 인간적인 존경심을 가져야 한다. 위기에 처했기 때문에 당장은 정상적이지 못할 수도 있지만, 그 안에 여전히 잠재성과 가능성을 지니고 있음을 믿어야 한다.

- 목회자는 문제와 직결된 사실에 대해 정직하고도 직접적인 방법으로 이야기할 수 있는 구체성을 지녀야 한다.

- 목회자는 상대방의 약점과 아픔에 공감하도록, 자신을 솔직하게 열 수 있는 열린 마음과 진실성을 겸비해야 한다.

• 목회자는 '지금'이라는 현실에 초점을 맞출 수 있는 즉시성(卽時性)을 가지고 있어야 한다. 대상자에게 일어나는 감정, 인상, 기대에 대해 목회자가 즉시 이해하고 소통하는 것이다.

적극성과 공감하는 인격의 중요성

목회자는 성격이 적극적일수록 좋다. 도움이 필요해 보이는 교인들의 명단을 작성하여 수시로 기도하며, 긴밀한 관계를 유지한다. 공식적으로 상담을 요청하지 않더라도, 그런 교인을 먼저 찾아가 만날 수 있어야 한다. 이렇게 적극성을 띤다면, 목회자는 사별 가족 상담가로서 목회에 더해진 역할을 잘 감당할 수 있을 것이다.

목회자가 가져야 할 태도 중 무엇보다 중요한 것은 사실 인격적인 부분이다. 사별한 이를 인격적으로 공감하고 애도에 동참해야 하는 것이다. 만일 슬픔을 겪고 있는 사람에게 목회자가 잘못된 말 한마디를 던진다면, 그렇지 않아도 찢어지는 가슴에 소금을 뿌리는 격이나 다름없다.

패트릭 오말리는 아무리 선의로 말한다 해도 하지 말아야 할 말이 있다고 조언한다. 특히 신앙을 빙자해서 하지 말아야 할 말들을 아래와 같이 규정했다.[39]

---

39 패트릭 오말리, 팀 매디건, 《제대로 슬퍼할 권리》, 236.

- "하나님은 감당할 정도의 시련만 주셔."
- "하나님의 뜻이 분명히 있을 거야."
- "모든 일에는 다 이유가 있어."
- "고인은 천국에 가셨어."
- "가실 때가 되었으니 가셨지."

오말리는 이런 말들이 종교적으로 지나치게 상투적이며, 무엇보다도 믿음이 있는 사람은 절대 슬퍼하면 안 된다는 무언의 압박을 담고 있기에, 절대 하면 안 되는 말이라고 지적한다. 그 외에도 "기도할게요", "도움이 필요하면 알려줘요" 등도 상대적으로 덜 상투적일 뿐, 빈번히 남발되고 있으므로 별 의미가 없다고 말한다. 오히려 (한국식으로 말하자면) "어떻게 위로를 드려야 할지 모르겠습니다" 같은 진실한 말 한마디가 더 큰 위로가 된다고 한다. 그는 유족과 대화할 때 다음과 같은 사항을 유의하라고 말한다.

- 믿음을 핑계 삼아 슬픔에 관해 가르치려고 하지 말라.
- '너무 오래 슬퍼하면 안 된다' 같은 암시를 주지 말라.
- 내가 당한 상실의 슬픔과 유족의 슬픔을 비교하지 말라.
- "잘 참고 있다" 같은 칭찬도 하지 말라. 실제와 다를 수 있기 때문에 부정적인 암시 또는 강박으로 작용할 수도 있다.
- 함부로 충고하지 말라.
- 상투적인 말을 피하라.

4부 | 교회 호스피스와 사별자 돌봄 가이드

오말리는 이와 같은 유의사항과 관련해, 피해야 할 위로의 말은 다음과 같다고 조언한다.

- "시간이 약이다."
- "잘 이겨내야지."
- "슬픔에는 단계가 있어."(슬픔 단계 같은 이론은 이런 책에서나 다룰 것이다.)
- "슬픔에서 빠져 나와야지."
- "강해지세요."
- "고인이 당신이 이렇게까지 슬퍼하는 걸 바라실까요?"
- "(슬픔에 젖어 있지 말고) 바쁘게 살아 보세요."
- "과거는 다 잊힙니다."
- "더 좋은 것들에 감사하세요."
- "더 심한 일을 겪는 사람들도 있어요."
- "이 일을 겪고 나면 더 강해질 것입니다."
- "잘하고 계십니다."
- "희망을 가지세요."
- "지금 어떤 기분인지 잘 알지요."
- "살 날이 더 많아요(그만 슬퍼하세요)."
- "(영유아 사별의 경우) 아기는 또 가지면 돼요."
- "(배우자 사별의 경우) 젊으니까 배우자는 또 만날 수 있어요."

사별 가정을 심방하고 상담할 때 대화하는 요령

• 지혜롭게 안부를 물으라. "잘 지내세요?" 또는 "힘드시죠?"라는 질문에는 "예"라고 답할 수밖에 없다. 매번 "잘 지내? 힘들지?"라고 물어보면 귀찮아진다. 이런 질문이 계속된다면 "그냥 지내니 그만 물으라"라고 화를 낼지도 모른다. 그냥 "어떻게 지내세요?"라고 묻는 편이 낫다.

• 자신의 느낌을 말로 표현하도록 격려하라. 사별자는 주변의 가까운 사람들이 툭 던지는 말에도 상처를 받는다. 혼자 있지 말고, 즐겁고 강하게 살라고 말하지만, 그게 잘 안 된다. 사별자 입장에서는 그런 말이 더 싫고 이해할 수 없다. 그럴수록 더 생각날 뿐이다. 결국 살아있는 사람을 위로한다는 말이 오히려 상처를 주게 된다. 그냥 "요즘 마음이 어떠신지요?" 하고 묻는 정도는 괜찮다.

• 상대의 말에 공감해주라. "나도 그런 경험이 있어요"라고 말하거나 "나도 그 마음 알아요" 같은 표현은 공감을 뜻하므로 좋은 표현이다. 단, 실제로 그런 경험이 있어야 한다. 심방자는 이 정도로 공감을 표현한 다음 더 길게 이야기하지 말고, 상대가 계속 이야기를 이어갈 수 있도록 격려한다.

• 훈계조로 말하지 말라. "빨리 잊어버리세요" 또는 "다 잊어버리고 새 출발을 하세요"처럼 가르치듯 말하는 건 좋지 않다. 사별자가 현실에 대처할 수 있도록 격려만 해주면 된다. 이때 미리

4부 | 교회 호스피스와 사별자 돌봄 가이드

해결책을 말하지 말고, 스스로 방법을 찾아낼 수 있도록 이끌
어준다. 만약 무력감에 빠져 해결책을 찾지 못한다면, 여러 가
지 대안을 조심스레 제시해 선택할 수 있도록 해준다. 이밖에
도 판단하지 않기, 고인에 대해 물어보기 등도 좋은 방법이다.

교인들이 사별 가족을 보살필 수 있게 하려면

목회자는 사별자를 상대하게 될 회중(교인들)을 위해 다음과 같
은 노력을 할 필요가 있다. 이른바 '사별자 관리 사역'이다.

- 설교나 교육을 통해 교인들에게 슬픔 처리 작업의 중요성과 성
  격에 대해 알려준다. 이것은 사별자들이 자신과 가족과 이웃
  가운데에서 어떻게 치유를 받아야 할지를 가르치는 일이다.

- 평신도 치유팀을 신중하게 선발하여 교인 가운데 슬픔을 당한
  사람을 도와주고 보살피는 임무를 수행하도록 훈련시킨다. 이
  러한 방법의 예로 '슬픔 치유 그룹'을 만들 수 있다. 이 사역은
  목회자가 최근 2-3년 동안 상실의 아픔을 겪은 사람들에게 전
  화하거나 주보 또는 편지를 보내 교회로 초청한 후, 아픔을 겪
  은 사람들끼리 만나도록 하는 것이다. 이때 그룹에 비슷한 아
  픔을 가진 사람이 둘 이상은 있어야 서로의 아픔을 이해하고
  공감하는 데 도움이 된다. 이와 같은 사별자 관리 사역에 대해
  다음 13장에서 알아보자.

13장

사별자를 돌보는 공동체 사역의 모델

사별자 관리 사역이 필요한 이유

교회는 사별 가정을 왜 섬겨야 할까? 가족의 죽음으로 인한 이별, 즉 사별이 남은 가족에게 큰 충격을 안겨주므로 도움이 필요하기 때문이다. 투병하던 환자가 세상을 떠나면 남은 가족은 그 상실감 때문에 어렵고 힘든 시간을 보낸다. 한 사람의 빈자리로 인해 자기의 역할까지 잊어버리고 혼돈에 빠지기도 한다.

그러면, 사별 관리 사역은 언제부터 시작되어야 할까? 이 사역은 말기 환자 가족이 호스피스 전인치유에 연결된 순간부터 계획돼야 한다. 퀴블러 로스가 말하는 5단계로 보자면 협상 단계의 시기쯤이다.

상실로 인해 오는 정서적 비탄의 감정을 감당하기란 쉬운 일이 아니다. 이들 가정에서 상실된 부분을 교회가 예수님이 주시는 사랑과 복음의 능력으로 채워줄 때, 그들이 일상으로 돌아가는 데 수월해진다. 교회는 이 과정을 돕는 것이다. 누군가의 도움이 필요할 때인데, 정작 주위의 시선을 의식할 수밖에 없어서 회복과 치유를 위해 마음을 터놓는 것이 불가능할 수도 있는데, 교회(목회자)가 심방을 통해 호스피스 봉사자의 역할을 하는 것이다.

심방자가 섬기던 심방대상자, 즉 환자가 임종하고 나면, 환자 개인으로서는 이 땅에서의 모든 관계가 끝난다. 모든 사회적 책임으로부터도 벗어나게 되는 것이다. 그러나 남편(아내), 부모(자식), 형제와 자매의 빈자리는 상당 기간 가족들을 우울하게 만든다. 이것이 사별 후 가족에게 정서적인 측면이 회복되어야 할 이유이다. 한편, 남은 가족에게는 그때부터 '마냥 막연한 일', 즉 감당하고 책임져야 할 일들이 현실로 다가오게 된다.

아내의 경우, 남편이 호스피스 대상자가 되면 우선 역할에 큰 변화가 찾아온다. 남편이 해주었기에 그저 누리기만 하던 일들에서 많은 변화와 혼란을 마주하게 된다. 쉽게 말해, 남편이 챙겨왔던 경제적, 사회적, 정서적인 모든 부분을 직접 감당해야 한다. 그러다 보니 안정을 찾아가는 데 많은 어려움을 겪게 된다.

부인들은 혼자 남겨졌을 때 의식주 문제에 어려움을 겪기도 한다. 투병 중에 쌓인 큰 규모의 투병 비용으로 인해 경제적 어려움을 호소하기도 한다. 이전에는 물질의 어려움이 없었거나 사회생활을 전혀 하지 않던 사람들이 현실 문제를 맞닥뜨리면서 경제활동을 하게 되는데, 이 역시 쉽지 않다.

남편을 간병하다가 자신의 건강에 대해 두려움을 갖게 되는 경우도 있으며, 자신들이 감당해야 할 자녀들의 정서적이고 경제적인 문제에서도 어려움을 겪는다. 이런 가족을 위한 섬김이 바로 '사별 사역'이다. 이 일은 왜 필요하고 그 방법은 무엇일까?

사별 사역이란 사별에 의한 상실감과 슬픔 가운데 있는 가정을 돌아봄으로써, 이들이 하나님의 사랑 안에서 상실감으로부터, 그리고 영적, 육체적, 정서적, 사회적인 모든 고통으로부터 회복할 수 있도록, 말 그대로 영적, 육체적, 정서적, 사회적으로 섬기는 것이다. 교회에서 하는 사별 사역의 대표적 방법은 공동체 안에 사별자 모임을 만드는 것이다. 이런 모임에서 회복된 가족이 사별의 상실감으로 고통받는 다른 가족을 복음의 능력으로 섬기면서, 함께 회복되어갈 수 있도록 돕는 것이다. 이것이 교회의 사별 사역이 궁극적으로 지향해야 할 목표이자 방법이다.

사랑의교회에서는 여러 종류의 사별자 모임을 만들어 서로 교류하도록 장을 열어주었다. 이를 통하여 서로의 아픔을 극복하는

4부 | 교회 호스피스와 사별자 돌봄 가이드

데 도움이 되었다. 필자가 사랑의교회에서 사역할 때 만든 여러 종류의 '사별 모임'을 이 장에서 소개한다. 그 모임의 이름들은 '샬롬회', '주바라기 모임', 'GF', '사랑의 울타리 모임' 등이다.

샬롬회

필자가 사랑의교회에서 환자 심방 사역을 시작한 후, 첫 환자였던 이OO 집사님이 기억난다. 하나님의 부르심을 받고 2년이 지났을까? 비가 몹시도 내리던 어느 날 퇴근 후 집에 돌아와 쉬고 있는데, 문득 누군가 집 밖에 있다는 느낌이 들었다. 혹시나 해서 아파트 인터폰 영상을 켜고 현관 밖을 보니 어느 부인이 비를 흠뻑 맞은 채 서성이는데, 차마 벨을 누르지 못하고 다시 승강기를 타고 내려가려는 모습이 보였다. 그 분이 누구인지 뒷모습만 보아도 충분히 알 수 있었다. 급히 문을 열고, 그 분을 집안으로 초대해 자초지종 이야기를 듣는데 얼마나 눈물이 나던지….

그 분은 남편이 그리워질 때마다 남편을 섬겼던 나를 만나 이야기라도 나누려고 두 달 가까이 우리집을 여러 번 찾아왔지만, 차마 벨을 누를 용기를 못 냈다고 했다. 다행히 그날은 내가 우연히 인기척을 느끼고 그 분을 발견한 것이다.

그 분의 이야기를 듣던 중에, 사별의 아픔을 회복하기 위해서는 소통이 필요하고, 소통의 장(場)인 사별 모임을 만들어야겠다는 하나님의 마음을 알게 되었다. 그리고 1994년 4월, 교회에서 처음으로 사별한 아내들의 모임을 간담회 형식으로 갖게 되었다. 이 모임이 사랑의교회에서 처음 생겨난 사별자 모임이었고, 후에 '샬롬회'라는 이름으로 조직이 되었다.

첫 모임이었던 간담회에 나온 이십여 명은 모두 자신들의 처지와 상황에 대한 불안을 호소했다. 첫 모임을 하던 날, 필자는 큰맘 먹고 개인적으로 가장 맛있게 먹었던 식당으로 그들을 초대했다. 모임의 목적은 사별 후 겪은 변화와 그들의 아픔에 대한 이야기를 들은 후, 하나님만이 주실 수 있는 평안을 소개하려 한 것이었다. 하지만 나의 바람과 달리 그 식당의 음식이 부담스러웠는지, 몇몇은 체하여 고생했다는 이야기를 다음 날 듣게 되었다.

당황스러운 결과를 듣고서 어디서부터 잘못된 것인지 여러 측면에서 생각해보았다. 그리고 기도하던 중, 나의 이상주의로는 이들을 섬길 수 없다는 것을 알게 되었다. 그들이 서로 힘이 되고 위로를 나눌 수 있는 모임이어야 한다는 것을 깨달았다.

모임의 이름은 '하나님 안에 있을 때에만 평안을 누릴 수 있다'라는 의미로 '샬롬회'로 지었다. 샬롬회가 사별자 아내들의 모임으로 시작되다 보니 회원들 각자 다른 이들의 어려움을 들어주고 서로 위로하며, 그 결과 자신의 어려움을 회복하는 선순환이 이루어졌다. 그러다 보니 점점 인원이 많아졌고, 초기에는 순탄하게 흘러가는 듯했다.

하지만 어느 날, 새롭게 모임에 합류한 사별자 아내들이 불편한 감정을 호소했다. 그들은 이곳에서 회복을 얻는 것이 아니라 오히려 부작용에 의해 희생되고 있었다. 그들은 사별의 아픔 때문에 도움을 받으러 왔는데, 모임에 참가해온 기존 멤버들이 이미 고통에서 회복되었기 때문에 그랬는지, 새 멤버들이 겪고 있는 고통은 상관없다는 듯이 큰 소리로 웃고 떠든 것이다. 자신들은 고통스러워 이곳을 찾았는데, 기존 멤버들이 자녀의 결혼 문제 같은, 사별의 고통과 완전히 동떨어진 이야기만 하니, 이곳에서의 교제가 회복이 아니라 더 큰 아픔이 되었던 것 같다.

이 문제를 두고 지혜를 구하던 어느 날, 그들의 아픔이 이해되면서, 그들을 사별한 시기에 따라 분리해야겠다는 생각이 들었다. 기존의 '샬롬회'는 그대로 두고, 사별자로선 초기 단계의 모임인 '주바라기' 모임을 만들기로 하였다. 사별자들은 우선 '주바라기'에서 2년 정도를 지내며 치유와 회복을 위한 섬김을 예비적으로 받고, 회복과 치유를 경험한 후에 '샬롬회'로 이동하기로 했다. 이후 '샬롬회'에서 5년 정도의 시간을 더 보내며 깊은 교제를 나누고 일상을 회복한 뒤, 이후에는 자신들이 원하는 다른 공동체로 옮길 수 있도록 했다.

특히 샬롬회에서는 자신의 고통을 기반으로 삼아 사별 사역의 봉사자가 되도록 자원하는 데 주안점을 두었다. 그래서 새로운 사별자를 섬기는 봉사자가 되도록 하는 데 신경을 썼다.

샬롬회는 월 2회 모이는데, 1회는 담당 교역자와 함께, 다른 1회는 각 팀장의 주도로 팀별 교제를 위해 모인다. 일상과 가정생활에 부족함이 없도록 말씀과 교육을 통해 상실감에서 회복하는 길과 삶에 대한 자세 등을 제시해준다. 컴퓨터 교실, 사진반 활동, 꽃꽂이, 마사지 학교, 세무 관련 세미나, 자녀 교육 같은 세미나를 통해 사별 후에도 혼자 살아가는 데 도움이 되게끔 했다.

샬롬회에 참여했던 김OO 씨의 간증을 소개한다. 김 씨는 이 간증을 했을 당시 56세였던 여성으로, 샬롬회를 통해 얻은 회복에 대해 이렇게 간증했다.

사별을 처음 경험했을 때 세상을 어떻게 살아야 할지 막막하고 너무 슬펐습니다. 사람들과 이야기하고 주위를 돌아본다는 것을 다시 할 수 없을 것만 같았습니다. 어두운 터널을 지나고 있는 듯한 시간을 보내고 있었습니다. 앞으로 어떻게 살아야 할지…, 하루하루가 눈물의 삶이었습니다.

그러다 교회 집사님을 통해 샬롬회에 오게 되었는데, 사별을 경험한 사람들이 어떻게 저렇게 밝게 웃고 이야기도 하고 자신의 삶을 있는 그대로 나누고 있는지, 그 모습을 보는 순간 너무 당황하여 저는 적응하지 못할 것 같았습니다.

하지만 서로 아픔을 나누고 섬기는 모임을 하면서 어느 정도 회복이 되다 보니, 나도 무언가 봉사를 해야겠다는 생각이 들었습니다. 사별팀의 봉사자가 되어 '사랑의 울타리'(사별 자녀 모임) 아이들과 그 가족들을 만나면서 새 힘을 얻는 경험을 하였습니다. 특히 저보다 젊은 (사별한) 집사님을 보면서, 저 역시 위로가 되어주고 싶어서 힘써 섬기게 되었습니다. 그 울타리에 섬김이로 들어가 또 다른 행복을 경험하고 있습니다. 아이들과 가족들을 만나고 다양한 행사를 하면서, 서로 하나가 되는 좋은 경험을 하고 있어서 참 감사합니다.

주바라기

앞에서 설명한 것처럼, '주바라기'는 '샬롬회'에서 생긴 부작용을 해소하고자 조직되었다. 1996년 1월에 시작되었으며, 사별한 직후부터 2년까지의 사별자가 모인다. '주바라기'라는 이름은 이제까지의 슬픔과 두려움을 떨치고 '주님만 바라보며 살자'라는 의미에서 지어졌다.

주바라기는 매월 2회 모이며, 담당 교역자와 함께 식사를 하거나 서로 어려운 사정을 듣는 시간을 갖는다. 함께 모여 말씀과 교제를 나누면서 얻는 하나님의 사랑과 위로로 상실감에서 벗어나게 해주는 것이 '주바라기'의 주된 목적이다. 간혹 사별의 아픔으로 하나님과의 관계가 틀어진 이들은 예수 그리스도 안에서 그 관계를 다시 회복하도록 도와주었고, 성령님이 함께하신다는 확신 가운데 살아가도록 힘썼다.

남편이 암으로 투병하다 사별하게 된 부인이 주바라기 멤버가 되면, 그 부인에게 제일 먼저 해주는 일이 '종합 건강검진'이다. 그들은 남편의 오랜 투병 기간 동안 남편과 함께 고통의 시간을 보냈기에, 자신도 암에 걸렸을지 모른다는 건강염려증이 생겨 불안해 하는 경우가 많다. 따라서 모임의 시작 단계에서 종합 건강검진을 통해 불안을 해소해주는 것이 서로에게 도움이 되겠다 싶었다. 교회의 성도가 관계를 맺고 있는 건강검진센터를 통해 교회가 실비를 지급하고 종합검진을 해주었는데, 도움을 받은 사별자들은 교회의 섬김에 큰 위로와 감사한 마음을 갖게 되었다. 교회가 자신에게 관심을 가져준다고 생각할 때 치유가 시작된 것이다. 특히 건강 검진 결과 이상이 없다는 결과가 나오면, 갑자기 정서적, 육체적으로 회복이 시작된 것처럼 느끼기도 했다.

다음은 이 모임에서 도움을 받은 50대 중반의 여성 고OO 씨의 사례이다. 그녀는 남편이 직장 생활을 하다 선교사로 자원하여 남편과 함께 유럽으로 갔다. 그러나 남편이 그곳에서 사역을 시작하기 무섭게 시름시름 앓았고, 위암 말기 선고를 받게 되었다. 그는 결국 하나님의 부르심을 받았다.

그 부인은 갑자기 마주한 어려운 상황에 당황할 틈도 없이 귀국하게 되었고, 자신들을 파송한 교회는 아니었지만 사랑의교회에 출석하게 되었다. 그 부인의 친구 중 한 명이 사랑의교회의 사별 사역을 소개했기 때문이다. 먼저 건강검진을 해드린다고 했더니 적잖이 놀라며, 자신은 건강하니 괜찮다고 극구 사양했다. 하지만 여러 번의 사양 끝에 받은 검진 결과는 충격적이었다. 그 부인에게서 안암이 발견된 것이다. 당시 우리의 환자 심방 사역과 사별 사역에 관심이 많으셨던 옥한흠 목사님께 이 일을 상의드렸다. 마침 수요예배를 드리기 전이었는데, 옥 목사님은 수요예배 중에 그 부인을 위한 헌금을 제안하셨고, 많은 성도들이 참여하여 그 부인은 조기에 안암 수술을 받을 수 있었다. 이 일은 교회가 사별자들에게 더욱 관심을 가지게 해주었고, 교인들이 우리 사역을 이해하는 계기가 되었다.

G.F(사별 남성들의 모임)

G.F는 부인과 사별한 남성들의 모임으로, God Father(하나님과의 좋은 관계), Good Father(좋은 아빠), Good Friend(좋은 친구)가 된다는 의미의 약자이다. 남자가 먼저 하나님과 좋은 관계를 맺을 때 좋은 아빠가 될 수 있고, 자녀들에게 좋은 친구도 되어줄 수 있기 때문이다.

이런 농담을 들어본 적이 있는가? 아내가 투병하다 임종하게 되면 남편은 화장실로 가서 세수를 한 후 거울을 보며 씩 웃는다는…. 말도 안 되는 이야기이다. 어느 날 장례를 인도하고 나오는데 누군가 차 안에서 이런 이야기를 하는 것이 아닌가! 마음이 너무 아팠다. 인간이 얼마나 악한지 보여주는 이야기인가 싶다가, 이런 얘기를 농담이라고 하나 싶기도 했다. 왜 이런 말 같지도 않은 말을 농담이랍시고 하는 걸까 하고 생각하다, 잠언서에도 종종 등장하는 소위 바가지 긁는 부인들에 대한 몇몇 부정적인 구절(잠 19:13, 21:9, 25:24, 27:15-16)들에까지 생각이 미쳤다. 이런 아내에게서 벗어났다는 뜻에서 나온 농담일까 하고 억지로 이해해보려 했지만, 여전히 씁쓸하다.

어떤 상황이었다 하더라도 배필이던 아내를 잃은 남편의 아픔과 현실은 사실 아내가 남편을 잃고 홀로 남겨진 경우보다 훨씬 심각하다. 남자는 아내의 상실로 인한 공백을 대신하려 애쓰다가 더 많은 시행착오를 겪게 된다. 여성보다 생활 문제에 적응력이 약하고, 자녀를 양육하고 교육하는 데 더 많은 어려움을 겪게 된다. 필자 또한 38년을 함께 했던 아내가 어느 날부터 없어져 혼자 살아가는 삶에 적응하고 있는데, 참 쉽지 않은 일이다.

비록 지병이 있어서 힘들고 고달픈 시간을 보냈다 하더라도, 배필을 먼저 떠나보낸 사별자들은 그래도 그때가 좋았노라고 공통적으로 고백한다. 이런 남편들의 방황과 고통을 모른척할 수 없었다. 그들이 먼저 떠나보낸 아내들을 대부분 내가 환자 심방 사역을 통해 섬겨왔기에, 남겨진 남편들의 어려움이 보이기 시작했을 때 도저히 모른척할 수 없었다. 어떻게 하면 이들을 섬길 수 있을까 기도하게 되었다.

남편들은 사회생활을 하며 가정까지 책임지다 보니 모임을 가진다는 게 쉽지 않았다. 그래서 그들에게 제안하기를, 한 달에 한 번만 모여서 함께 식사하며 어려움을 토로해보자고 했다. 그렇게 자신들의 어려움을 토로하면서 1년 정도 시간이 흐르다 보니, 서로를 격려하며 새로운 가정을 회복하도록 자연스럽게 기도하게 되었다. 실제로 여러 가정이 회복되는 아름다운 모습을 보고 축하를 전하기도 했다. 1997년, 그들은 앞에서 설명한 대로 자신들의 비전을 담아 이름을 G.F로 정하고 정식 모임을 시작했다.

사랑의 울타리 모임

어른들은 아이들이 받은 사별의 상처는 자라면서 자연스럽게 회복되고 치유될 것이라고 막연하게 생각한다. 하지만 외국 사례나 상담 전문가들의 의견을 살펴보면, 상심한 아이들에게 아예 관심을 갖지 않는 것도 외로움을 증폭시켜 문제이지만, 반대로 지나친 관심은 과잉보호라는 문제를 낳게 될 수도 있다. 적절한 도움이 필요하다는 말이다.

우리가 섬겼던 사별 가족 중에 어린이들이 있는 것을 종종 보게 되었고, 그들에게 이와 같은 소외감 혹은 과잉보호로 염려할 만한 경우가 보였다. 그것이 사랑의 울타리 모임을 시작하게 된 계기였다. 이 모임은 부모 중 한 분 이상을 잃은 어린이들을 위한 것으로, 모임의 이름은 교회가 그들에게 '사랑의 울타리가 되어주자'라는 의미로 지은 것이다. 하나님 안에서 일반적인 가정의 자녀들처럼 회복되고 치유되는 것을 궁극적인 목표로 삼는다.

어릴 때 받은 상실감은 어른이 되어서도 그 삶에 부정적인 영향을 끼치게 된다. 요즘처럼 복잡한 세상에서는 부모를 잃은 아이들이 소외되는 문제가 더욱 가속화되는 것이 현실이다. 세상은 이런 아이들에게 충분한 관심을 갖지 못한다. 이렇게 불행하게 자란 아이들이 세상과 불협화음을 내는 것을 우리는 종종 보지 않는가? 이런 아이들이 나쁜 환경에 노출되지 않도록 최소한의 장치가 필요하다.

교회에서 내가 생각한 최소한의 장치는, 부모를 잃은 아이들이 외로움을 느낄 때 교회 어른들이 울타리가 되어주는 것이었다. 자신들이 처한 어려움에 귀를 기울여주고 이해하려는 어른들이 있다면 아이들은 외로움과 방황으로부터 보호받을 수 있을 것이고, 세상과의 관계도 회복되지 않을까 싶었다.

첫 시작은 1997년 5월, 2-3살의 유아들부터 고3 아이들까지 모인 모임이었다. 교회 청년부를 통해 자원봉사자들이 충원되었고, 특히 샬롬회와 G.F의 회원들이 봉사자로 자원하였다. 울타리에서는 아이들의 상실감이 회복될 수 있도록 미술치료와 게임치료 같은 프로그램을 운영했다. 아이들에게 맞는 치유 프로그램을 운영하기 위해서는 어른의 관점이 아니라 아이들의 관점에서 보아야 한다. 그렇게 생긴 울타리의 프로그램이 치유캠프, 난타, 뮤지컬 등이다. 연습한 아이들이 공연할 수 있는 장을 마련해주고, 모두 참여하도록 격려를 아끼지 않았다.

보통 월 2회 모임을 가졌는데, 1회는 담당 교역자가, 다른 1회는 자원봉사자 선생님들이 모임을 주도하여 학업을 지도해주거나 상담을 받게 해주었다.

사랑의 울타리 모임의 교사가 되어 아이들을 섬겼던 한 동역자의 시를 소개한다. 불치의 병으로 투병하다 젊은 시절에 하나님의 부름을 받은 분인데, 이분이 쓴 '사랑의 울타리 친구들에게'라는 시를 보면 이 사역의 아름다운 점을 이해할 수 있을 것이다.

사랑의 울타리 친구들에게

오늘은 너희들의 얼굴 하나하나를 생각하며 하늘을 보았단다.
파란 하늘에서 네게 인사한 구름이,
지금 너의 사랑스런 미소를 머금고 나를 찾아왔어.

이처럼 너희들과 만남은 내겐 구름을 만나듯

너무나 자연스러웠지.

사랑하는 사람들과 함께 할 수 없다는 사실,

나는 생각만 해도 가슴이 아파와.

어린 너희들 가슴엔 얼마나 눈물이 가득하겠니?

그러더라도,

그러더라도,

고개 떨구지 말고 하늘을 보렴.

정말, 주저앉고 싶을 정도로

슬픔의 무게가 몸과 마음을 짓눌러와도

용기를 잃지 말고 살라고,

하늘은 저리 높은 곳에서 우릴 내려다보고 있는 거야.

어느 때고 힘들게 느끼는 날엔 하늘을 보렴.

그리곤, 씨익 하고 한 번 웃는 거야.

사랑하는 엄마, 아빠 하늘나라에 먼저 가시고

이제 너 혼자만 있을 때,

어떤 말을 해야 할지 모를 때,

혼자 있다는 것이 두려울 때,

그때 선생님 등에 똑똑하고 사인을 주렴.

기대어 실컷 울어도 좋고,

그저 두런두런 이야기하며 쉬어 갈 수 있도록

항상 (내 등을) 빌려줄게.

그리고 언제까지나 우리가 함께 할 수 있는

보금자리인 사랑의 울타리 속에서,

항상 함께하는 우리의 사랑이

더욱 밝은 빛으로 빛나기를 바라는 마음으로

살며시 두 손 모아 하늘에 기도드릴게.

서로의 사랑 속에서 환한 등불이 되어 달라고….

울타리의 아이들은 자신이 겪는 상실감 때문에 매우 예민했고, 모두에게 자신을 감추고 싶은 시기이기도 하니까, 사랑의 울타리 모임의 교사에게는 신중한 교육이 필요했다. 교사들이 회복을 돕겠다고 섬기면서, 아이가 이미 받은 상처에 또 다른 상처를 얹어줄 수는 없었다. 어린아이들의 영혼의 무게도 어른들과 전혀 다르지 않다는 것을 기억해야 한다. 한 영혼을 실족시키는 것은 차라리 연자맷돌을 목에 매는 편이 더 나을 정도로 무거운 죄이다(막 9:42). 이 경고의 말씀을 항상 생각해야 한다. 그래서 우리는 지침서를 만들어 교사들이 숙지하게 했다. 아이들을 기민하게 섬길 필요가 있기 때문이다.

다음은 어느 해 3월 '울타리'의 교사들에게 배부되었던 지침서이다. 이런 지침서는 매월 새로 작성되고, 시기에 따라 내용이 변경된다.

사랑의 울타리 섬김이 지침서

3월은 울타리 아이들에게는 새로운 학기가 시작되는 매우 중요한 달입니다. 또한, 새롭게 맡은 아이들과 좋은 관계(rapport)를 형성하므로 앞으로 1년간 행복한 사역을 시작하기 위한 첫 달입니다.

가정방문은 이렇게 하면 됩니다. 먼저 부모님께 전화를 드려 올 한 해 동안 아이들을 맡게 된 OOO임을 소개합니다. 소개한 후에 아이와도 가능하면 통화를 하십시오. 그런 후, 3월 중 가정방문을 가고자 하는데, 괜찮으신지 여쭤보고 약속을 정하십시오. 가정방문은 되도록 부모님과 아이들이 모두 있을 때가 좋지만, 여의치 않으면 아이들이 있을 때로 약속을 정하면 좋습니다. 가정방문을 가실 때에는 5천 원 상당의 음식(아이스크림이나 귤 꾸러미 정도)을 들고 가십시오(활동비를 보조해드립니다).

가셔서는 울타리 모임의 비전과 사역 내용에 대해 부모님(엄마 또는 아빠)께 소개하시고, 앞으로 전화 연락이나 모임 연락을 할 때 섬김이의 이름이나 얼굴 정도를 알 수 있도록 하는 것이 좋겠습니다.

또한 본인의 연락처를 부모님과 아이들에게 주는 것도 필요합니다. 특별한 기도 부탁이나 자녀에 대해 의논할 사항이 있을 때 연락할 수 있어야 하기 때문입니다. 만약 방문하기 전에 돌아가

시거나 헤어진 부모님에 대한 정보가 필요하거나 말하기 어려운 점이 있다면 목사님께 자문을 구하세요.

아이들과 만날 때는 이렇게 하면 좋습니다.

먼저 부모님을 만난 후에 방에서 아이들을 잠시라도 따로 만나는 것이 좋습니다. 아이들과 만났을 때에도 앞으로 어떻게 관계가 이어질 것인지 알려주도록 합니다.

또한 아이들의 생년월일과 추도식 날짜, 또는 중간고사와 기말고사 기간 등 아이들을 위한 정보들을 대략적으로 입수하고 방문한 선생님과 연락할 수 있는 방법 등을 의논하시기 바랍니다. 무엇보다 서로 친밀하고 믿을 수 있다는 느낌을 주는 것이 중요합니다.

아이들에게는 학교 담임교사도 있고 주일학교 선생님도 있습니다. 그렇기 때문에 울타리 섬김이(교사)들은 그들과 차별돼야 합니다. 좀 더 친밀하게, 언니, 오빠, 형, 누나인 것처럼 따뜻한 관계를 형성하도록 하십시오.

가정방문이 자칫 사무적인 행사가 되거나 교사를 만나는 것이 의무처럼 여겨지지 않도록 조심하십시오.

가정방문이 끝나면 반드시 섬김이 활동 기록지를 작성하여 4월 첫 모임 때 가지고 옵니다. 그 이전에 의논하고 싶은 일이 있으면 홈페이지의 섬김이 장에 적어주십시오.

어린이를 위한 '사랑의 치유 캠프'

1997년 7월, 사랑의 울타리 아이들과 부모들의 유대관계를 위해 아름다운 시간을 만들어주자는 목적으로 여행을 갔다. 이것이 '사랑의 치유 캠프'의 시작이다.

부모님이 다 계시다면 아이들은 아무런 어려움 없이 여행과 캠프에 참여할 수 있겠지만, 한 부모 가정의 아이들은 소외받기 십상이다. 이런 환경은 아이들이나 한 부모에게 아픔을 줄 수 있다. 이런 부분을 충족해주기 위해 열린 이 캠프는 연 2회 실시한다. 사랑의 울타리 아이들과 주바라기 팀이 중심이 되지만, 필요한 사람들에게는 언제나 참여할 수 있도록 오픈되어 있다.

여름에는 1박 2일, 겨울에는 3박 4일 캠프가 열린다. 이 캠프는 어떤 지식을 가르치는 것이 목적이 아니다. 보통 낮에는 역사적인 위인이나 현인들의 숨결이 담긴 장소를 여행하거나 놀이를 하고, 밤에는 복음을 통해 치유와 회복을 얻을 수 있도록 말씀을 전하여 사별 가족의 슬픔을 표현할 수 있도록 도와주었다.

사랑의 치유 캠프를 하면서 가족들이 회복되고 치유되는 것을 볼 수 있었는데, 해마다 하나님께서 이 캠프를 위해 준비하신 아름다운 열매들을 보는 것이 얼마나 큰 행복이었는지, 그저 감사할 따름이다. 특히 '사랑의 치유 캠프'가 교회 주보의 소식란에 광고된 후에는 정말 놀라운 일들이 일어난다. 많은 숨은 손길이 헌신하고 섬겨주고, 또한 중보의 기도가 풍성하게 채워진다.

매년 여름 캠프가 시작될 때쯤이면 옥한흠 목사님께서 전화를 하셨다. "박 목사, 네 통장 확인 좀 해봐라. 아이들 고기나 회 같은 것도 좀 먹여라!" 목사님 말씀에 통장을 확인해보면 보통 수백만 원이 들어와 있었다. 겨울 캠프가 시작된다는 광고가 나가고 나면 옥한흠 목사님 사모님께서 전화를 하신다. "박 목사님, 통장 확인해보세요. 캠프 때 비용으로 쓰시고 아이들이랑 부모님들 잘 섬겨줘요." 나는 행복한 사역자라고 고백할 수밖에 없다!

한 번은 이런 일도 있었다. 혼자 기도를 하던 중이었는데, 기도를 하면서도 '참 어이없는 기도를 하게 하시네' 싶었다.

"하나님 아버지! 우리 이번 여름 캠프에 아이들이랑 부모님들 비행기 좀 태워 주시면 안 돼요? 아직 비행기를 타보지 못한 아이들이 학교에서 소외감을 느끼고 울었다고 하는데, 어떡해요?"

그리고 얼마 지나지 않아 놀라운 소식이 들어왔다. 제주항공에서 전세 비행기를 한 대 내준다는 것이었다. 그 덕에 우리 아이들은 제주도를 다녀올 수 있었다. 제주도에서 얼마나 멋진 캠프를 하였는지, 그때를 떠올리면 아직도 감격스럽다. 혼잣말처럼 한 기도까지 듣고 계시는 하나님께 어찌 감사하지 않겠는가!

서울 근교는 물론 거제도에서 캠프를 연 적도 있는데, 충무공 이순신 장군을 만나는 캠프가 되었다. 아이들이 가보고 싶은 곳이 있다면 어디든 섭외했다. 겨울에는 스키를 타보고 싶다는 아이들의 소원을 들어주려고 2년 연속 스키장에서 캠프를 한 적도 있다. 여름에는 워터파크에 가고 래프팅을 하기도 했다. 공원이든 산이든 바다든 아이들이 원하는 곳이라면 어디든 갔다.

사역 그룹별로 말씀 적용하기

그런즉 누구든지 그리스도 안에 있으면 새로운 피조물이라 이전 것은 지나갔으니 보라 새 것이 되었도다 _고후 5:17

각 사역 그룹별로 이 말씀을 기초로 삼아 적용하고 다음과 같이 기도하였다.

- '주바라기'는 사별한 부인의 어려움을 인정하고, 그리스도 안에서 믿음을 통해 새로운 환경에 적응하기를 구한다.
- '샬롬회'는 새로운 피조물로서 삶의 방향이 조정되고, 믿음을 통해 삶에서 변화된 능력이 실재하도록 구한다.
- 'G.F'는 새로운 피조물의 삶의 결과가 어떤 것인지, 그 삶을 이루기 위해서는 무엇이 필요한지 나누고 지켜가게 간구한다.
- '사랑의 울타리'에서는 '우리는 비록 부족하지만, 그리스도 안에서 산다는 것 자체가 회복되는 것'임을 소망하며 살게 구한다.

14장

교회의 호스피스 사역, 어떻게 할 것인가?

일반 호스피스 사역과 교회 호스피스 사역의 차이

호스피스 전인치유 섬김의 대상은 죽은(dead) 자가 아니라 죽어 가고 있는(dying) 자들이다. 따라서 이들이 최선을 다해 남은 생을 살아가도록 섬기는 일이 바로 호스피스이다. 특히 교회의 호스피스 사역은 한 영혼을 끝까지 섬기고, 그 영혼이 영원한 생명을 누리도록 섬기는 것을 목표로 한다.

교회와 일반의 호스피스 전인치유 사역의 비교

공통점 : 말기 환자가 투병할 때 인간답게, 인간의 존엄성이 극대화된 삶을 살도록 섬긴다.

차이 : 궁극적 목표가 다르다. 일반 호스피스 사역이 좋은 죽음까지 섬기는 반면, 교회의 호스피스 전인치유는 죽음을 넘어선 영원한 생명을 목표로 섬긴다. 또한, 가족의 사별 후 남은 가족을 위해 전인적 섬김을 감당한다.

성도의 입장에서 교회가 호스피스 전인치유 사역을 해야 하는 이유는, 우선 내가 그런 일을 당해 낙심할 때 교회가 나를 혼자 두지 않고 돌아볼 것이기 때문이다. 따라서 교인이 환자의 가족으로서 맞닥뜨리는 어려운 상황에 대해 교회가 관심을 갖고 성도 간에 연대감을 형성해주어야 하는 것이다. 교회의 호스피스 사역을 통해 교회가 성도 개인에 대해 관심을 가짐으로써 복음이 확대되며, 말만 하는 교회가 아니라 행동하는 교회라는 자부심이 생겨난다. 환자와 그 가족을 섬기는 봉사자가 된 교인은 복음의 확실한 가치를 갖게 된다. 그뿐 아니라 복음의 능력에 맞는 봉사자로서, 인격과 사역을 감당할 소명(살전 1:5-6)을 가지는, 이른바 소명자가 된다. 이를 통해 위로와 소망을 전할 수 있다.

교회가 호스피스 전인치유 사역을 해야 하는 이유는, 교회가 말씀만 전하는 것이 아니라 말씀을 행하는 교회로서 능력을 나타내게 되므로 전도에 영향을 주기 때문이다. 한 가정, 한 영혼을 온전하게 섬김으로 예수님의 사랑을 증거할 수 있다. 즉, 이 사역은 교인들에게 온전한 복음을 증거할 기회를 주는 것이고, 교회가 사회에 대한 책임을 감당함으로써 한 영혼을 중요하게 여기는 선교적 사명을 감당하는 일이기도 하다.

이 사역은 또한 교회가 상처받은 위로자의 표본을 제시하는 건강한 공동체 모습을 보여주는 것이다. 교회의 호스피스 사역은 영혼에 대한 책임감을 가지고 하는 것이기에, 대상자를 단순히 환자로만 보는 것이 아니라 '영혼'이라는 관점에서 접근한다. 따라서 교회는 죽음을 두려워하지 않는 부활 신앙을 가르치고 소망을 선포해야 하며, 이 사역이 계기가 되어 교회 내의 많은 자원들을 재배치할 수도 있다.

교회의 호스피스 사역은 환자의 가족 케어(돌봄)도 가능하게 한다. 환자와 그 가족들이 사역자들과 더불어 '우리'로서 회복될 때, 그들은 하나님의 자녀로서 자존감과 권세를 회복할 수 있다. 그리하여 교회는 연약한 자를 세우게 된다. 그리고 성도들이 이런 환자와 가족을 도우면서 믿음의 행함이 있는 성도로서 성장하니, 피차 윈윈(win-win)이 된다. 또한 사별 가족이 상실감을 회복함으로써 공동체가 교회로서의 본질을 회복하게 된다. 이에 따라 교회는 점점 선한 영향력을 확장할 것이다.

호스피스 사역에서 교역자들은 상명하복의 관계가 아니라 서로 소통하고 협력하는 관계가 되어야 한다. 교역자들은 이 사역을 통해 사역에 감사가 더욱 회복될 것이다.

교회 호스피스 사역의 목적

- 예수 그리스도와 함께 투병할 수 있도록 섬긴다.
- 평안과 소망을 통해 환자가 남은 시간 동안 인간으로서 존엄성을 갖고 투병할 수 있도록 지지한다.
- 하나님의 자녀로서, 풍성한 삶을 회복할 수 있도록 섬긴다.
- 가족들이 환자의 투병을 복음의 능력과 큰 확신으로 지지해줄 수 있도록 섬긴다.

교회 호스피스의 사역의 정신

- 교회 호스피스는 예수님이 주신 사랑을 실천하는 훈련이다.
- 마지막 순간을 주님이 주시는 사랑으로 살게 하며, 죽음 이후에는 평안과 소망의 삶을 영원히 살도록 한다.
- 가족이 함께 죽음을 받아들이고, 사후의 삶에 대해 확신을 갖도록 도와준다.
- 마지막 순간까지 환자의 영적 요구를 충족시켜주고, 복음의 능력과 구원의 확신을 갖게 한다.
- 단, 이 사역에서는 전도가 단순한 수단이 되어선 안 되고, 목적이 되어야 한다. 교회의 호스피스는 환자와 그 가족이 예수님을 만나도록 섬기는 일이기 때문이다.

- 교회의 호스피스는 죽음을 회피하는 것이 아니라 적응하고 직면하게 함으로써, 숭고한 사랑을 나누는 운동이 되게 한다.

말기 암환자 가족의 욕구와 특징

말기 암환자들에게 나타나는 현상은 외모의 변화, 무능력, 의존, 관계의 분열 등이다. 이 중에서 관계의 분열 현상은 환자의 가족까지 힘들게 한다. 환자의 가족을 돌보는 일이 호스피스 전인치유의 중요한 사역 중의 하나가 되어야 하는 이유가 이것이다.

교회 호스피스 역시 그 주 대상인 환자를 섬기는 것만이 사역의 전부가 아니다. 치료 중인 환자의 가족과, 환자가 임종한 다음에 사별로 고통당하는 상황까지 돌보는 사역이다. 여기까지 하게 될 때 비로소 그 환자를 실질적으로 돕는다고 말할 수 있다.

하지만 이렇게 할 때에도 심리적인 상처를 완전히 치료할 수 있는 것은 아니다. 아픔을 견디고 회복될 수 있도록 고통을 덜어주는 정도일 뿐이다.

말기 암환자 가족이 가지는 소망

말기 암환자 가족들은 대체로 다음과 같은 몇 가지 공통된 소망을 가진다.

- 가능한 무슨 치료의 방법이든지 다 동원하고, 최선을 다해 치료하고 싶어한다.
- 환자가 병을 갖고 있지만, 할 수만 있으면 더 오래 살기를 바란다.
- 환자와 가족이 받는 고통이나 괴로움이 최소한이기를 바란다.
- 회복되지 못하리라는 사실을 알면서도 막연히 회복을 바란다. 그래서 치료 불가능이라는 단어를 꺼내고 싶어하지 않는다.

그러나 이러한 소망을 아무런 모순 없이 모두 동시에 달성하기는 불가능하다. 생명은 오래 유지하기를 바라면서 괴로움은 짧게 해주기를 바라지만, 생명이 연장될수록 환자와 가족이 겪는 괴로움도 연장된다. 이럴 때일수록 교회의 호스피스 전인치유 팀은 가족으로 하여금 그들이 사랑하는 사람에게 가장 유익한 방법이 무엇인지 찾아보라고 제안해야 한다. 환자가 임종할 때까지 투병 생활에 보조를 맞추어 걷겠다는 자세가 흐트러지지 않도록, 환자의 가족을 끊임없이 격려해주어야 한다.

말기 환자 가족의 심리적 반응과 특징

- 말기 (암)환자 가족의 일반적 반응은 절망, 역할 기능 혼란, 암에 관한 정보 수집, 다른 가족 구성원에게 알리는 단계에서 예민해짐, 그리고 감정의 동화 단계 등이 나타나는 것이다.
- 환자와 마찬가지로, 그 가족은 자신의 슬픈 감정을 표현하고

싶어하며, 다른 가족 구성원(친척)으로부터 위로와 지지를 받고 싶어한다. 그외 지인들에게도 환자를 섬기는 일에 대해 지지받기를 원한다. 따라서 봉사자는 적절한 때를 파악하여, 가족이 감정을 표현할 기회를 주는 것이 중요하다.

- 말기 환자의 가족은 시간 제한 없이 환자의 얼굴을 보며 환자와 함께 있고 싶어한다. 어떤 도움이라도 주고 싶기 때문이다. 무엇이든지, 어떤 형태로든지 환자를 직접 도와주는 일은 가족에게 중요하다. 마실 물을 주거나 등을 마사지해주는 것처럼 사소한 일이라도 자주 해주면 좋다. 가족과 주변 사람들은 환자에게 무언가 작은 일이라도 해주는 것만으로도 죄책감을 덜 수 있다. 특히 마지막 순간에 도움을 주면 죄책감이 훨씬 많이 줄어든다.

- 가족은 환자가 평안을 느끼기를 원한다. 정서적 평안은 물론 육체적인 평안을 느끼는지 확인하려 하는데, 병색이 짙어지고 상태가 깊어질수록, 특히 영적으로 평안하기를 바란다.

- 가족은 환자의 상태를 구체적으로 알고 싶어한다. 특히 임종 때 환자에게 어떤 일이 일어나는지(혈압, 맥박, 체온, 통증 등)에 대해 듣고 싶어하지만, 대부분은 이런 정보가 적어 만족하지 못한다. 이런 가족은 임종 시기가 임박했는지도 당연히 알고 싶어한다. 따라서 심방자가 환자의 호흡 변화, 소변 감소, 피부 탄력 감소, 동통(疼痛) 양상의 변화에 대해 설명해주고, 사전에 함께 준비하는 것이 중요하다.

환자의 가족을 만나는 사역자가 기억할 것들

- 정서적으로 다양한 느낌을 가질 수 있음을 이해한다.

- 그들이 느끼는 슬픔은 특별하며 개인적인 것이다.

- 슬픔에 관해 이야기할 수 있어야 하며, 하도록 해야 한다.

- 느껴지는 슬픔에 대해 무감각할 수 없음을 이해한다.

- 신체적, 정서적 한계를 인정해야 한다.

- 슬픔이 격해지거나 추억으로 감정이 복받칠 수 있다.

- 주위에서 돕는 사람을 만나야 한다.

- 애도로 슬픔을 이길 수 있어야 하므로, 애도할 때는 판단하지 말아야 한다.

- 슬픔으로 얻는 상실의 의미를 이해할 수 있도록 도와야 한다.

- 영적으로도 상실을 이겨낼 수 있음을 알게 해준다.

- 기억과 추억을 귀한 보물로 삼을 수 있도록 도와준다.

- 상실로 인한 상처가 회복될 수 있도록 도움을 받아야 한다.

환자의 가족을 돌보는 사역자의 자세

- 환자의 가족을 돕기 위해, 마음으로 가족의 이야기를 들어준다. 마음으로 듣는 일은 적극적인 경청으로 시작된다. 그저 집중해서 듣다 보면 상대방의 느낌과 생각을 공유할 수 있게 된다. 무슨 이야기를 해줄지 걱정할 필요는 없다.

- 마음(감정)을 공감한다. 봉사자는 가족의 감정적 흐름을 그대로

따라가는 것이 중요하다. 가족들이 자신의 느낌을 가능한 한 표현하도록 유도하라. 하지만 이때 "당신들의 기분을 알 것 같아요"라는 어설픈 말은 삼가야 한다. 심방자의 역할은 그들과 함께 걷는 것이지, 앞서가거나 뒤처져 걷는 것은 의미가 없다. 가족들이 마음껏 슬픔을 노출하고 표현할 수 있도록 유도하면 된다.

- 상투적인 말을 피한다. "시간이 해결할 것입니다", "잘 견디고 있습니다", "아직도 감사할 것이 많습니다", "기쁨으로(믿음으로) 고통을 물리치십시오" 같은 말은 더 큰 상처를 줄 수 있다.

- 사람마다 슬픔의 양상이 다름을 기억한다. 가족이 느끼는 슬픔과 애도는 매우 독특한 개별적 경험에 근거하는 것이다. 한 가족 중에서도 각자 회복되는 양상이 다를 수 있다. 따라서 이런 가족을 섬기는 일에는 인내가 필요하다. 긴 시간이 요구되니 조급함을 버려야 한다.

- 실제적인 도움을 제공한다. 배려하고 돌보고 있다는 것을 보여 줄 수 있는 구체적인 일들, 예를 들면 음식 장만, 의복 세탁, 집 청소 등을 섬긴다. 이러한 도움은 사별 후에도 지속적으로 이루어져야 한다.

- 기회가 될 때마다 유가족을 만난다. 장례는 물론 사별 후의 여러 행사에도 가능한 참석하는 것이 좋다. 그럴 때 장례 후에 섬겼던 고인과 나눈 기억을 가족과 공유한다. 사별한 후에는 슬픔 가운데 있는 가족과 함께 하는 것이 가장 귀한 선물이 된다.

교회 호스피스 전인치유 사역의 장점

병원에서는 환자 본인에게 암이라는 사실을 알리지 않는 것을 당연시하던 때가 있었다. 대신 그 가족에게 그 사실을 먼저 알렸다. 가족은 환자가 눈치채지 못하게 슬픈 마음을 억누르고 웃음을 보이려고 노력했다. 하지만 이런 연기는 그리 오래가지 못한다. 결국 가족에게는 피로감이 누적되고, 가족조차 환자가 되어간다. 이때 교회가 환자와 그 가족에게 관심을 갖는다면, 환자 돌봄만 필요한 것이 아니라 그 가족을 향한 사역도 필요하다는 것을 금세 알게 될 것이다. 교회의 규모에 따라 이 일을 감당할 사회복지사가 교회 호스피스 전인치유 팀에 필요할 수도 있다.

교회가 하는 호스피스 전인치유 사역의 유익

최근 호스피스 사역이 붐을 이루면서 여러 교육기관이 생겨났다. 그런데 많은 호스피스 교육기관과 자원봉사자가 대부분 기독교 배경을 갖고 있다고 말한다. 그러나 실제로 몇몇 호스피스 교육기관에서는 일반적인 호스피스 강의를 실시하며, 오직 환자의 육체적인 돌봄만 우선시한다.

그러나 우리 주님은 우리에게 한 영혼이 천하보다 귀하다고 말씀하신다. 하나님을 알지 못하는 많은 사람들이 호스피스 교육을 받고, 나름대로의 봉사를 통해 자기 종교의 포교 활동을 하기도

한다. 하지만 우리의 환자들은 세상에서 살 때도 연약함과 고통을 안고 살다가 어느 날 임종을 맞는다. 누가 전심으로 이 영혼들을 챙겨주고 지지해줄 수 있겠는가? 오직 예수님을 주님으로 모신 자만이 가능하다.

개인의 소견이긴 하지만, 호스피스 전인치유 사역은 절대적으로 크리스천의 몫이다. 호스피스 전인치유가 필요한 환자는 대체로 퀴블러 로스의 '심리적 5단계'를 거친 환자들이다. 이들에게 기독교적 호스피스가 특히 필요한 이유는 다음과 같다.

- 말기 상태(terminal station)에 들어온 환자가 영생과 천국의 소망이 없다면 불안과 두려움에 빠지게 되며, 구원받지 못하고 지옥의 영원한 심판을 면키 어렵다.

- 호스피스 전인치유 섬김은 예수님이 지상에서 하신 사역의 한 부분이다. 또 죽음을 이기신 실제 승리의 결정(結晶)이다. 교회는 호스피스 사역을 통해 치료하고 회복하는 교회가 될 수 있다.

- 호스피스 전인치유 사역은 교회 안의 개인주의를 몰아내고 '우리'를 회복한다.

- 교회 내 자원봉사자를 확보함으로써 평신도들을 사역의 현장에 동참시켜 교회 사역의 분담이 가능해진다. 지식의 믿음을 행함이 있는 믿음으로 유도할 수 있다.

- 호스피스 전인치유는 죽음을 정복한 자들의 활동이다. 부활의 확신을 돕는 사역으로, 결과적으로는 귀한 전도의 무기가 된다.

- 교회 안에서 소외된 자들을 돌봄으로써 주님의 부탁을 이룰 수 있고, 교회의 일꾼으로서 훈련받을 수 있다.
- 교회 내 40-50대 세대의 '빈 둥지 열등감'이 누군가(환자)를 위해서는 쓸모가 있게 된다. 세대의 가치가 전도되는 것이다.
- 교회에는 환자를 돌볼 수 있는 여건이 조성되어 있다(믿음과 봉사와 찬송 등이 그 여건이다).
- 교회는 자녀를 포함하여 남겨진 자들을 위한 돌봄이 가능하고, 환자의 장례와 추도 등을 주관하기가 쉽다. 교회 내에서 활동하던 교인이 말기 환자가 되면 교회가 적극적으로 그와 그 가족을 돕는 일에 참여할 수 있다. 교인 간의 연대의식을 통해 관계도 공고해질 수 있다. 더불어 사별 후에 남겨진 가족들 중 어린아이들은 캠프나 프로그램 등을 통해 예수 그리스도 안에서 상실을 치유받을 수 있다.
- 타 종교에서도 호스피스 전인치유 사역을 하지만 자신들의 공력을 위한 것으로, 자기희생에 대한 보상으로 여긴다.
- 교회는 부활에 대한 확신이 있어서 언제나 위로가 풍성하다.

교회의 호스피스 사역자가 유의할 점

- 교회 내의 호스피스 전인치유 봉사자들은 대부분 자원한 봉사자들이기에 믿음으로 섬긴다. 그러나 이 믿음이 너무 큰 나머지 연약한 환자의 믿음을 질책하는 비판을 서슴지 않는 경우도

간혹 생길 수 있다. 아무 생각 없이 "그렇게 믿음이 없어서야!" 라는 실언을 하는 것은 주의해야 한다.

- 교회 특성상 교회 안의 자원봉사자, 즉 교인들은 일반적으로 '설교'하기를 좋아한다. 환자에게는 잔소리 같은 설교보다 지지와 위로가 필요하다. 그러니 우선 무조건 잘 들어주어야 한다.

- 죽음에 대한 확신이 있는 것은 좋지만, 이로 인해 죽음을 너무 가볍게 다룰 수도 있다. "살려고 하는 것보다는 차라리 저 천국을 바라라!" 같은 말은 안 하느니만 못하다. 심방할 때 타인의 죽음에 대해 쉽게 말해선 안 된다.

- 교회 내의 문제는 들은 말이 너무 쉽게 퍼져 버린다는 것이다. 환자의 비밀을 반드시 지켜주어야 한다.

- 말조심해야 한다. 죄의식을 심어줄 수 있는 말은 절대 피한다. "회개할 것 없어?" 같은 질문은 금물이다.

- 슬픔에 빠진 자를 위로한답시고 "울지 마라!"라고 말해선 안 된다. 눈물은 최고의 치료제이다. 충분히 울도록, 자연스럽게 기다려주어야 한다.

- "시간이 지나면 해결되겠죠"도 좋지 않다. 당신이 이런 일을 당한다면 그런 말이 나오겠는가?

- "이 모든 것이 하나님의 뜻이다!"라는 말도 금물이다. 하나님의 뜻은 우리가 회복되고 평안 가운데 사는 것이다. "천국 소망을 가지자"라는 말로 바꾸어야 한다.

- "과거에 집착하지 말라!"는 말도 하지 말라. 과거가 있어서 현실도 있는 법이다. 현실을 인정하고 미래로 연결하자.

- "당신은 잘 견디고 있다" 또는 "아직도 감사할 것이 많다" 또는 "기쁨으로 물리치십시오" 같은 말도 함부로 해서는 안 된다.

- 믿음을 강조하다가 진료나 의약품을 포기하라거나, 영양식을 포기하라거나 금식을 요구해선 안 된다. 하나님은 의사와 약품을 우리에게 주셨다. 치료는 주님이 하시지만, 의료 행위를 통해 통증이 조절되지 않는가.

- 호스피스 전인치유 활동으로 영적인 교만이 올 수 있다는 점을 특히 주의한다. 교회의 호스피스 전인치유가 예수 그리스도의 사랑으로 환자와 가족들까지 섬길 때, 하나님은 오히려 섬기는 봉사자에게 더 큰 은혜를 주신다.

연약한 자와 함께 아파하라

영어에서 '동정'을 뜻하는 단어 compassion은 '함께'를 뜻하는 'com'과 '고통'을 의미하는 'passion'이 합쳐져 이뤄진 것이다. 한마디로 동정은 함께 아파하는 것, 그 이상도 이하도 아니다. 그러면 극심한 슬픔을 당한 사람에게 어떻게 동정을 베풀까? 즉, 함께 아파하는 것을 어떻게 표현할 것인가? 이것은 마음만으로 되지 않는다. 구체적인 행동이 요구된다.

말기 환자와 그 가족들을 돌보기 위해 '심방'하는 우리가 동정하는 마음을 표현할 때, 반드시 알아둬야 할 몇 가지 사항이 있다. 사실 14장의 내용 일부는 앞에서 이미 여러 차례 다룬 것들의 요약이지만, 마지막으로 한 번 더 점검하고자 다시 요약한다.

- 첫째, 임종의 장소나 장례식장에서는 아주 간단한 말로 유족을 위로한다. 유족의 상태를 따지지 말고 그저 함께 있기만 한다.
- 둘째, 사별자와 함께 하는 일은 그를 교정하거나 슬픔을 거둬가려는 것이 목적이 아니다.
- 셋째, 고인과 사별자를 여전히 기억하고 있다는 행동(간단한 음식을 만들어 가져다주기, 전화하기, 이메일 보내기 등)을 하라.
- 넷째, 유족 앞에서는 돌아가신 분의 이름을 불러라. 유가족은 타인이 고인의 이름을 불러주는 것을 좋아한다.
- 다섯째, 슬픔에는 유통기한이 없다. 돌아가신 지 1주일보다, 1년 후에도 그를 기억하고 건네는 인사가 더 효과적이다.
- 여섯째, 돌아가신 분과 관련한 여러 가지 기념일 등을 기억하여 유가족에게 안부를 묻는다.
- 일곱째, 사별자와 남은 가족의 관계가 어땠는지, 여러 가지 질문을 한다.
- 여덟째, 돌아가신 분과 봉사자 사이의 관계, 추억, 사건 등을 유족에게 들려준다.

내가 걸어온
심방자의 길

심방, 특히 환자와 그 가족을 심방하는 일은 한마디로 말해서 '동
행하기'이다. 동행이란 다른 사람의 고통에 함께하는 것이다. 고
통을 없애주는 것이 아니다.

알렌 울펠트는 《동행하기》에서 이렇게 말했다.[40]

- 동행하기란 망망한 영혼의 황야로 다른 사람과 함께 가는 것이
  다. 당신이 길을 찾아줄 책임이 있다고 생각하는 것이 아니다.

- 동행하기란 상대방의 '마음'(감성, 감정)을 존중하는 것이다. 자
  신과 상대의 '이성'에 집중하는 것이 아니다.

---

40 오말리, 《제대로 슬퍼할 권리》 243에서 재인용

- 동행하기란 마음으로 듣는 것이다. 머리로 분석하는 것이 아니다.
- 동행하기란 다른 사람의 고군분투를 지켜보는 것이다. 그의 노력을 평가하거나 지시하는 것이 아니다.
- 동행하기란 같이 걸어주는 것이다. 이끌고 가거나 끌려가는 것이 아니다.
- 동행하기란 침묵이라는 거룩한 선물을 발견하는 것이다. 매 순간을 말로 채우는 것이 아니다.
- 동행하기란 조용히 있는 것이다. 정신없이 앞으로 달려가는 것이 아니다.
- 동행하기란 무질서와 혼란을 존중하는 것이다. 질서와 논리를 강요하는 것이 아니다.
- 동행하기란, 다른 사람에게서 배우는 것이다. 그들을 가르치는 것이 아니다.
- 동행하기란, 슬퍼하는 사람에게 호기심을 갖는 것이다. 전문 기술이 필요한 것이 아니다.

하나님은 성도가 죽는 일을 고귀하게 보신다. 우리가 믿는 구주 예수 그리스도는 세상 누가 말하는 신들과 달리, 인간 때문에, 인간을 위해, 그리고 인간 입장에서 기꺼이 죽음의 수모와 아픔과 두려움과 분리와 잊혀짐과 갇힘을 겪어내신 분이다. 그러므로 죽음의 문제에서는 특히 우리의 고통을 잘 아신다.

필자는 혹여라도 우리가 그저 잘 사는 일, 건강하게 사는 일, 재미있고 흥겹게 사는 일, 내가 주인공이 되어 사는 일에 너무 신경을 쓰고 있는 나머지, 하나님이 고귀하게 보시는 '성도의 죽는 일'을 낯설고 서툴게 대하고 있지는 않은지 고민했다. 그 오랜 고민과 경험을 통해, 특히 성도가 죽음을 눈앞에 두고 있거나, 그런 가족을 애타는 마음으로 지켜보고 있는 믿음의 식구들을 어떻게 찾아가고 돌봐야 할지에 대해, 작지만 도움을 주고자 나의 30여 년 경험을 꺼내놓았다.

아직 채 숙성이 되지 않은 현장 경험의 편린들을 열거만 한 듯하여 송구스러운 마음이 몹시 크다. 하지만, 아니 그래서 책의 표지에 간단한 입문서라는 개념의 단어를 썼다. 입문서이니까 본격적인 주제들, 즉 더 체계적이고 학문적인 접근이 필요한 문제들은 나보다 좀 더 전문적인 식견을 가진 분들에게 들으라고 정직하게 말하고 싶다.

하지만 모든 입문서는 사실 어느 정도 응급 키트(First Aids Kit)처럼 쓰일 수 있다. 급한 대로 일단 꺼내 쓰고, 큰 문제는 병원으로 달려가게 해주는 것이 응급 키트이다. 독자들이 이 책을 그렇게 사용해주길 바란다. 저자의 경험을 마치 조각보처럼 이어놓은 글이라 해도, 이 입문서가 가지고 있는 미덕 하나는 분명하고, 그

메시지는 확고하다.

사람은 살아가면서 너나없이 수치심, 슬픔, 자기 회의, 분노, 두려움, 혼란 등을 경험하는데, 세상 그 누구도 자신이 감정의 소용돌이 가운데 빠져 허우적거리고 있음을 솔직히 인정하지 않는다. '어른스러워 보이지 않는다'라거나 '신앙이 없는 사람 같다'라거나 '지켜보고 있는 사람들도 있는데'라거나 '남은 가족들을 생각해서라도' 등등의 이유로 갑옷과 가면을 입고, 쓰고 있는 것이다.

그러나 이런 자기방어 기제에서 벗어나야 타인과 진정한 교감을 나눌 수 있다. 헨리 나우웬이 말한 것처럼 "가장 개인적인 것이 가장 보편적"이기 때문에, 우리의 약함을 통해 참된 인간의 길과 신앙의 길로, 그리고 모두가 하나 되는 연대의 길로 들어갈 수 있다. 이 책은 그것을 말하고 있다.

30년이 넘는 세월 동안 불모지와 같던 한국교회의 호스피스 현장을 누비며, 수많은 죽음과 셀 수 없이 많은 애도자들을 만나왔다. 코로나19로 세상이 더 어둡고 음침해진 지금, 그간의 경험과 깨우침과 연대의 손길들을 모아, 하나님이 나의 빈손으로 시작하게 하신 이 사역을 작지만 알찬 '호스피스 돌봄 지원기관'으로 자리 매겨 놓는 방법이 없을지 기도하며 고민하고 있다. 혹시 급한 마음에 작은 도움이라도 얻을 마음으로 이 입문서를 잡았다가, 호스피스 돌봄 교육 지원 단체의 필요를 절감하고 함께 기도

하고자 하는 독자들이 있다면 기꺼이 교제하고자 한다.

우리에게는 그리스도가 계시다. 그냥 '죽음'이 아니라 '죽은 자들 가운데서' 부활하신 그분의 친절하고 따스한 능력이 우리를 감싸고 있다. 이 사실은 천지가 지어져 우리 눈앞에 있는 것보다 더 진실이고 전리이다. 하지만 그리스도의 온화한 능력이 슬픔을 겪고 있는 우리의 것이 온전히 되는 데는 시간이 걸린다. 이때 같은 신앙을 지닌 이들의 이해와 수용과 소통과 너그러운 용납이 거의 무한히 필요하다. 슬픔의 단계에서 수용과 종결 같은 최종 사다리에 얼른 도달하지 못한다고 해서 슬픔에 짓이겨진 것은 아니다. 슬퍼하는 사람에게 슬픔을 빠져나가는 특수 비상구를 가리키며 '빨리 저기를 향해서 뛰세요!'라고 말하는 것은 불필요하며 잔인할 수도 있다.

이 작은 책이 아무 조건 없이, 그러나 영민하게 슬픔과 함께 하는 법을 안내하는 이정표가 되길 간절히 바란다.

죽음 앞에서
느끼는 행복

그동안 호스피스라는 아름다운 사역을 감당하며 참 행복한 사역자라고 고백할 수 있게 해주시고, 작은 섬김이었지만 여기까지 인도하셔서, 그간에 쌓인 눈물어린 사연들을 엮고 묶어 책으로 세상에 내놓아 또 다른 한 사람을 섬길 수 있도록 은혜 주심에 하나님께 영광을 돌립니다. 그리고 진한 감사를 드립니다.

무엇보다도 부족하고 연약한 사람에게 사랑의교회에서 25년 넘게 환자 돌봄 사역을 허락해주시고, 언제나 후원자와 격려자로서 최선을 다해 지원해주신, 사랑하고 존경하는 고 옥한흠 목사님과 김영순 사모님, 그리고 저와 동역, 동사한 사랑의교회 호스피스 전인치유 봉사자, 사별관리 봉사자들께도 각별한 감사의 마음을 전합니다.

2020년 가을, 당시 43살의 전도가 유망하고 창창한 사랑하는 아들 범이를 먼저 하나님께 보내고, 큰 상실의 아픔 가운데 계시면서도 가슴에서 우러난 격려의 말씀으로 이 책의 추천사를 써주신 이동원 목사님과 우명자 사모님께 빚진 심정으로 감사드립니다. 제 아내가 하나님의 부름을 받았을 때도, "박 목사, 식사나 함께 하자"며 초대해 따뜻하게 위로해주셔서, 아직도 그 사랑이 제 마음에 온기로 남아 있습니다. 이 목사님이 제게 베푸신 후의에 참으로 감사합니다.

호스피스 사역 초창기부터 오랫동안 동역해주시고, 2021년 현재 104세의 고령임에도(당신은 자신이 102세라고 우기십니다) 아직도 집필 활동 등으로 후배들에게 건강하고 열정적인 삶의 모범을 보여주셔서 늘 감사하게 되는 김옥라 장로님께 진심으로 감사를 드립니다. 한국교회와 사회에서 호스피스가 더 바른 방향으로 발전할 수 있도록 이렇게 귀한 추천사를 써주심에 감사합니다.

학문의 세계에서 국제적인 명성을 얻고 후학들을 가르치며 도전을 주시다가, 두레교회의 후임 목사로 오셔서 여러 가지 목회의 어려움을 겪었으나, 이제 다 이겨내고서 '새음교회'라는 뜻깊은 이름으로 개명하여 목회의 본질적 모범을 보여주시는 이문장 목사님께서 과분한 추천사를 써주신 것 또한 감사를 드립니다.

처음에는 "왜 남들은 하지 않는 목회를 하느냐"라며 타박을 하면서도, 30여 년간 최고, 최대의 지지자, 후원자, 조력자로서 함께 해주었던 아내에게 이 지면을 빌려 "당신, 정말 수고했어요. 고마웠어요!"라는 고백과 격려의 인사를 건네지 않을 수 없습니다. 아내는 어느 때는 전인치유센터의 영양사로, 또 다른 때는 미술치료사 등으로 나의 천군만마가 되어주었습니다. 자기 자신이 암 환자이면서 다른 사람을 위로하는 일에 늘 앞장섰지만, 정작 자신은 제대로 위로받지 못하고 언제나 섬김의 자리를 묵묵히 지켜주었습니다. 이제 하나님께서 그동안의 신실한 수고를 기억하시고 평안을 주신 것을 믿기에 감사한 마음을 간직합니다.

한창 아빠의 손길이 필요할 때, 사역에 온정신이 팔려 분주해하던 아빠와는 비교할 수 없이 좋으신 하나님 아버지의 손길로, 주 안에서 잘 자라준 아들과 딸에게도 고마움을 전합니다. 인정받는 커뮤니케이션 디자이너로 일하다가 지금은 미국 이민교회를 섬기며, 아빠보다 더 보람있고 힘찬 사역을 감당하는 사랑하는 아들 박민재 목사(현혜 사모, 은호, 은서)와, 할 수 있다면 그 무엇이라도 더 해주고 싶은 마음이 들게 하는 딸이며, 이제는 시애틀에서 이민교회를 섬기는 아빠의 동역자인 박민경(구자목 목사, 본영)을 보면 저절로 감사의 마음이 듭니다. 나는 한 게 없는데, 그래도 주님의 일이라고 뛰어다닌 이 종의 작은 헌신을 통해 비할 수 없는 상을 받은 것 같아서 감사합니다.

막상 초고를 완성하기는 하였으나 글의 흐름과 구성이 뭔가 허술해 보이고 비어 보여 마뜩하지 않은 마음이었습니다. 바로 이때 20여 년 전 규장출판사에서 콤비로 일하던 김성웅, 이한민 두 전문 편집자의 조언과 조력을 받게 되었습니다. 글의 어투와 순서를 바꾸고 부와 장을 약간만 바꾸었을 뿐이라고 말하지만, 마치 원고를 새로 쓴 듯이 차분하고 깔끔하며, 전하려는 내용조차 단정하게 정렬된 최종 원고를 보면서 은사의 다양함을 떠올렸습니다. 책의 출간에 함께 애써주신 여러분께 진심을 다해 고마움을 전합니다.

연약하고 부족한 제게 한가지 소망이 있다면, 이 책으로 인해 투병중이거나 사별의 아픔을 갖고 계신 분들이 소망의 하나님을 만나셔서 평안을 누릴 수 있기를 바랍니다.

어김없이 다시 찾아온 봄의 온기를 느끼며,

저자 박남규 목사 씀

심방할 때 필요한 성구

암환자나 사별자 심방을 할 때 유용한 위로, 약속, 소망의 말씀들을 추천한다. 주의할 점은, 아무리 개인적으로 친해도, 암환자나 사별자에게는 심판, 경고, 회개 촉구와 같은 말씀은 함부로 전하지 말아야 한다는 것이다.

위로의 말씀

우리의 모든 환난 중에서 우리를 위로하사 우리로 하여금 하나님께 받는 위로로써 모든 환난 중에 있는 자들을 능히 위로하게 하시는 이시로다 그리스도의 고난이 우리에게 넘친 것 같이 우리가 받는 위로도 그리스도로 말미암아 넘치는도다 _고후 1:3,4

여호와 그가 네 앞서 행하시며 너와 함께하사 너를 떠나지 아니하시며 버리지 아니하시리니 너는 두려워 말라 놀라지 말라 _신 31:8

그런즉 누구든지 그리스도 안에 있으면 새로운 피조물이라 이전 것은 지나갔으니 보라 새 것이 되었도다 _고후 5:17

여호와는 선하시며 환난 날에 산성이시라 그는 자기에게 피하는 자들을 아시느니라 _나훔 1:7

모든 눈물을 그 눈에서 닦아 주시니 다시는 사망이 없고 애통하는 것이나 곡하는 것이나 아픈 것이 다시 있지 아니하리니 처음 것들이 다 지나갔음이러라 _계 21:4

애통하는 자는 복이 있나니 그들이 위로를 받을 것임이요 _마 5:4

내가 너와 함께 있어 네가 어디로 가든지 너를 지키며 너를 이끌어 이 땅으로 돌아오게 할지라 내가 네게 허락한 것을 다 이루기까지 너를 떠나지 아니하리라 하신지라 _창 28:15

네 짐을 여호와께 맡기라 그가 너를 붙드시고 의인의 요동함을 영원히 허락하지 아니하시리로다 _시 55:22

약속의 말씀 ────────────────────

여호와께서 너희를 위하여 싸우시리니 너희는 가만히 있을지니라

_출 14:14

십자가의 도가 멸망하는 자들에게는 미련한 것이요 구원을 얻는 우리에게는 하나님의 능력이라 _고전 1:18

자기가 시험을 받아 고난을 당하셨은즉 시험받는 자들을 능히 도우시느니라 _히 2:18

네 재물과 네 소산물의 처음 익은 열매로 여호와를 공경하라. 그리하면 네 창고가 가득히 차고 네 즙틀에 새 포도즙이 넘치리라 _잠 3:9,10

주께서 심지가 견고한 자를 평강에 평강으로 지키시리니, 이는 그가 주를 의뢰함이니이다 _사 26:3

여호와의 인자하심과 인생에게 행하신 기적으로 말미암아 그를 찬송할지로다 그가 놋문을 깨뜨리시며 쇠빗장을 꺾으셨음이로다
_시 107:15,16

너희가 악한 자라도 좋은 것으로 자식에게 줄 줄 알거든 하물며 하늘에 계신 너희 아버지께서 구하는 자에게 좋은 것으로 주시지 않겠느냐 _마 7:11

그런즉 너희는 먼저 그의 나라와 그의 의를 구하라 그리하면 이 모든

것을 너희에게 더하시리라 _마 6:33

믿음의 기도는 병든 자를 구원하리니 주께서 그를 일으키시리라 혹시 죄를 범하였을지라도 사하심을 받으리라 _약 5:15

너는 범사에 그를 인정하라 그리하면 네 길을 지도하시리라 _잠 3:6

아무것도 염려하지 말고 오직 모든 일에 기도와 간구로 너희 구할 것을 감사함으로 하나님께 아뢰라 _빌 4:6

이기는 자는 이와 같이 흰 옷을 입을 것이요 내가 그 이름을 생명책에서 결코 지우지 아니하고 그 이름을 내 아버지 앞과 그의 천사들 앞에서 시인하리라 _계 3:5

나의 하나님이 그리스도 예수 안에서 영광 가운데 그 풍성한 대로 너희 모든 쓸 것을 채우시리라 _빌 4:19

내가 네게 명령한 것이 아니냐 강하고 담대하라 두려워하지 말며 놀라지 말라 네가 어디로 가든지 네 하나님 여호와가 너와 함께 하느니라 하시니라 _수 1:9

그러므로 내가 너희에게 말하노니 무엇이든지 기도하고 구하는 것은 받은 줄로 믿으라 그리하면 너희에게 그대로 되리라 _막 11:24

그러므로 아들이 너희를 자유롭게 하면 너희가 참으로 자유로우리라 _요 8:36

여호와의 말씀이니라 너희를 향한 나의 생각을 내가 아나니 평안이요 재앙이 아니니라 너희에게 미래와 희망을 주는 것이니라 _렘 29:11

너를 치려고 제조된 모든 연장이 쓸모가 없을 것이라 일어나 너를 대적하여 송사하는 모든 혀는 네게 정죄를 당하리니 이는 여호와의 종들의 기업이요 이는 그들이 내게서 얻은 공의니라 여호와의 말씀이니라 _사 54:17

산들이 떠나며 언덕들은 옮겨질지라도 나의 자비는 네게서 떠나지 아니하며 나의 화평의 언약은 흔들리지 아니하리라 너를 긍휼히 여기시는 여호와께서 말씀하셨느니라 _사 54:10

이는 나 여호와 너의 하나님이 네 오른손을 붙들고 네게 이르기를 두려워하지 말라 내가 너를 도우리라 할 것임이니라 _사 41:13

두려워하지 말라 내가 너와 함께 함이라 놀라지 말라 나는 네 하나님
이 됨이라 내가 너를 굳세게 하리라 참으로 너를 도와 주리라 참으로
나의 의로운 오른손으로 너를 붙들리라 _사 41:10

소망의 말씀

너희 마음에 그리스도를 주로 삼아 거룩하게 하고 너희 속에 있는 소
망에 관한 이유를 묻는 자에게는 대답할 것을 항상 준비하되 온유와
두려움으로 하고 _벧전 3:15

주의 종에게 하신 말씀을 기억하소서 주께서 내게 소망을 가지게 하
셨나이다 _시 119:49

주여 이제 내가 무엇을 바라리요 나의 소망은 주께 있나이다 _시 39:7

주는 미쁘사 너희를 굳건하게 하시고 악한 자에게서 지키시리라 _살후 3:3

만군의 여호와께서 말씀하시되 이는 힘으로 되지 아니하며 능력으
로 되지 아니하고 오직 나의 영으로 되느니라 _슥 4:6

주 여호와는 나의 힘이시라 나의 발을 사슴과 같게 하사 나를 나의

높은 곳으로 다니게 하시리로다 _합 3:19

주는 책략에 크시며 하시는 일에 능하시며 인류의 모든 길을 주목하
시며 그의 길과 그의 행위의 열매대로 보응하시나이다 _렘 32:19

두려워하지 말라 내가 너와 함께 함이라 놀라지 말라 나는 네 하나님
이 됨이라 내가 너를 굳세게 하리라 참으로 너를 도와 주리라 참으로
나의 의로운 오른손으로 너를 붙들리라 _사 41:10

오직 여호와를 앙망하는 자는 새 힘을 얻으리니 독수리가 날개치며
올라감 같을 것이요 달음박질하여도 곤비하지 아니하겠고 걸어가도
피곤하지 아니하리로다 _사 40:31

주는 포학자의 기세가 성벽을 치는 폭풍과 같을 때에 빈궁한 자의 요
새이시며 환난 당한 가난한 자의 요새이시며 폭풍 중의 피난처시며
폭양을 피하는 그늘이 되셨사오니 _사 25:4

보라 하나님은 나의 구원이시라 내가 신뢰하고 두려움이 없으리니
주 여호와는 나의 힘이시며 나의 노래시며 나의 구원이심이라 _사 12:2

느헤미야가 또 그들에게 이르기를 너희는 가서 살진 것을 먹고 단 것

을 마시되 준비하지 못한 자에게는 나누어 주라 이 날은 우리 주의
성일이니 근심하지 말라 여호와로 인하여 기뻐하는 것이 너희의 힘
이니라 하고 _느 8:10

부와 귀가 주께로 말미암고 또 주는 만물의 주재가 되사 손에 권세와
능력이 있사오니 모든 사람을 크게 하심과 강하게 하심이 주의 손에
있나이다 _대상 29:12

생각하건대 현재의 고난은 장차 우리에게 나타날 영광과 비교할 수
없도다 _롬 8:18

내가 피할 나의 반석의 하나님이시요 나의 방패시요 나의 구원의 뿔
이시요 나의 높은 망대시요 그에게 피할 나의 피난처시요 나의 구원
자시라 나를 폭력에서 구원하셨도다 _삼하 22:3

여호와는 나의 힘이요 노래시며 나의 구원이시로다 그는 나의 하나
님이시니 내가 그를 찬송할 것이요 내 아버지의 하나님이시니 내가
그를 높이리로다 _출 15:2

그러므로 하나님의 능하신 손 아래에서 겸손하라 때가 되면 너희를
높이시리라 너희 염려를 다 주께 맡기라 이는 그가 너희를 돌보심이

라 _벧전 5:6-7

내 육체와 마음은 쇠약하나 하나님은 내 마음의 반석이시요 영원한 분깃이시라 _시 73:26

하나님은 우리의 피난처시요 힘이시니 환난 중에 만날 큰 도움이시라 _시 46:1

여호와 외에 누가 하나님이며 우리 하나님 외에 누가 반석이냐 이 하나님이 힘으로 내게 띠 띠우시며 내 길을 완전하게 하시며 나의 발을 암사슴 발 같게 하시며 나를 나의 높은 곳에 세우시며 내 손을 가르쳐 싸우게 하시니 내 팔이 놋 활을 당기도다 _시 18:31-34

나의 힘이신 여호와여 내가 주를 사랑하나이다 여호와는 나의 반석이시요 나의 요새시요 나를 건지시는 이시요 나의 하나님이시요 내가 그 안에 피할 나의 바위시요 나의 방패시요 나의 구원의 뿔이시요 나의 산성이시로다 _시 18:1-2

주의 대적으로 말미암아 어린 아이들과 젖먹이들의 입으로 권능을 세우심이여 이는 원수들과 보복자들을 잠잠하게 하려 하심이니이다 _시 8:2

하나님이 우리에게 주신 것은 두려워하는 마음이 아니요 오직 능력과 사랑과 절제하는 마음이니 _딤후 1:7

내게 능력 주시는 자 안에서 내가 모든 것을 할 수 있느니라 _빌 4:13
그러므로 우리가 낙심하지 아니하노니 우리의 겉사람은 낡아지나 우리의 속사람은 날로 새로워지도다 _고후 4:16

예수께서 그들을 보시며 이르시되 사람으로는 할 수 없으나 하나님으로서는 다 하실 수 있느니라 _마 19:26

내가 간구하는 날에 주께서 응답하시고 내 영혼에 힘을 주어 나를 강하게 하셨나이다 _시 138:3

한 사람의 범죄로 말미암아 사망이 그 한 사람을 통하여 왕 노릇 하였은즉 더욱 은혜와 의의 선물을 넘치게 받는 자들은 한 분 예수 그리스도를 통하여 생명 안에서 왕 노릇 하리로다 _롬 5:17

여호와는 나의 빛이요 나의 구원이시니 내가 누구를 두려워하리요 여호와는 내 생명의 능력이시니 내가 누구를 무서워하리요 _시 27:1

호스피스 프로그램 운영기관

호스피스에 관하여 체계적인 지식, 교육 등을 쌓거나 받고자 하는 자원 봉사자들이 여러 가지 유용한 정보를 얻을 수 있는 기관과 완화의료를 시행하는 대표적인 병원들을 수도권을 중심으로 소개한다.

- 한국호스피스 완화의료학회
- 국립암센터
- 중앙호스피스센터
- 원자력병원
- 가톨릭대학교 은평성모병원
- 경희대학교병원
- 국립중앙의료원
- 서울대학교병원
- 서울특별시 동부병원
- 서울특별시 북부병원
- 서울특별시 서북병원
- 서울특별시 서울의료원
- 샘물호스피스병원

- 연세대학교 세브란스병원 완화의료센터
- 서울아산병원 완화의료센터
- 인천성모병원 호스피스
- 여의도성모병원 호스피스
- 부천 가은병원
- 고대구로병원 완화의료센터
- 하나의료재단 수원기독 호스피스

더 읽으면 좋을 책들

- **알기 쉬운 호스피스와 완화의학, 이경식** (성서와함께, 1996)

호스피스와 완화 치료의 정의 및 차이점, 역사, 다양한 증상과 치료의 실제, 말기환자의 치료 과정에서 나타나는 문제점의 해결방안을 쉽게 서술한 의학서이다. 호스피스를 체계적으로 배워 봉사자로서 살고자 하는 이들에게 좋은 입문서가 될 수 있다.

- **임종학 강의, 최준식** (김영사, 2018)

죽음학 강사로 널리 알려진 최준식 교수가 안내하는 품위 있고 행복하게 죽음을 맞이하는 법. 죽음을 인식한 순간부터 임종 후 사별까지의 긴 과정을 단계별로 정리하고, 본인, 가족, 의료진 등 구성원 별로 임종에 대처하는 자세를 설명한다. 노(老) 철학자 김형석 교수의 추천 덕분에 대중에 알려졌다.

- **어떻게 죽음을 마주할 것인가, 모니카 렌츠** (책세상, 2017)

한 개인의 죽음에서 정작 죽음을 앞둔 사람들의 내면을 살피는 자세가 결여되어 있음을 지적한 문제작이다. 죽음이 무엇인지, '어떻게 임종 준비를 해야 하는가'에서 가장 기본은 죽어가는 사람들의 내면을 살피는 과정이어야 함을 주장한다.

• **한국인의 웰다잉 가이드라인, 한국죽음학회** (대화문화아카데미, 2010)
죽음을 애써 외면하며 부인하거나 혐오하기도 하는 한국인에게 죽음을 안내하는 책. 심지어 죽음을 억지로 당하는 사건으로 생각하여 자연스럽게 맞이하기를 거부하는 경향을 농후하게 지닌 한국인들이, 죽음을 준비하지 못한 채 급작스럽게 죽음과 직면하는 일이 없도록, 좀더 편안하고 의미있게 마지막 순간을 보내도록 이끄는 웰다잉 가이드라인을 제시한다. 죽음과 죽어감을 단계별로 구분하여 임종자와 가족은 물론 의료진이 취해야 할 태도와 알아야 할 지식을 활용하기 쉽게 정리했다.

• **인생의 마지막 순간에서, 셀리 티스테일** (비잉, 2019)
죽어가는 당사자가 아닌 그를 사랑하는 주변 사람으로서 어떤 태도와 관점을 가지면 좋을지 솔직하고 담백하게 제시한다. 부록에서는 우리에게는 조금 낯선 죽음 계획서를 소개하여 죽음을 제대로 알게 하고, 어떻게 살 것인지 고민하는 시간을 갖도록 도와준다.

- 이병숙 외 지음, 호스피스 완화간호(학지사메디컬, 2019)
- 아툴 가완디, 어떻게 죽을 것인가: 현대의학이 놓치고 있는 삶의 마지막 순간(부키, 2015)
- 김수지, 사랑의 돌봄은 기적을 만든다(비전과 리더십, 2010)
- 피터 드 용, 개혁교회의 가정 심방(개혁된 실천사, 2019)
- 패트릭 오말리, 팀 매디건, 제대로 슬퍼할 권리(시그마북스, 2018)
- David Powlison, Facing Death with Hope: Living for What Matters (New Growth Press, 2008)
- _____, When Cancer Interrupts (New Growth Press, 2015) Amazon Kindle 전자책